独角兽
法学精品

人工智能

〔日〕弥永真生　宍户常寿 / 编
郭美蓉　李鲜花　郑超　等 / 译
郑超　郭美蓉 / 校

彭诚信
— 主编 —

人工智能与法律的对话 3

ロボット・AIと法

上海人民出版社

主编序

本辑丛书已是“独角兽法学精品 · 人工智能”的第四辑。从 2018 年第一辑丛书出版至今四年以来，学界对于人工智能与相关法律的研究进入更深层次与更广维度，已拓展到具体制度、基本理论乃至法哲学、伦理学以及哲学等层面的探讨。从学界最初对人工智能的法学研究是否存在“泡沫”的争议，到如今“赛博朋克”的社会憧憬、人工智能的智能裁判、无人驾驶汽车的现实侵权、智能合约的广泛应用，人工智能可谓已嵌入人类生活的方方面面，正逐步从底部改变社会治理与运转的基本方式。

但人工智能的法学研究，在某种程度上显著落后于实践的飞速发展。上海交通大学凯原法学院数据法律研究中心正是以国家社科基金重大项目“大数据时代个人数据保护与数据权利体系研究”为依托，致力于数据、个人信息以及人工智能的学术研究，并努力构筑理论与立法、司法实践以及企业实践的桥梁。“独角兽法学精品 · 人工智能”第四辑就是在这种时代背景下，选译域外相关最新研究成果，从不同的思维层次与不同的现实站位出发，力图为国内人工智能法学研究以及相关实践应用拓宽思路，提供借鉴，逐步形成国内、国外人工智能的法学研究相互呼应、并驾齐驱，法学理论与企业实践、立法及司法事前紧密配合、有益互补的发展格局。

一、本辑译丛的主要内容

本辑丛书精选了三部著作，分别是瑞恩·艾伯特撰写的《理性机器人：人工智能未来法治图景》(张金平、周睿隽译)、塞巴斯蒂安·洛塞等人主编的《数据交易：法律·政策·工具》(曹博译)和弥永真生、宍户常寿所编的《人工智能与法律的对话 3》(郭美蓉、李鲜花、郑超等译)。

在《理性机器人：人工智能未来法治图景》一书中，瑞恩·艾伯特基于其医学、法学等领域积累下的丰富跨学科知识，从人与人工智能两个维度，深入观察剖析了现行部门法区分对待两者的问题与可能性，包括法律乃至社会整体如何去适应机器等争议性的话题，以期解除人工智能可能带来的束缚，最为充分地拓展技术为人类服务的潜在空间。本书也对法律如何改变技术世界以及塑造未来世界的模样进行了大量论证。通过论证对人工智能的利用征税、对人工智能致害采用基于“理性机器人”的过错责任、对“理性机器人”发明创造提供专利保护、对人工智能犯罪采用责任人追究机制，以充分释放人工智能基于人类利益优先的发展潜能。法律不应再是笼统地探讨是否应赋予人工智能以法人人格或其他单一路径的解决办法，而是需要一场解决所有领域问题的有关人工智能技术的法律全面变革。基于拓展人工智能技术使用范围的立场，瑞恩·艾伯特提出了人工智能法律中立原则，通过建立人工智能的行为规则和标准，实现人工智能福利的同时，实现风险可控，切实保证人类的权利与地位。

数字领域已成为全球竞争的核心，体量和频次明显膨胀的数字化应用正在从根本上重塑我们的经济与社会，这其中，作为底层基础的数据交易是法律必须予以明确规制的关键内容。塞巴斯蒂安·洛塞、莱纳·舒尔茨、德克·施陶登迈尔等学者主编的《数据交易：法律·政策·工具》一书，是第三届明斯特欧盟法与数字经济研讨会的论文集。旨在讨论欧盟法律如何应对数字经济的需求与挑战，梳理了欧盟有关数据交易法律问题的前沿动态，探讨了通过知识产权、财产权、强制许可、合同等概念与工具应对数据交易难题的可能性与正当性，提供了法律、经济、政策、产业等不同视角的观察。该书还集中探讨了争议较大的法律解决方法，一是数据的独占权，特别是数据“所有权”的因应归属；二是进一步论证探索发展合同法的可能，包括合同法的默示规则、不公平的 B2B 交易格式条款和条件的控制，以及强制许可等，也同时研评了包括《数据库指令》《通用数据保护条例》《打造欧洲数据经济》报告在内的诸多欧盟立法与政策，力图为欧洲经济发展提供一个把握潜在机遇的数字交易框架。

《人工智能与法律的对话 3》由弥永真生等学者所编，在法理论层面讨论了人工智能给人类和社会存在方式带来的根本改变及其引起的法理层面的本质性追问。在分析了各国现有产业政策和法律规制导向的背景下，分析了将行、民、刑规制组合在一起调整人工智能法律问题的愿景，客观、冷静地讨论了是否应将某些法律制度扩展到人工智能的应用，同时具体深入分析了人工智能作为法律保护客体的可能，深入审视了人工智能对法律、伦理规则的本质性改变与影响。

二、 本辑译丛相关内容的简要评价

本辑译丛选取的三本著作立意深远、论证宏大。

《理性机器人：人工智能未来法治图景》的作者敏锐地观察到人工智能在操纵股市、遥控选举、网络犯罪中充当的反面作用，提出了对人工智能终将毁灭人类的远景担忧及其带来的技术性失业、歧视和安全等现实困境。在如何更恰当地规范人工智能问题上，瑞恩 · 艾伯特认为人类还远未形成共识——国家可在多大范围内用人工智能展开监控？ 在人工智能进行贷款、刑事审判等决策的哪个阶段，个人对自动决策算法应当享有获得解释权？现有的法律是专门为人类所设计的，而人工智能使得人工智能体也可以像人类一样行动。但人工智能无缝衔接地适用现有法律是不切实际的幻想，法律适用若没有体系性的调整，便无法适应人工智能实践的现实发展。目前，人工智能已经受到隐私、安全、公平竞争等领域的法律监管，但这些领域的法律显然落后于实践需求。基于此，《理性机器人：人工智能未来法治图景》一书中提出旨在提升人类福祉的新法律原则——人工智能法律中立原则，主张法律不应歧视人工智能。但人工智能所需要的，不是更多或者更少的法律，而是正确的法律。如何将人类或者绝大多数人类认为正确的法律或价值观嵌入人工智能的算法或生活实践，是尚待法哲学及部门法予以正面回答的关键问题。

《数据交易：法律 · 政策 · 工具》详述和分析了基于欧盟利益的关于数据交易的关键性法律问题，讨论是否需要在现有的欧共体法律外建立关于数据获取和转让的前瞻性框架，以及如何设计这一框架。数据是非竞争性资源，任一市场参与者均有使用数据并不限制其他参与者使用数据的地位。但该书明确提出数据也是一种独占性资源，可对数据施加限制从而排除对数据的自动获取。本书就数据的独占权、强制许可和合同概念做了较为深入的扩展分析，也提出了解决数据问题各种路径的优缺点。对独占性的数据权利能否形成稳定保护的对象等实践问题，实际上现有法律并无成熟的规则体系与之匹配，但为了促进数字经济中的数据交易以帮助欧盟抢占数据领域的全球优势，法律应当对数据治理制度进行具体化调整，但这必然会增加法律的复杂性。特别是该书警示了针对数据独占权、合同扩展适用等内容仓促立法的危害。在此逻辑下，现有的法律制度能否以及如何适用于互联网络空间的数据，同样需要更加深入的探索论证与框架建构。

迄今为止，法律是以权利能力、行为能力、意思表示、责任承担等为基础的概念体系为前提，《人工智能与法律的对话 3》一书从法律的视角考察和审视人工智能对社会存在基本面的改变，在人工智能体具备尊严基础和一定的行为能力之后，是否可以为民事法律行为(如签订合同)？ 能否将代理、法人等拟制制度扩展应用于人工智能体？ 在法律执行上，涉及自动驾驶汽车与机器人手术的法律责任问题，该书作者创设性地提出修正债权法中的定型化格式条款规定以及人工智能体作为法律客体予以保护的条件，并对涉及数据保护的隐私问题与人工智能武器化发展的现实担忧提出了治理路径。问题是，该路径是否可行？

人工智能恐怕是迄今为止人类创造的最具颠覆性和创造性的技术，但它并不能保证提升人类的福祉。如何监督人工智能朝着有益于人类整体利益的方向发展，是制定有关人工智能合适法律与政策时的核心考虑。人工智能法律中立原则不应当成为驱动每一个法律决策的动力，也不能以牺牲诸如透明度和问责等原则为代价。在数据保护方面，相关法律还是应致力于在实现数据的自由流动以实现社会治理与经济利益的最大化与保护数据持有者(个人信息主体)的切身利益之间寻求平衡之道。在相关法律应关切促进技术发展的方向上，需要让创造技术条件和投入资源收集数据的市场参与者获得公平的投资回报，只不过要以技术向善、行为合法为底线与前提；毕竟包括数据利用的人工智能技术在内，促进创新而非扼杀创新，才是法律调整的最终目标。

在探究人工智能发展趋势的同时，法学不仅要深入思考人工智能将会带来的诸多问题，更需要关注在技术迭代发展的基础上如何回应并适应当下已经发生的现实问题。

三、 本辑译丛引发的相关法律思考

三本著作可以说关涉数据与人工智能法律问题的方方面面。但其中一个共性的理论基础问题是，无论讨论数据还是人工智能，都必须置入网络空间或者数字社会，而网络空间或数字社会从生成至今均由工程和科学技术建构。可以说，在关涉数据与人工智能的法律领域，法律与工程及科学技术在此空间维度天然地结合在一起——法律工程学从此得以产生。此处的法律工程，并非传统意义上从工程学的视角来思考法律，把法律作为一个系统工程予以考虑。而是在当下的数字社会中，研究法律必然要借助工程与科学技术，大数据、算法、智能合约、区块链乃至整个赛博空间本身，都是工程技术与科学原理运用的结果。厘清其中所涉及的任何法律问题，亦都离不开工程与科学技术的配合。反之亦是如此，对数字社会或赛博空间任何方面的技术(含算法等)管制与治理，也都离不开法律制度的支持。

互联网络的出现，催生了数字社会的存在与发展。在法律领域之所以需要法律工程学，且在可预见的未来其地位和作用会愈发重要，恰恰是因为数字社会存在的本身便是建立在技术之上，即计算机、数学、物理、材料以及机械工程等多学科知识的综合运用。数字社会中的法律，从实体法上的权利客体、交易模式乃至程序法上的裁判形式及救济手段等方面，均将并已经发生重大变化。其本质上，均是基于与工程等跨学科技术相互支撑作用而引起的变化。数字社会中的法律问题，只有借助技术支撑的网络思维模式，才能在新的技术背景下予以更好理解。

如《理性机器人：人工智能未来法治图景》一书提出，算法歧视的问题在2016年进入公众视野，美国刑事裁判算法“矫正罪犯替代惩罚画像管理”(COMPAS)可以对犯罪嫌疑人进行风险评估，协助法官作出保释裁定。但该算法常常将不是重犯的黑人犯罪嫌疑人标示为高危险，而将重犯的白人犯罪嫌疑人标为低危险。可以说，歧视在人工智能和人类决策中都不可避免的存在，差别在于算法歧视是人工智能基于歧视性训练数据而习得的。如果人类法官过去长期对被告人作出歧视性裁判，那么未来人工智能也会这么做。人类已进入数字社会，数字社会的治理已经逐步被代码与算法渗透，任何个体均有可能被数据化，法治呈现出被技术统治替代的隐忧——“代码即法律”。人们已经生活于且越来越深陷于二维社会形态之中，即数字社会与传统的线下社会。在数字社会中，人们对于新科技掌控社会发展的担忧越来越多，“大数据杀熟”等负面行为已经屡见不鲜，依靠“对抗生成网络”等深度学习技术模型的算法已经实现接近无痕的“换脸”技术并引发社会整体层面焦虑。在数字空间中当下的关键问题或在于，法律与工程技术应该如何结合才能更为有效地规制其中的新兴法律问题，在此意义上将法学与工程、科学技术结合在一起的工程法学便为现实所需。

依据《数据交易：法律 · 政策 · 工具》一书中的相关观点，代码的架构体系相较法律规范更为完善，通过代码在网络中赋权，并不需要法律拟制的共识与国家强制力的保障。鉴于代码的强大优势，实务界试图将法律编程，以使计算机直接运行法律。但是，不懂自然语言、不懂价值判断的代码，如何按照法律的要求生成立法者需要的结果？ 新科技生态的发展过程中，又如何体现法律的独特价值？ 上述问题，也需要在法学与工程学的交叉研究中寻找答案，以适应数字时代的快速变化。任何工程都是复杂的综合实践过程，具有巨大的包容性和与时俱进的创新性。工程思维是造物导向的思维，其所追求的价值目标具有综合性，往往是知识价值与经济价值、社会价值、环境价值、人文价值的融合。法学与工程学显然不属于同一学科维度，但工程问题求解意味着从给定的初始条件和约束条件下，给出能够从初始状态经过系列中间状态而达到目标状态的操作程序，法律工程存在的意义即为法律规范借助技术的设定与执行，以解决网络空间中存在的法律实践问题。

根据《人工智能与法律的对话 3》的论证，事实上工程与法律早已在实践中结合。在互联网发展起步之时，数字版权管理系统(Digital Rights Management System, DRMS)就已实现运用附加代码与程序完成数字作品的加密，通过工程方法限制侵犯知识产权的可能并在实践中取得较好效果。从构成要件与运行机理深入分析，法律知识与流程具有工程学意义上的线性链特征，使得法律应用得以通过大数据收集海量案例，提炼析取出具体表达规则，结合场景自动计算形成具有一定权威性的结论，实现分类分层分级的快速裁判应用。

以程序化广告为例，现在盛行的包括微信朋友圈广告、网剧植入广告等精准投放型广告，已经可以根据使用人的浏览记录与习惯记录形成"数据画像"，进而实现针对性的定向投放。在巨大商业利益背后，是绝大多数客户的隐私权受到终端设备软件过度索权的威胁。普通用户即使有意愿通过传统法律手段维护自身隐私权利，单个个体也绝无穿透此类技术的能力。通过工程学的广泛技术运用并借助计算机算力，实现法律应用的高频次、深度化、自动化，从而符合网络时代对于权利义务实现的内在需求与现实张力。

法律工程思维是法学和工程技术的内在交融，在两个宏大学科的有机交叉中，工程技术是手段，法律孜孜追求并努力实现的正义价值仍是法律工程建构的基本理念与核心价值。法律工程思维的目标是利用工程学思维，研究解决具体问题的法律机制与路径，并通过各种子模式的综合集成以实现系统工程的目的，法律工程思维在本质上也是解决实践问题的法律适用方法与程序。这亦跟法律(权利)的本质相契合，因为法律在本质上也是一种程序，即决定权利产生与适用的程序，只不过法律工程思维在程序中添加了工程与科学技术的要素。在新科技生态下，法律工程思维以实用化和技术化为导向，将调动和适用各种工程思维方式对跨学科、多维度的技术与知识进行运筹和集成，并转化为可以实践操作的流程、模式和机制，实现解决实际问题的法律目的。

法律工程思维的核心要义是借用工程学方法与手段实现公平正义。从价值取向的角度分析，法律工程已经可以通过设计价值函数，实现法律的价值导向。以证据判断等逻辑推理的工程化推导过程为例，司法证明的核心机制是证据推理，通过法律工程将科学的判断方法运用至完整的证据链判断之中，并借助人工智能的技术手段筛查出重点存疑证据，以实现减少冤假错案发生的最大可能。法律工程作为法学适用技术的一种，显性的特征是工程思维模式。工程思维是路径化解决问题的思维，例如网络思维、产品思维、逆向工程思维、系统工程思维等。工程思维模式可以有效地指导法律工程方法体系的建构，而法律工程思维是对法律适用过程的思维形态呈现。通过法律工程思维集合法律适用要素，将法律与社会现实通过算法路径和模型工具紧密连接起来，以实现对相关问题的快速准确调整。

法律的制定与应用充满了辩证法，在互联网络社会或者说数字社会到来后，诸多法律制度，包括法律适用方法及法律论证方法，甚至法律思维方法，都需要增加新的视角，至少要密切关注数字社会或互联网络社会中的技术因素。数字社会中关涉法律的任何活动以及任何法律争议的解决，皆需要相应工程技术的配合，惟此才能真正把握新科技生态下法律的本质以及未来法治的发展。

本辑引介的图书，在不同维度上论证了法律自身不但有追求公平正义的永恒价值取向，而且更有实现该价值取向的多元且复杂的具体制度设计。在当代中国科技创新发展、国家治理体系和治理能力现代化发展的需求基础上，借鉴域外的相关先进经验并结合中国数字化领先发展的现实，把法律思维与工程思维相结合，把法律规范与工程技术相结合，可以更好地实现法律具体制度设计、法律实践应用以及法律价值目标的统一。

彭诚信

上海交通大学特聘教授

上海交通大学人工智能治理

与法律研究中心副主任

凯原法学院数据法律研究中心主任

2021 年 7 月 17 日

前　　言

阿西莫夫的机器人小说、《铁人 28 号》和《铁臂阿童木》都是奇幻作品，与之相对的是，现在我们身边存在的各种各样的机器人，还有在我们的生活和社会系统中扮演着重要角色且不可或缺的人工智能(AI)。例如，自动驾驶技术已被应用于航空器，也被用于船舶导航，但与自动驾驶相关的技术发展和应对它的法律动态却是最近才在大众媒体上流行起来的。

在这样的环境中，机器人、AI 对人和社会的影响不容忽视，因此从法律的角度考察和审视是必不可少的。换言之，机器人、AI 要被社会接受和利用，或多或少都需要制定相应的法律制度。相反，如果在制定法律时没有设想机器人、AI 会像今天这样普及并且加速发展的情况，而只是维持现有法律制度的话，必然会对人与社会之间的关系造成不便甚至不幸的结果。当今机器人和 AI 正在改变人类和社会的存在方式，并且预计会带来越来越多的改变，因此有必要对现有法律进行新的阐释。

作者们带着这种问题意识，著写本书是想与读者分享在各个法律领域，机器人、AI 与法律交互所产生的当前目标和未来前景。(关于各章的内容概述请参见第一章第六部分)。希望本书能带来开阔眼界体验的同时，也期待有兴趣的读者通过阅读末尾的参考文献来加深理解。

最后，衷心感谢有斐阁给予我们出版的机会，感谢对出版本书提供帮助和促成早日出版的笹仓武宏先生。

作者代表：弥永真生

2018 年 2 月

目录

第一章

机器人、AI 与法律的相关动向

第二章

机器人、AI 和法律政策的国际动向

第三章

机器人、AI 与自我决定的个人

第四章

机器人、AI剥夺了人的尊严吗?

第五章

机器人、AI的行政规制

第六章

AI与合同

机器人、AI 与竞争法

第七章

自动驾驶汽车与民事责任

第八章

机器人辅助下实施的手术与法律责任

第九章

机器人、AI与刑事责任

第十章

AI与刑事司法

第十一章

机器人、AI和知识产权

第十二章

机器人武器与国际法

第一章 1

机器人、AI与法律的相关动向[*]

宍户常寿[**]

一、开　　篇

(一) 机器人、AI热

不知从何时开始，与机器人、AI相关的新闻经常见诸报纸、电视、网络。近三年来，即使只是列举与本书相关的新闻，也可以迅速得到如下的表1-1。

表1-1 2

2015年4月	无人机落在首相官邸屋顶(2016年3月制定无人机管制法)
2015年6月	软银开始Pepper机器人(可以理解人类情感的人型机器人)的一般化销售
2015年12月	野村综合研究所发布推测结果，预计在10—20年之后约49%的日本劳动人口可能会被人工智能或者机器人替代

* 本章参照的URL的最后阅读日期均为2018年1月31日。

** 宍户常寿，东京大学大学院法学政治学研究科教授。

续表

2016 年 3 月	阿尔法狗(谷歌深度思维)战胜人类围棋世界冠军； Tay(微软的人工智能聊天机器人)由于在推特(Twitter)上学习并发表仇恨言论而被停止使用
2016 年 4 月	不限于使用达芬奇手术机器人(da Vinci Surgical System)完成的前列腺癌手术，借助其完成的肾癌手术也可使用健康保险
2016 年 7 月	美国达拉斯警察使用炸弹机器人击毙了警察射杀事件的犯罪嫌疑人
2016 年 8 月	Waston(IBM)通过学习海量医学论文，为癌症患者的治疗方法提供建议
2016 年 12 月	日本经济产业省开始了通过让 AI 学习国会会议纪要进而起草答辩草稿的实证实验
2017 年 7 月	奥迪公司在出售的汽车上搭载了相当于 level 3 自动驾驶水平的自动驾驶功能
2017 年 8 月	SBI、乐天证券、NEC 各自开始了通过使用 AI 监督汇率操纵等不正当交易行为的实证实验
2017 年 10 月	日本开始销售搭载 AI 智能音箱的 Clova Wave(LINE)、 Google Home(Google)
2017 年 11 月	《特定常规武器公约》(CCW)的成员国会议围绕在致命性自主武器系统(LAWS)上搭载 AI 的规制展开了讨论

资料来源：笔者根据报纸上相关报道整理。

通过上述清单可以看出，在机器人、AI 相关研究快速发展的同时，它们也在不断地渗透到我们的生活中。不仅是个人的生活状态，企业、政府的运行状态也在发生巨大的变化。这些变化在让人产生期待的同时，也伴随着不安。

例如，如果你是一个正在找工作的学生，或许会因为“在不久的将来，人类一半的工作会被 AI 夺走”这样的说法而正感觉惴惴不安。这是由于野村综合研究所做出推算(2015 年 12 月)，日本大约 49% 的劳动人口极有可能被 AI 或者机器人等替代。因此，在未来，不需要特别知识和技能的职业被取代的可能性非常高，而“需要创造性、协调性的业务以及非定式化的业务才由人来完成”。[1]因此，人们会认为必须要锻炼这样的能力与技能，才能积极应对这些变化。

（二）机器人、AI与法律的关联 3

那么，律师、法官、检察官这类狭义上的法律专家，或者更广意义上的如公务员等与法律相关职业的从业人员会变得如何呢？[2]有报道称，美国的法律事务所为了处理破产领域的业务，开始使用基于国际商业机器公司(IBM)的Waston所制作的系统(2016年5月)。不仅如此，有相关研究表明使用AI可以以相当高的概率预测欧洲人权法院的判决结果(2016年10月)。

在司法领域，虽然对IT(信息技术)、ICT(信息通信技术)的应用较晚，但在今后这种情况也会发生变化。最近政府已经开始讨论推进审判手续等方面的IT化，[3]若推进IT化的话，法律专家们就不得不在真正意义上开始使用AI。在未来，机器人法官或者AI法官(e-judge)或许也会出现(参照本书第十章)。

法学领域对于机器人、AI的关心程度在不断提高。特别是在2017年，就像在本章参考文献、注释中列举的那样，发表了很多与机器人、AI相关的专著与论文，因此对于法(学)来说这一年可以称作“机器人、AI元年”。[4]

（三）本章的目标

从20世纪末开始，作为经济、社会领域新开拓地的网络，相继引发了很多新的法律问题。[5]今后，对于那些通过学习法学成为广义上的法律专家们来说，已经无法回避机器人、AI。

在当今时代，机器人、AI的相关研究人员，以及在工作与生活中需要利用机器人的相关人员，也开始需要正确认识和理解维护社会秩序的法律。这又是为什么呢？ 例如，人们通过购物网站购物、通过电子邮件或者社交网络相互联络，可以说目前几乎所有人都在使用网络。因 4
此，在不知不觉中，电商贸易、名誉损坏、隐私侵犯等法律问题已经变得与我们自身直接相关。同时，今后即使在物理空间，也会产生由机器人、AI引发的问题。

理科出身的人或许会认为，文科或者法学专家企图对研究开发进行规制，因此对这种规制产生了强烈的戒备心理。但是，国内外机器人、AI 领域的先驱研究人员和企业，为了使机器人、AI 被社会所接受，正在进行真诚的努力(参照本章第四部分、本书第二章)。因此，如果能够事先大致思考清楚法(学)应该关心什么、应该如何预防和解决社会产生的问题，这对于机器人、AI 的研发以及在社会中的实用化会很有益处。

同样，对于法学以及法律专家也会有相同的问题。今后机器人、AI 会真正改变我们的生活。如果没有法(学)和经济、技术的相互理解与协作，是无法解决新的社会问题的。在早先解决网络相关问题时，法(学)应该已经充分体会到了很多教训。并且，若机器人、AI 能够给人类和社会的生活方式带来变化，那也会给目前的法(学)带来新的前景。[6]

理论问题以及法学领域的具体问题将在第三章以后讨论。本章将在概述日本近年来围绕机器人、AI 产生的新动向的基础上，对机器人、AI 与法(学)的关系做一些简单的思考。

5 二、 什么是机器人、AI？

到目前为止，本书并没有明确地给出机器人以及 AI 的定义，而是将两者放在一起叙述。本部分将给出两者各自的定义。

(一) 什么是机器人?

1. 机器人的定义

提起机器人大家会有什么样的印象呢？ 可能是铁臂阿童木、哆啦A 梦等动画片或者电影的角色吧。三十多年前当笔者还是小学生的时候，曾经参观过百货商店举办的机器人展。对于那时的我来说，机器人就是笨拙的、关节可以活动的人形机械。

日本工业标准《JIS B 0134：2015 机器人以及机器人装置术语》给出定义，机器人是“由程序驱动、具备两轴以上、拥有一定自主性、可在一定环境内实现目标作业的运动结构”(2.6)。从这个定义可以看出，机器人是脱离了人类在一定程度上具有“自主性”(3(3))，通过程序控制的机械。但是，这个是为了实现技术标准化而面向工业机器人给出的定义。而近年来机器人技术已经展现出令人惊讶的发展态势，并不符合上述定义。换言之，在当前很难给机器人下一个合适的定义。[7]

2. 机器人、AI、IoT

日本机器人学会的网站上关于“日本机器人的研究进展”中指出，“计算机控制”是机器人研究的关键技术。[8]这样的话，机器人定义就与 6
计算机或者AI有重叠的地方。通过总结机器人革命实现会议得到的“机器人新战略——愿景、战略、行动计划”(2015年1月)已经对上述观点作了说明。

一直以来，机器人被认为是具备①传感器、②智能控制系统、③驱动系统三要素的机械。但是，随着网络和AI的普及，即使没有固有的③而只通过独立的②对现实世界中的人和物进行访问和驱动已经成为可能。随着IoT[9]技术的发展，①也会变得不再必要。也就是说，只要有AI化的②(＋IoT＋网络)也可以实现机器人的机能。从这个角度来看，就不应该拘泥于“必须具备①～③所有要素的机械”这样的定义。

换言之，现阶段所理解的机器人，核心在于②智能控制系统正在独立化，甚至可以经常地认为其本身就是AI。在此基础上，机器人法的研究者平野晋教授给出定义，机器人是拥有“感知／认知＋思考／判断＋行动的反馈循环”的机械(人造物)。[10]在阅读本书的过程中，参照此定义联想机器人的形象就可以了。[11]

(二) 什么是AI?

1. AI的定义

关于AI(Artificial Intelligence，人工智能)的定义，在研究者中尚存在众多不同的看法。人工智能学会的网页上关于“什么是人工智能”给出了如下说明：[12]

大家认为“人工智能”是什么呢？不就是像人一样动作的机器

> 7 吗？这种观点既正确，也不正确。这是因为人工智能的研究有两种观点。一种是制作具有人类智能本身的机器；另一种是让机械代行人类对于智能的使用(略)。实际研究中基本都处于后一种。

作为AI研究的关键点，可以以“推论”(基于现有知识得到新的结论)和“学习”(从现有信息中发现将来可以使用的知识)来举例说明。

后者“学习”中，基于深度学习的阿尔法狗(AlphaGo)战胜人类围棋世界冠军这件事引爆了“第三次AI热潮”。深度学习就是通过设置多个层来提高神经网络(旨在将脑神经回路网的特性通过计算机再现的数理模型)学习精度的机器学习技术。[13]深度学习的发展依赖于计算机计算性能的提升、网络的发展以及AI学习所需的海量数据(大数据)。[14]

2. 强AI和弱AI

大多数AI研究人员并不认为现阶段或者在不久的将来AI会完全达到人类智能的水平。现阶段的AI虽然展现出与拥有意识、个性的人类相似的举止行为，但实际上还是不具备意识、个性的弱AI。尚未实现拥有与人类同样意识和个性的强AI。[15]

不仅如此，将自身机能通用化的通用AI和特定化AI也存在区别。
8 人工智能技术战略会议提出的《人工智能技术战略》(2017年3月)指出，“现在发展的AI技术是完成特定任务的特定化AI技术，是对人类能力的补充”。即使是现阶段已经超过人类智能的围棋、将棋AI，也还是在人类设定的目的和规则下工作的特定化AI。[16]

2016年12月成立的《政府和民间数据合理利用推进基本法》中将“人工智能相关技术”定义为“通过人工方法实现学习、推理、判断等智能以及合理利用该能力的相关技术”(第2条第2款)。这是不仅仅包含因深度学习而变为可能的弱AI以及特定化AI，而且包含更广义AI的概念。

(三) 机器人和AI的什么是新的？

在现阶段，机器人和AI是密切相关的。从现有的机器人技术角度来看，机器人的智能、控制系统或者(思考、判断)的要素可以归为AI，因此以机器学习算法为构成要素的机器人同时也是 AI 系统。[17]

基于上述背景，本书将机器人、AI 合在一起讨论。在本书中，自动驾驶汽车、无人机等也归为机器人、AI。在探讨由它们产生的法律问题以及法学相关课题之前，应该注意以下几点。[18]

1. 机器人、AI 与信息通信网络 9

通过借助信息通信网络对机器人进行控制的云 AI 便可以看出，现在的机器人、AI 与 ICT 的关联越来越密切。AI 发展中起关键作用的大数据的收集与分析也需要依靠网络。

围绕机器人、AI 的讨论通常因“AI 网络化”的形式而与 ICT 政策关联在了一起(参照本章第四部分)，并且与隐私、安全等相关的信息法和信息政策有重叠之处，因此现有机器人、AI 的发展与信息通信紧密地连接在了一起。另外，由机器人引起的物损事故、伤害等应该放到物质世界(物理空间)还是网络空间(虚拟空间)处理的问题依然值得商榷。

2. 自主性与可控性

在机器人定义中提到的“自主性”，简单点说就是不依赖于人而由机器人、AI 自已进行判断，同自动驾驶中的“自动”相同。当然，必须要注意的是“自主性”也存在程度差异。例如，自动驾驶技术从驾驶支持、部分驾驶自动化、有条件的驾驶自动化、高度的驾驶自动化到完全的驾驶自动化共分为 5 个阶段(参照本书第七章)。此外，机器人武器根据人的介入程度分为远程操作机器人、半自主机器人以及全自主机器人三类。

在“自主”作用下，当机器人、AI 行动引发事故时，背后的人类是否要承担相应的责任呢？ 从更宏观的角度来看，这是设计机器人、AI 与人类一般关系时需要思考的非常重要的一个因素。

当机器人、AI 不等待人类的指令而自主判断、行动时，所引发的问题应该如何追究责任呢？ 对于人类来说，这就是发生机器人、AI 不可控的情况。因此，是否应该在机器人、AI 研发时就配备确保可控的装置呢？ 有观点认为，从机器人、AI 本身的存在状态来看，这在技术上是不可行的。

10 3. 透明性与可解释性

因深度学习技术而不断发展的 AI 展示出了超过人类智能的能力。但是 AI 研发人员无法说明为什么、如何得到这样的结果，即 AI 的判断已经被黑箱化了。如果是这样，机器人、AI 的判断真的“正确”吗？将工作都委托给“比人类聪明”的机器人、AI 就不会引发意外事故吗？因此，自然会产生一个新的问题——是否能够确保机器人、AI 的透明性和可解释性，若不能确保的话就应该限定其使用场景。

4. 关于机器人、AI 形成的共识

机器人、AI 技术正在迅速发展。从全球来看，以美国企业和中国为中心的研发竞争非常激烈，而日本的政府和民间也没有被这股潮流落下(本章第三部分)。在日本，智能手机从 2010 年以来爆发式地普及。因此，如果机器人、AI 被实用化，会瞬间普及而成为我们生活中的必需品。因此，对于尚未出现的全自主型机器人和通用 AI，我们也应该事先思考可能出现的问题，以及应对措施、研发限制等。

另外，我们很难比较全面地思考尚不存在的技术和服务所可能引发的相关问题。依赖于假想制定的规则不仅其实际效果靠不住，而且会阻碍机器人、AI 技术的革新进而最终损害人类的利益。特别是，在全球都在积极进行研发竞争的大背景下，只由某一国家去思考相应的对策和限制是没有意义的。

因此，需要全社会对机器人、AI 的发展方向、界限等形成统一的意见，在此基础上推进研究开发和应用。大家需要在现阶段对其难度有所了解。

11 三、 由机器人、AI 引起的社会变革

(一) 时间轴——奇点?

AI“将在 2045 年到达奇点(技术特异点)”这一假说被很多人接受。也

有很多文章宣称“超过人类智能的 AI 要出现了”。未来学者 Kurzweil 预测，机器的信息处理能力将更早地超过人类的生物智能。他提出了更加宏大的说法，在 2045 年，人类的生物智能将通过与超过自身数十亿倍能力的非生物智能融合而被提升数兆倍，进而超越人类作为生物的极限。[19]也存在观点否定在这种意义上的奇点。[20]本章不对上述问题作进一步深入讨论。

但是，今后机器人、AI 技术的快速发展一定会改变人类社会。例如，《人工智能技术战略》作出展望，AI 的产业化进展将分为以下三个阶段：(1)推进各领域当中数据驱动型 AI 的使用(现在)；(2)突破个别领域的框架，推进 AI、数据的广泛使用(大概在 2020 年之后)；(3)各个领域深入交叉融合在一起，形成一个新的生态系统(大概在 2025—2030 年之后)。

本书具体讨论的法律问题范围较为广泛，从半自主自动驾驶汽车、手术机器人等现阶段已经存在的事物(第七章至第九章、第十一章)，到自主机器人、AI 广泛使用的 2020—2030 年可能产生的问题，再到由全自主机器人、AI 带来的问题(第十二章)，以及人与人、人与社会存在方式的根本变化(第三章、第四章)。以下首先介绍，政府应该如何洞悉由 AI 带来的社会变化，从而确定未来研究开发和社会实用化的方向。

(二)“第四次工业革命”和“Society 5.0” 12

自 20 世纪 90 年代实施行政改革以来，经济财政咨询会议、综合科学技术革新会议等由内阁和内阁府设置的各种会议对政府政策的形成起到了非常重要的作用。在机器人、AI 相关的会议中，不断增加了与各个省厅相关的内容(参见表 1-2)，因此可以看出机器人、AI 正在成为国家政策的核心内容。[21]

例如《〈日本再兴战略〉2015 修订》(2015 年 6 月内阁会议决定)指出如下内容：

> 超越机器人技术范畴的商业、社会原有存在方式的根基正在动摇，可以称为“第四次工业革命”的大变革确实正在发生。IoT、大数

据、人工智能的时代到来了。

此外，第5期(2016—2020年度)的《科学技术基本计划》(2016年1月内阁会议决定)也指出，世界各国在政府和民间的合作下开始应对第四次工业革命的到来，日本也宣布要推进“Society 5.0”。[22]例如，当下已经出现了“可以带来更高生活品质的人类和机器人、AI共生”这种可能的未来社会的场景。

一看“第四次工业革命”“Society 5.0”这样的关键词便知，这将会是产业、社会的一大变革。虽然在表达和内容上会有少许差别，但是这种趋势已共性地体现在其他各省、部的会议中，如“数据主导社会”“AI网络化社会”“互联工业”等。《未来投资战略2017——面向实现Society 5.0的改革》(2017年6月内阁会议决定)中的一节也指出，应该集中力量聚焦上述发展趋势：

> 打破“与发达国家共通的(笔者注)”长期停滞状态、实现中长期发展的关键就在于将近年来迅速崛起的第四次工业革命(互联网、大数据、人工智能、机器人、共享经济等)产生的变革引入所有的产业、社会生活中，并实现解决各类社会问题的“Society 5.0”。

13 **表1-2　与第四次工业革命、Society 5.0相关的政府研究会议等**

内阁	健康、医疗战略推进本部	医疗等领域的数据使用程序	预计2018年修订
	IT综合战略本部	人工智能、物联网时代数据使用工作组中期汇总	2017年3月
		开放数据工作组中期汇总	2017年3月
		世界IT最发达国家创造宣言、政府与民间数据使用推进基本计划	2017年5月
		面向IT新战略的基本方针	2017年12月

续表

内阁	知识产权战略本部	新信息财富讨论委员会报告书——构筑因促进数据、人工智能(AI)使用而成为强化产业竞争力基础的知识产权系统	2017 年 3 月
		知识产权推进计划 2017	2017 年 5 月
	日本经济再生本部	机器人新战略——愿景、战略、行动计划	2015 年 2 月
		《日本再兴战略》2015 修订——面向未来的投资、生产革命	2015 年 6 月
		日本再兴战略 2016——面向第四次工业革命	2016 年 6 月
		未来投资战略 2017——面向实现 Society 5.0 的改革	2017 年 6 月
		新经济政策包	2017 年 12 月
内阁府	综合科学技术革新会议	科学技术基本计划(第 5 期)	2016 年 1 月
		科学技术革新综合战略 2017	2017 年 6 月
	人工智能和人类社会座谈会报告书		2017 年 3 月
公平贸易委员会	数据和竞争政策讨论会报告书		2017 年 6 月
总务省、文部科学省、经济产业省	人工智能技术战略会议	人工智能技术战略	2017 年 3 月
总务省	信息通信审议会	面向物联网／大数据时代的新型信息通信政策的理想状态第四次中期报告	2017 年 6 月
	AI 网络社会推进会议报告书 2017——推进面向 AI 网络化的国际讨论		2017 年 7 月
经济产业省、专利厅	第四次工业革命的知识产权系统应有状态的研讨会报告书		2017 年 4 月

续表

经济产业省	产业结构审议会 新产业结构部会议	新产业结构愿景——解决人人相关的世界性课题的日本的未来	2017 年 5 月
	面向第四次工业革命的横贯制度研究会报告书		2016 年 9 月
	面向第四次工业革命竞争政策理想状态的研究会报告书		2017 年 6 月

资料来源：笔者基于知识产权战略本部、新信息财富讨论委员会发放材料整理。阴影为内阁会议决定。

14 （三）日本机器人、AI 政策的重点

从上述这些文件中可以窥见，机器人、AI 政策的重点在于以下几个方面。

1. 作为超老龄化社会中经济、产业政策的机器人、AI

机器人、AI 的发展强烈地展现出其经济、产业政策的一面。少子化、老龄化的日本，其经济今后应该向何方发展，社会对于机器人、AI 寄予厚望。例如《日本再兴战略 2016——面向第四次工业革命》(2016 年 6 月内阁会议决定)中认为，对于克服因人口减少产生的供给制约、人口不足等问题的“生产性革命”来说，其关键在于包含机器人、AI 的第四次工业革命。

在劳动力人口减少的未来，对于非定式化的工作优先选择人类，而重复性工作委托给 AI；开发用于协助高龄人员工作的机器人等，通过这些方式可构建超老龄化社会的新模式。[23]不仅仅是政府，产业界以及有识之士也对此产生了很大的期待。[24]

2. 机器人、AI 发展落后的危机感

《机器人新战略》提醒，工业机器人已经普及的日本的地位最近发生了动摇。并且，在政府的决议中弥漫着一种危机感，认为日本的 AI 研究相较于美国企业和中国较为落后。

15 “是果断转变现有架构，创造出解决世界前沿社会课题的商业；还是在现有的发展轨迹延长线上，成为海外平台的外包商？”

“在制造现场，如何将日本的强项领域和以人工智能等为代表的第四次工业革命的关键技术组合起来获取胜利？虽然有胜算，但是一旦错过这个机会就没有未来了。”

从上述《日本再兴战略 2016》的强烈笔锋可以感受到，机器人、AI 的落后会直接导致日本在目前处于优势地位的制造业中竞争力衰退，经济以及国力下降。特别是，被称为 GAFA(Google，Amazon，Facebook，Apple，谷歌、亚马逊、脸书、苹果)的美国企业通过服务收集海量数据，因此对于这种处于机器人、AI 领域领导地位的企业的警戒性也伴随而生。

3. 竞争法与政策、信息法与政策的关联

从上述讨论的几点来看，日本和欧洲具有相似性。在欧盟，也可以看到间接针对美国企业活动进行规制的反不正当竞争法、信息法等法律规定。欧盟反不正当竞争当局在大数据的相关问题上，对于美国企业的合并也正在尝试积极执法。[25] 2018 年实施的《欧盟通用数据保护条例》(GDPR)规定了，围绕数据侧写这一点，数据主体有申请复议的权利以及不仅仅依据自动处理而被下重要决定的权利，此外还有透明性的要求。这些都是机器人、AI 所带来的问题(本章第二部分)。[26]

在日本，正当贸易委员会和经济产业省的研究会，参考欧盟反不正当竞争法与政策的动向，接连发表了有关数据收集、利用与反垄断法之间关系的报告书。2015 年的个人信息保护法修正案中明确指出，即使是对于使用国民个人数据的海外从业人员也适用个人信息保护法中对于义务的规定。在《未来投资战略 2017》中讨论了机器人、人工智能研究推进中不可避免的数据流通问题。 16

四、机器人、AI 的社会影响与应对

(一) 机器人、AI 的社会影响和风险

如上所见，机器人、AI 以有别于人类使用的工具、技术的另外一种

状态正在显著改变社会和人类的生存方式，这种可能性似乎被隐藏了起来(本章第二部分)。并且，从经济发展的需要出发，政府正在加速推进超越研发阶段的应用(本章第三部分)。

但是，机器人、AI 的迅速普及会使我们的社会变成什么样子呢？当强 AI 和通用型 AI 出现时，就无法回避它们与人类的区别，作为人类的条件和意义这些深刻的哲学、文明论问题。但是在此之前，机器人、AI 的普及会带来什么样的社会影响，以及如何应对这些影响，这些才是现阶段存在的问题。人类会变得更加幸福和富裕吗？ 或者会因被机器人、AI 抢了工作，而与人类同伴产生等级差别吗？

对我们来说，食物、电子产品等现在都已经是科技的产物。在它们的研究、实用化过程中并未做过评估和预测，而它们的发展对个人和社会产生了巨大影响。这样的例子在不断增加，因此我们的社会可以说是“风险社会”。[27]这些事例和经验当然也完全适合于机器人、AI。

欧美已经比较深入地讨论了研究人员、政府应该如何应对机器人、AI 带来的问题。欧洲议会甚至正在决议制定与机器人、AI 相配备的法律(参照第二章)。当然，日本也在各种场合开始了这方面的讨论(参见表 1-3)。

17 **表 1-3　日本国内围绕机器人、AI 课题的讨论**

内阁府关于人工智能与人类社会的座谈会(2016—2017 年)	人工智能学会伦理委员会(2014 年起)
总务省 AI 网络化讨论会议(2016 年起) 总务省 AI 网络社会推进会议(2016 年起)	Acceptable Intelligence with Responsibility (2014 年起)
JST-RISTEX 人与信息的生态系统(2016 年起)	机器人法研究会(2016 年起)
内阁府新信息财富讨论委员会(2016 年起)	AI 社会论研究会(2015 年起)
NEDO 下一代人工智能技术的社会实用化愿景(2015 年)	面向社会的 AI 研究会(2006 年起)
经济产业省 CPS 引发的数据驱动型社会带来的变革(2015 年)	NIRA 我的构想　人工智能的近期未来(2015 年)
JST 知识计算与 ELSI / SSH(2014 年)	NIRA 如何看待 AI 由“Edge Question”探索 AI 印象(2016 年起)

资料来源：笔者基于内阁府《人工智能与人类社会座谈会》报告书的附录资料整理。

(二) 风险社会中科学与社会的关系

在思考新科技与社会的关系时，核心首先在于研究人员。最前沿的研究人员当中有一种观念简单地认为，不论技术发展到什么程度都只不过是人类的工具而已，应该将技术中立于人类使用技术所产生的结果。如果以这种观念往前推进的话，研究人员可以专注于新技术的开发。与之相反，则是认为对于是否利用这项技术，以及是否要取缔人类对于新技术的恶用，这些应该由社会来决定。

但是，科学与社会就这样没有任何交流真的合理吗？考虑下军事
研究、核能研究就能明白，尝试使用开发之后的新技术是人之常情，因 18
此社会会对研发投入大量资源。像基因治疗、克隆人技术，都有威胁人类尊严的危险。因此，即使在前沿科技的研究阶段设定一定的规制，也并不违反学术自由(《宪法》第23条)。

此外，对于新科技，社会因为没有正确理解而产生恐惧、臆想，进而禁止其研究也是不合理的。对于科技的发展，我们的社会背负了很多。因此，社会一方也需要正确理解新的科学技术，并在正确评估其对社会带来的影响和风险的基础上，选择是否接受它们并形成统一的意见。

人工智能学会的伦理委员会公开发布的《人工智能学会　伦理方针》(2017年2月)就对这一点表达了关注。这应该成为日本从事AI研究的研究者的“伦理价值评价基础”。它包含九个方面：①对人类的贡献、②对法规制的遵守、③对他人隐私的尊重、④公正性、⑤安全性、⑥诚实的行为、⑦对社会的责任、⑧与社会对话与自身钻研、⑨遵守人工智能伦理的要求。

值得注意的是，上述方针确认了人类的和平、安全、福祉、公共利益、基本人权与尊严(①)，隐私(③)，公平、平等(④)。这个方针表达了科研人员的想法——在不伤害并尊重社会基本价值的前提下，接受旨在创造更美好社会的科学技术。因此，AI研究人员应该了解自己对于社会应该承担的责任，并积极与社会对话(⑦⑧)，化解所有误解，构筑社会与AI的密切关联。

（三）机器人、AI 开发、利用时应该注意的几点

在呼吁科研人员进行自主性讨论的同时，政府方面也开始讨论机器人、AI 带来的社会影响、风险评价和应对措施。首先介绍总务省 AI 网络化讨论会议(2016 年起)，以及其继任组织 AI 网络社会推进会议(2016 年起)的讨论内容。[28]

19 1. AI 网络的影响和风险

上述两个会议，将 AI 系统(包括机器人)接入信息通信网络、AI 系统间或者 AI 系统和其他系统间形成的网络视作“AI 网络化”，大范围地讨论了由其产生的新型社会存在方式。其中之一便是，对 AI 网络化带来的风险、特别是与机器人相关的风险进行了演变分析(参见表 1-4)。

该表并不是列举所有可能考虑到的风险，而是仔细分析了风险出现时期及其危害程度，并列举了现阶段可以推测的风险案例。但是，一看便知，机器人、AI 带来的可能的社会影响实际上五花八门，并且很容易看出存在带来重大恶性影响的风险。

20 **表 1-4　AI 网络化的风险**

	风险种类	假想的风险内容
机能相关的风险	① 关于安全性的风险	机器人自身作为媒介被犯罪分子利用而引起信息泄露，机器人被不正当利用等。
		与机器人相关的云等 AI 网络系统被犯罪分子攻击而产生信息泄露，机器人被不正当利用等。
	② 信息通信网络相关的风险	由于网络延迟、停止等原因造成机器人停止或者产生预想外的动作。
		随着 AI 网络化的推进，与模块间的灵活协作不同，由假想外的网络驱动，产生假想外的处理，产生假想外的动作。
	③ 不透明化的风险	由于机器人没有交互界面，因此难以确定动作完成的过程和阶段。
		在网络上多 AI 通过多重复杂的协作驱动机器人时，增大了不确定性，使得动作过程和阶段黑箱化。

续表

	风险种类	假想的风险内容
机能相关的风险	④ 失控的风险	通过劫持硬件或者不正当的更新修改，机器人产生了预想外的动作而变得不可控。
		自动驾驶汽车在行驶过程中产生功能不全时，由于驾驶员的技术低下或者机械故障，驾驶员无法介入操作而变得失控。
法律制度、权利、利益相关的风险	⑤ 事故的风险	自动驾驶汽车行驶时由于驾驶员的手脱离方向盘而导致紧急情况时处理困难。
		自动驾驶汽车通过网络共享了错误信息，由于交通系统的瘫痪而产生事故。
	⑥ 犯罪的风险	看上去很亲切的人型机器人，作为人类的替身被恶用于电信诈骗。
		与个人 A 大脑协作的 AI、机器人被个人 B 进行了不正当操作，个人 B 利用个人 A 实施了犯罪。
	⑦ 与消费者等权利利益相关的风险	玩赏用机械狗因为主人没有相关技能而无法进行程序更新，由此机器人感染了远程遥控操作病毒而被恶意使用，产生进入空巢、泄露信息等有害行为。
		玩赏用机械狗因为提供唱歌服务的公司倒闭而无法继续提供服务。因机器人变得无法唱歌而使受刺激的高龄主人健康状况恶化。
	⑧ 与隐私、个人信息相关的风险	服务型机器人通过信息收集所获得的健康状态等相关的(可能导致歧视或者错误的)信息被传播。
		服务型机器人与无人机通过网络协同作业，无人机自动配送用户和机器人对话中提及的商品。即使被配送了不想要的产品时也无法进行适当的修正。
	⑨ 与人类尊严与个人自主性相关的风险	对通过机器人得到的信息进行处理，可以通过执行程序实现对用户本人的决定和判断的操纵。
		利用基因等技术将去世的人再现成机器人，它与人类尊严的关系会产生问题。

21

续表

	风险种类	假想的风险内容
法律制度、权利、利益相关的风险	⑩ 与民主主义、统治机构相关的风险	在使用远程操作机器人时，外国人可在入境审查未被受理的情况下“入境”。这会导致出入境管理制度陷入功能不全，并且恐怖分子等有机会流入。
		被人类抛弃的“无主机器人”组成政党，对人类要求参与政权等权利。

资料来源：笔者基于总务省《AI 网络化讨论会议报告书 2016》整理。

22 **表 1-5　AI 开发指导方针提案**

基本理念	1. 实现以人类为中心的社会
	2. 企业相关利益方之间的方针、最佳效用的国际性共有
	3. 确保便利性和风险间适当的平衡
	4. 确保技术中立性，避免给开发者过度的负担
	5. 不断重新审视指导方针

开发原则	主要是关于 AI 网络化健全发展以及增强 AI 系统便利性的原则	① 协同原则
	主要是抑制 AI 系统风险的原则	② 透明性原则
		③ 可控性原则
		④ 安全原则
		⑤ 安全保障原则
		⑥ 隐私原则
		⑦ 伦理原则
	主要是关于提高用户接受程度的原则	⑧ 用户支持原则
		⑨ 责任说明原则

资料来源：笔者基于总务省《AI 网络社会推进会议报告书 2017》整理。

2. AI 开发的指导方针提案

在上述这些社会影响和风险的基础上，对 AI 研究时希望留意的事项，两个会议讨论了国际应该共同遵守的原则和方针，整理为《面向国际争议的 AI 开发指导方针提案》(2017 年 7 月)(参见表 1-5)。[29]

在信息法领域，大家普遍接受将 1980 年经济合作与发展组织采用的《隐私保护与个人数据的国际流通指导方针》作为国际标准。日本的个人信息保护法也是基于相同的指导方针制定出来的。基于相同的目标，为促进 AI 研究开发相关的国际性讨论，AI 开发的指导方针作为审议提案而被提出。

但是，指导方针本身并不对 AI 的研究开发进行直接的限制、约束，也非旨在将其原原本本变成国内的法律。[30]一个原因在于，机器人、AI 的研究开发正在向全球化推进，所产生的影响和风险可以通过网络散播到世界。因此，只通过单一国家进行规制，其效果是很有限的。此外，也存在这样的战略思考，即在积极推进机器人、AI 规制的欧洲和采取消极态度的美国之间，开发者可自主地遵守指导方针，从而使机器人、AI 被社会接受，并以此作为一种国际性的发展方向。

在指导方针提案中，特别是②透明性原则和③可控性原则触及了机器人、AI 带来风险的固有原因(本章第二部分)。研发人员应该保证输入输出的可检查性和程序判断的可解释性(②)，以及在人类或者其他 AI 的
监督下 AI 系统能够被叫停(③)。这种透明性和可控性究竟是通过技术来 23
保证，还是通过自主约束或者给予奖励的方法来保证？ 为了确保透明性和可控性是否需要某些制度措施？ 这些问题在今后需要更大范围的人员不断参加讨论。

3. 对机器人、AI 用户的要求

到目前为止，本章只触及了针对研究者、商品、服务供应商在减少机器人、AI 社会影响和风险时所需的举措。但是，是否能够通过机器人、AI 创造一个更好的社会还取决于机器人、AI 用户。由网络产生的社会问题，不仅仅来自基础设施从业人员和供应商，也来自用户。想象

一下数量巨大的用户以不同的目的和不同的方法来使用机器人、AI，自然会产生各种各样的问题。

首先必须要考虑的就是可控性方面的问题。虽然机器人、AI 在用户使用过程中通过学习变得更加聪明，但是也会因为用户的使用而超越开发人员的预测并发生一些变化。Tay 就是因为在网络上被教授了仇恨言论，而发表仇恨言论的。这个事例告诉我们，根据用户不同，机器人、AI 有可能会给社会带来危害。

其次是安全性问题。如果自动驾驶汽车的用户不进行软件更新，就有可能引发大的事故。因此，像现在的家用汽车需要进行定期车检那样，机器人、AI 用户也有义务定期对软件进行更新。并且，在用户能够积极配合的前提下，研究人员就能够对机器人、AI 的风险进行迅速有效的处置。

再次，如果要求机器人、AI 用户承担过大的负担，也会妨碍机器人、AI 在社会上的实用化。为了能够让用户安心使用机器人、AI，需要采取一些相应的措施，例如不论是否按照开发人员示范的用法使用机器人、AI，在引起事故时对责任进行限定；给他人带来损害风险通过保险制度进行分散；等等。

24 最后，今后使用机器人、AI 的能力会变成进行社会生活的一个重要条件。这样一来，就像在使用网络时需要媒体素养一样，必须广泛地保障我们拥有学习机器人、AI 使用注意事项和合理使用方法的机会。否则，就会将能够使用机器人、AI 的阶层和无法使用机器人、AI 的阶层割裂，从而产生等级差别。

在“机器人、AI 研发人员—机器人、AI 用户—消费者(受害人)”这种结构下，仅通过限制研究开发并不能抑制机器人、AI 带来的社会影响和风险。因此，为了让用户安心安全地使用机器人、AI，倒不如考虑环境整顿并根据具体情况限制使用方法。基于上述考虑，《AI 网络社会推进会议报告书 2017 年》加入了 AI 开发指导方针，指出要策划“AI 使用指导方针”。

五、 机器人、AI和法(学)

(一) 机器人、AI带来的法(学)课题

自古以来，就如“有社会的地方就有法(Ubi societas, ibi ius)”所说，由多种成员构成的社会，为了能够解决或者预测所产生的纷争就有必要制定法(立法)，并对违反规则的人进行制裁(执行)。法的适用、解释作用与从事这些工作的专家也就是法学家关联在了一起。[31]随着社会不断进行多样性的分化，根据不同的社会活动范围，又分化出了宪法、民法、刑法等不同的法(学)领域。这些就是法(学)的概况。 25

法以社会生活为对象，因此机器人、AI给社会带来的影响自然会影响法的存在状态。内阁府《人工智能和人类社会座谈会报告书》(2017年3月)按照领域列举了关于AI和人类社会应该讨论的课题。其中，与法相关的论点如下：

① 明确由人工智能技术引发的事故等责任认定，并配备保险。考虑使用和不使用人工智能技术的风险。

② 大数据使用中要保护个人信息和隐私。

③ 讨论使用人工智能技术创造的物品的权利。

④ 对与法解释、法修正、法相关的基本概念进行重新讨论的可能性。

其中①是关于自动驾驶汽车这类机器人、AI产生纠纷时的民刑事责任(第七章至第九章)以及行政法规制(第五章)，②是信息法，③是关于知识产权法(第十一章)的具体课题。当然，除此之外，也存在很多由机器人、AI带来的具体法课题。[32]例如，在劳动法领域列出了如下课题：(a)为了顺利实现人才的重新配置，如何避免劳动者的长期失业并保

障其收入；(b)实现职业(再)教育以及职业训练的负责人；(c)针对脑力劳动者的合适的工作方式。[33]

另外，也有一种观点认为，适当运用现有法也可以解决机器人、AI带来的新的法律问题。例如，关于①，根据现有的不法行为法和制造物责任法可以适当地分配机器人、AI的研究人员和用户的责任，因此没有必要过于纠结法的不确定性而影响研发和使用。[34]

因此，针对机器人、AI带来的法律问题的举措会扩大到多大的范
26 围，要根据各个领域的原理原则、现行法的具体内容差异对待。这里针对④展示两个观点。

(二)由机器人、AI引起的法的范式转变

第一种观点讨论，法秩序整体的基础或者法学思考的根本是否会被机器人、AI动摇？ 也就是说，是否会因机器人、AI产生法的“范式转变”。[35]

当前法(学)的前提是，拥有自主人格的人基于自己意识进行的行为而产生的责任归属于此人。在这个前提下，构建起了权利能力、法人、基本人权等作为法秩序基础的概念，以及私人自治、过失责任主义等基本原理原则。

可是，在机器人、AI出现后，这样的人类特征、世界观会发生多种变化而无法维持(参照本书第三章)。例如，是否应该承认自主型AI或者由自主型AI组成的机器人的法人格或者人权(机器人权)呢？[36]另外，因为无法预测AI，所以是否应该追究用户的结果责任呢？ 考虑到这些之后，就需要在整体上从根本出发重新审视法(学)的存在方式。

上述提到的人类特征、世界观都是拟制的，至少现代的法(学)在自我反思的基础上进行部分修正就可以解决。因此，有观点认为对于机器人、AI的问题也可以采用相同方式处置。例如，近代比较重视私人自治，就要求公权力介入市民生活时要在必要的限度之内(比例原则)。但是，当前在环境法领域，考虑各种环境风险之后，采用了基于预防原则
27 对从业者进行广泛的事先规范的做法(参照本书第五章)。对于AI无法预

测的问题，也可以使用同样的预防原则。在机器人、AI 背后总会有开发者或者用户存在，由他们来担责即可(参照本书第六章)。这样考虑的话，在解决机器人、AI 问题时，法(学)就会变得比较灵活且畅通。

本书各章当中，作者有时候会对某种观点进行正面的主张，有时候会将其作为默认的前提看待。思考之后会发现，这是与不同的法领域以及作为法领域对象之社会生活的特性有关，也是因为人们在接受了来自机器人、AI 的挑战之后对所期望的社会运作模式存在不同见解所致，大家在阅读本书的时候需要注意这一点。

(三) 机器人、AI 法的独特性

与上述讨论相关，第二种观点争论未来是需要建立像“机器人、AI 法”这样独立的法(学)领域，还是在现有的法(学)领域内解决机器人、AI 带来的法律问题。

提倡“机器人法”的研究人员有新保史生教授、平野晋教授等。两位教授并不是主张制定以“机器人法”命名的法律。其主张的核心在于，在现阶段已经可以预计机器人将会不断发展、普及，因此只在现有的各法领域内讨论机器人带来的法律问题是不足的。并且指出了单纯将“机器人法学”从其他法律领域中独立出来的问题状况和基本原则。[37]

与此相对，也存在否定《机器人法》原则上之可能性的观点。例如，夏井高人教授在介绍了关于机器人法的国际研究动向后指出，在传统法解释学范围内不能够处理的课题很少，并且认为这些不能处理的课题本身也超出了法解释学的范畴。[38]

围绕《机器人法》可能性的讨论，就像本书已经多次叙述的那样， 28
机器人与 AI 两者具有相同的问题。这里所讨论的背景中，存在着许多围绕法的不同见解与学术观点中难以解决的问题——法学是什么样的知识性事业、解释论和立法论的关系、到底应该强调发现问题还是解决问题、与过去知识传统的连续性应该被重视到什么程度。本书首先具体描述机器人、AI 对法律带来的问题，针对“机器人、AI 法”的可能性讨论中的一些中立观点也进行附带说明。

六、结　　语

对于机器人、AI 快速发展普及的社会，在现阶段法学应该提供什么样的意见？ 本书中，各个领域的研究者在自我反思的基础上进行了探讨。以下对本书内容作简要介绍。

（一）国内外的动向

第二章“机器人、AI 和法律政策的国际动向”(工藤郁子)，与介绍日本国内情况的本章不同，该章介绍了欧洲、美国的法律政策。欧洲的公共机关希望在制造业延长线上讨论机器人问题，而美国则在信息通信
29 产业主导下讨论 AI 的自主规制。第二章对两者的异同进行了通俗易懂的分析。

（二）理论探讨

在法学中，人是什么、社会是什么以及法是什么这样的根源问题，是由法哲学与宪法学处理的。第三、第四两章对机器人、AI 给人类和社会的存在方式带来的根本改变进行了法学理论层面的讨论。

第三章“机器人、AI 与自我决定的个人”(大屋雄裕)中，AI 的出现对以“个人”为单位所构成之社会的存在方式发起了根本性的质问。至今为止的法是以与“意思—行为—责任”相关的这些拟制要素为前提的。对于新的社会与法之存在方式，作者抛出了法哲学家应该提出的问题。

第四章“机器人、AI 剥夺了人类的尊严吗？”(山本龙彦)中，围绕 AI 对宪法所带来的冲击，将“个人的尊严”的基本价值分为四个层次进行了全面分析。在机器人、AI 时代，怎样才能在意识到这是虚构的同时维持至今为止的人类形象和个人形象呢？ 可以对比阅读第三章。

（三）各分论的讨论

第五章以后，从各个法领域的见解出发，对于法应该如何应对机器

人、AI 产生的社会生活问题等进行了具体的讨论。

第五章“机器人、AI 的行政规制”(横田明美)，参考《消费者安全法》，展示了将行政规制、民事、刑事规制组合在一起的解决方案。同时，讨论了针对应有规制的合意形成方法以及行政的作用。

第六章“AI 与合同”(木村真生子)，讨论了 AI 和作为最基本法制度的合同之间的关系。从合同法如何对自动贩卖机、计算机、网络等事物进行应对的历史出发，客观冷静地讨论了是否应该将代理、法人这些制度扩展到 AI 中。

《消费者法》是为了保证消费者利益而规制合同自由的法律(参照 30
第五章)，《竞争法》是为了规制公平竞争之秩序而设置的法律。AI 的行动是否可能归属于人类，是否应该归属于人类，这些问题在第六章中讨论。这一章借助卡特尔展开讨论，将结论扩展至“机器人、AI 与竞争法”(市川芳治)，并分析了法执行上的问题。

第七章“自动驾驶汽车与民事责任”(后藤元)，讨论了在现行法律下自动驾驶汽车司机、供应商、厂家应该承担什么样的民事责任。这章明确了保险制度的理想状态、为提高各参与方积极性的制度设计等，以及针对机器人、AI 进行法和经济学讨论的意义。

第八章“机器人辅助下实施的手术与法律责任”(弥永真生)，借助手术机器人明确了“机器人、AI 研发人员—机器人、AI 用户—消费者(受害人)”关系中的法律问题。告诉读者与机器人、AI 相关的修正债权法中的格式条款规定，远程医疗、远程手术相关的民事诉讼法，国际私法问题等多种观点。

刑法学家和第七章一样解决的是自动驾驶的问题，这部分内容包含在第九章“机器人、AI 与刑事责任”(深町晋也)。在讨论驾驶员、设计者责任的同时，也分析了机器人、AI 像宠物一样作为“被害者”(客体)被保护的条件。

第十章“AI 与刑事司法”(笹仓宏纪)从刑事诉讼法的观点出发，在事实认定和法的适用性判断两个方面，严密地讨论了 AI 到底能够在多大程度上代替法律专家的问题。并以此反观通过 AI 实现法的支配以及刑事司法的存在方式，重新审视了法律专家坚持程序的意义。

如上所述，在第四章中讨论了机器人、AI 带来的信息流通、保护等问题，即隐私问题。关于知识产权，第十一章“机器人、AI 和知识产权”(福井健策)，通俗易懂地概述了 AI 作品爆发性扩张及其影响，并分析了学习用数据、机器人技术、AI 本体、学习结束后的模型、生成作品等各自是否应该由著作权法、不正当竞争法来保护的问题。

第十二章“机器人武器与国际法”(岩本诚吾)，明确了针对机器人
31 给人类带来威胁的国际法处理状况。在致命性自主武器系统(LAWS)中需要可控性这一点上，要形成统一意见。该章展示了围绕机器人、AI 的全球治理困难。

* * *

人工智能学会的伦理方针(本章)要求，作为从事高度专业性职业的从业人员，AI 研究者应该和社会保持对话。这也适用于广义意义上的法律专家和法学家。[39]因此，在了解 AI、机器人发展趋势的同时，不仅仅是要简单地回顾，更要反省法(学)究竟应重视什么这些基础问题，还需要在此基础上冷静地思考法(学)当中的可能性等问题。

本书的构成依托于机器人、AI 同法(学)的关系。因此，本书可以作为通过机器人、AI 进入法学的入门图书，也可以作为以法学为背景的读者的法学再入门图书。

注释

1. 株式会社野村综合研究所：《日本约 49% 的劳动人口可能会被人工智能、机器人等取代——601 种职业中被计算机技术代替的概率测算》，2015 年 12 月，https://www.nri.com/jp/news/2015/151202_1.aspx。

2. 驹村圭吾：《“法的统治” vs “AI 的统治”》，《法学教室》2017 年第 443 号，第 61 页以下。

3. 町村泰贵：《IT的发展与民事程序》，《信息法制研究》2007年第2号，第38页以下。

4. 尾崎一郎：《AI的邀请》，《法律时报》2017年第90卷1号，第1页以下。

5. 参照松井茂记、铃木秀美、山口一子编：《网络法》，有斐阁2015年版。该书的前身是松井茂记编：《网络和法》，初版是在1999年。

6. 工藤郁子：《自然人、法人之后“电子人”概念的出现》，《商事法务》2018年2月号，第5页。

7. 独立行政法人新能源·产业技术综合研发机构编：《NEDO机器人白皮书2014》，第1—1页以下。

8. http://rraj.rsj-web.org/.

9. IoT(Internet of Things)即“物联网”。参照《政府与民众数据利用推进基本法》中“物联网使用相关技术”的定义(第2条第3款)。

10. 平野晋：《机器人法》，弘文堂2017年版，第55页。

11. 此外，改造人指一部分为机器一部分为人体的融合创造物。因为是通过人类智能控制机械部分，因此改造人并不是机器人而是人类(参照本书第三章的短评栏)。

12. http://www.ai-gakkai.or.jp/whatsai/.

13. 独立行政法人信息处理推进机构AI白皮书编委会编：《AI白皮书2017——人工智能带来的技术革新和社会变化》，角川ASCII综合研究所2017年版，第16页。机器学习的性能依赖于数据的特征表现，一直以来这些特征都是由人类智能和技能来定义的。深度学习可以自动学习特征表现，从这点来看它也可以被认为是表现学习的一种(第39页)。

14. 关于AI的研究发展，松尾丰：《人工智能超越人类智能了吗》，角川EPUB选书2015年版，第59页以下。

15. AI拥有意识这一点也包含对错的争论，鸟海不二夫：《强AI、弱AI》，丸善出版2017年版。

16. 西垣通：《大数据与人工智能》，中公新书2016年版，第184页以下，指出特定化AI应该被称为IA(Intelligence Amplifier)。IBM并没有把Watson认为是AI，而是定义为“作为‘Augmented Intelligence(扩展智能)’扩展、增强人类智能的存在”。这个定义或许也与本章所讨论的内容相关(IBM网页“什么是Watson?” https://www.ibm.com/watson/jp-ja/what-is-watson.html)。

17. 总务省AI网络社会推进会议：《面向国际争议的AI开发指导方针提案》(参照本章第四部分)，将AI定义为“AI软件”(通过数据、信息、知识的学习，在使用过程中具有改变自身输出以及程序的能力)以及“AI系统”(把AI软件作为构成要素的系统)的总称。

18. 以下，围绕机器人、AI的报告书、本章引用的参考文献中讨论的内容均为笔者大略整理的。

19. 当前，Ray Kurzweil：《奇点临近(精华版)》，NHK 出版社 2016 年版。

20. 西垣通：前注 16，第 94 页以下。

21. 新保史生：《围绕机器人 · AI 和法律的国内政策动向》，《人工智能学会杂志》32 卷 5 号(2017 年)，第 665 页以下；独立行政法人信息处理推进机构 AI 白皮书编委会编：前注 13，第 297 页以下。

22. 狩猎社会，农耕社会，工业社会，信息社会之后，人类历史上第五个新型社会，这将是一个新价值和服务被陆续创造出来，给社会主体的人类带来富足的社会。

23. 大内伸哉：《AI 时代的工作方式和法律》，弘文堂 2017 年版，第 28 页以下。

24. 在日本产业界，产业竞争力座谈会(COCN)的活动很受关注。例如来自经济学的观点，柳川范之编著：《人工智能会让日本经济复苏吗》，大和书房 2017 年版。

25. 市川芳治：《利用大数据的竞争是“卑鄙”的吗？》，载庄司克宏编：《网络自由和不自由》，法律文化社 2017 年版，第 157 页以下。

26. 山本龙彦：《可怕的大数据》，朝日新书 2017 年版，第 169 页以下。

27. 参照城山英明：《风险评价 · 管理与法律系统》，载城山英明、西川洋一编：《法律再构建Ⅲ科技发展与法律》，东京大学出版社 2007 年版，第 89 页以下。长谷部恭男(责任编辑)：《新装增补风险学入门 3 由法律角度看到的风险》，岩波书店 2013 年版。

28. 福田雅树、林秀弥、成原慧编著：《与 AI 关联的社会》，弘文堂 2017 年版；特别是其中福田雅树：《“AI 网络化”及其管制——面向“智连社会”的法律、政策观点》，第 2 页以下。

29. 成原慧：《关于 AI 研究、开发的原则、方针》，载福田、林、成原编著：前注 28，第 78 页以下。

30. 总务省《AI 网络社会推进会议报告书 2017》强调，开发指导方针提案应该具有柔性。

31. 宍户常寿：《Introduction》，载山下纯司、岛田聪一郎、宍户常寿：《法学解释入门(补充修订版)》，有斐阁 2018 年版，第 1 页以下，并参照本书第十章。

32. 新保史生：《围绕机器人法的法律领域其他课题概览》，《信息法制研究》2017 年第 1 号，第 64 页以下。

33. 大内：前注 23，第 46 页以下。井上智洋：《人工智能同经济的未来》，文春新书 2016 年版，第 201 页以下，提倡导入基本收入制度(不论收入基准是多少，对所有人一律无条件给与最低生活费的制度)。

34. 森田果：《围绕 AI 法律规整的基本考虑》，RIETI Discussion Paper Series

2017年。

35. 新保史生：《机器人法学的开幕》，《Nextcom》2016年第27号，第23页。“范式”(paradigma)也是具有多重含义的深奥概念。这里指的是，学问的前提连续性地发生变化、断绝之程度。

36. 青木人志：《“权利主体性”概念的思考——AI拥有权利的日子到来了吗》，《法学教室》2017年第443号，第54页以下；大屋雄裕：《外物、内物——动物和AI的权利》，《论究Jurist》2017年第22号，第48页以下。

37. 参照平野：前注10；新保：前注32；新保：前注35等。

38. 夏井高人：《阿西莫夫准则的终结——机器人法的可能性》，《法律论丛》2017年第89卷4、5号，第175页以下。夏井教授冷静地给出了自己的看法，他并不是低估机器人、AI带来的社会影响，而是认为如果“强AI”实现的话就已经进入了“神”的领域，因此通过人类的法是无法控制的(第208页以下)。

39. 作为这种对话的一个案例，实绩寿也、鸟海不二夫、宍户常寿：《“座谈会”信息法制的可能性——以围绕AI的动向为中心》，《信息法制研究》2017年第1号，第109页以下。

第二章

机器人、AI和法律政策的国际动向

工藤郁子*

33 一、引　言

(一)“机器人、AI 和法律”,不可怕吗?

说到“机器人、AI和法律”，通常会引起人们的警惕。经常听到诸如：“因受到规制而失去自由，好麻烦！”“奇怪的政策可能会扼杀成长中的领域吧!”“真是令人恐惧的事情！”等话语。也有读者将本书拿到手上作为“敌情视察”，并投以怀疑的目光吧。

确实，法律具有限制人们行为和技术方式的方面。因此，它往往被视为机器人和AI创新的障碍。但是法律也支持创新自由。例如，我们之所以可以自如地使用作为机器学习目标的大量数据，除了有技术者的努力，他们通过执行预处理和参数调整来准备数据集，还因为有完善的合同概念和知识产权法的结构。另外，在实证实验中的机器人引起意外

---

* 工藤郁子，Makaira股份有限公司高级研究员。

的财产损失事故，如果对其投保，也可以补偿对第三方造成的损害并防 34
止开发资金的损失。而保险法和保险业务法对此提供了制度的保证。

法律可以被视为实现机器人和 AI 健全竞争的同时，被社会所接受的一种基础设施。

（二）法律政策的设计

如果说“法律也是社会基础设施的一种”，可能会认为法律和政策的框架是既定的。另外，经得起多年考验的制度确实是受到精炼的。但是，在此要强调的是“法律的可变性”。新技术的兴起和产品、服务的变化，伴随着时代的发展，人们所期望的基础设施的存在方式也有所不同。因此，法律也必然需要变化，其在制度上也保证了这种可变性。

如第一章所述，机器人和 AI 的发展给法律带来了新的挑战。将在第三章及以后的章节中详细分析和研究法律该如何应对，但是在此以法律可变性为前提，机器人和 AI 相关人员自己提出设计法律政策学的观点[1]是非常重要的。实际上，目前机器人、AI 和法律之间正在建立共识，并且在考虑对法律进行一些修订。

（三）本章的构成

本章旨在通过介绍法律政策的趋势来传达制度的动态(以及其背后的理念、价值和利益等)，表明决策过程的动态就是设计规则和制度，这将有助于“设计”围绕机器人和 AI 的社交环境。

其中，以目前国际上正在推进的机器人、AI 的开发原则和利用方 35
针为中心，概观法律政策动向。以下特别讨论欧洲和美国的动向。

考虑到与机器人、AI 开发原则和指导方针相关的法律政策不能抑制创新，因此其中许多是非监管性且无约束力的。需要注意的是，也有不受政府直接规制的地方。

另外，想提请大家注意的是，由于许多建议和指南是在最近才发布的，因此并不详尽，并且存在信息迅速过时的风险。

二、欧　　洲

（一）机器人技术法规的相关指南

1. 概述

作为受欧洲委员会[2]资助的“机器人法律项目”的调查研究，于2012年3月启动。[3]“机器人法律项目”的成果为2014年9月发布[4]的“规范机器人技术指南(Guidelines on Regulating Robotics)”。

该指南中，总结了思考机器人和法律时的基本思想。具体来说，通过对自动行驶车辆、手术支援系统、机器人假肢、护理机器人[5]进行伦理分析和法律分析，
36 理分析和法律分析，以阐明问题并指导政策建议。

2. 首先有规制的必要吗？

在该指南的开头，首先讨论是否需要对机器人进行规制。

前面已经指出，过于严格的法规可能会抑制创新。对于许多读者来说，这可能是直观地(或凭借经验)赞同的地方。但同时，该指南还表明，如果依据看似自相矛盾的、不明确的法规，该由谁来负责以及怎样负责的规定不确定，也有可能会阻碍技术创新。

创新性越强，越有可能脱离先例和现有框架，而巩固法律评估的难度也就越大。即使在法律专家中，也常常存在分歧和“灰色”评估。例如，在日本关于自动驾驶和驾驶支援系统等新技术，开发人员和使用者对于承担怎样的法律责任还没有进行充分的讨论，现在责任的形式还不清楚。这样的话，开发者和使用者除了要承担单纯意义上的法律风险外，还要承担法律不确定性的法律风险。[6]结果，进行了过度的安全确认，可以预想到会产生诸如引入市场延迟之类的萎缩效果。换句话说，当在社会中实施新技术时，如果不清楚将什么视为对权利和利益的侵犯，以及该由谁来承担什么样的责任，如果这些规定含糊不清，则会增加“交易成本”，交易主体会遭受意想不到的不利影响。在没有可靠的

法律环境的情况下，过度规制和规制不足都是风险因素。

通过推进法律分析，也可以从“灰色”中解析出“白色”的外延(关于自动驾驶汽车引起的交通事故责任，详情请参照本书第七章和第九章)。此外，如果事先就自动驾驶汽车的预期安全性进行了公开讨论， 37
并且形成社会共识，那么决定何时向市场引入自动驾驶功能将变得更加容易。

该指南在采用这种观点的基础上指出，有必要形成促进机器人技术创新的法律框架。[7]并且得出有必要建立欧盟成员国之间共享全面原则和框架的结论。

3. 产业政策和规范的结合

“规范机器人技术指南”还试图与自由、安全、正义和平等等规范进行协调。机器人是在欧洲市场上占有重要地位的战略领域，[8]但它们可能会通过改变劳动力市场、收入分配和所需的工作能力来改变社会结构。因此，该指南分析了必须适当地结合产业政策和规范策略，以免损害机器人产业的发展。

为了更详细地理解这个问题，笔者想介绍该指南中增强技术[9]的部分。增强是指以改善个人性能为目的，通过技术改变人体；增强技术是指以此为目的的技术。当前，它主要用于恢复残疾人失去的功能。但是，它不仅具有补充功能，还可以给健康人带来新的功能。

关于增强技术，该指南评估应积极促进研发，以改善残疾人的“生 38
活质量”。此外还指出，欧盟有义务根据《残疾人权利公约》对其进行推广。同时，分析得出对增强技术潜在市场的开拓将为欧洲带来巨大的好处。

另外还指出，考虑到增强所带来的机会和风险，有必要从伦理和法律角度更新“知情同意”的概念(关于知情同意在日本的意义，请参照本书的第八章)。但是，从对“人的尊严”(《欧盟基本权利宪章》第1条)、自我决定的自由、预防原则[10]等的解释出发，很难区分允许增强与不允许增强的标准，并很难得出给予健康人的新功能是否存在问题的判断标准。因此，建议该指南不仅应制定技术安全标准(欧盟医疗器械指令等)，还应通过公开讨论和专家研究来制定伦理和法律准则。

为了使新技术在社会上普及，分析怎样的形式才能被人们接受的规范和价值观也变得重要。例如，增强可以超越功能的恢复和维持，以能力和性质的“改良”为目标，所以有可能重新探讨“病理”“健康”“(健康)正常”“残疾”“治疗”等概念。根据技术应用的形式，可能需要等待新技术投放市场或工业应用，直到建立共识和社会性议论成熟为止。但是，即使它是基于不确定的科学和技术预测，也可以通过将社会性讨论、伦理和法律研究与技术研发并举来减缓时滞。这也关系到获得产业上的优越性。

39 （二）有关机器人技术的民法规则

1. 概述

基于“机器人法律项目”的成果等，2015 年 1 月开始，欧洲议会法务委员会设置了“机器人技术与 AI 相关工作组”。[11]2016 年 6 月，为了便于工作组讨论，欧洲议会调查局的科学技术选择评价委员会(Science and Technology Options Assessment, STOA)事务局公开了机器人进展风险分析报告书。[12]以此为基础，讨论得以继续，2017 年 1 月，法务委员会汇总了《关于机器人技术相关民事规则向欧洲委员会的建议》(Report with recommendations to the Commission on Civil Law Rules on Robotics)作为报告书。[13]

该报告书认为，为开展 AI、机器人相关事业，确保法律的稳定性非常重要。此外，为确保安全性等，有必要在欧盟区域内导入统一的民法规则。除此之外，还强调欧盟必须承担主导作用，以避免被他国制定的标准所强迫(虽然没有明确指定，但可能是设想到美国)。该报告书内容涉及面广，大多为探讨自律型智能机器人等的定义、分类，确立伦理原则，明确自律型机器人的责任归属，研究自动行驶汽车相关强制加入保险制度，导入为确保可追溯性机器人、AI 的登录制度，包括设立机器人的相关技术性、伦理性、法律课题的专门建议机构等。并且，为明确将来发生损害时的责任，也提到可能会承认一部分自律型机器人的“电子法人”等一定的法律主体地位(关于作为合同代理人的机器人、AI，请参 40 照本书第六章；另外，关于机器人、AI 承认行为能力和法律人格的法律理论上的诸课题，请参照本书第三章)。

2017 年 2 月，在欧洲议会的正式会议上，该提案在修改后被采纳。因此，今后欧洲委员会将讨论是否应该提出修正法案。[14]

2. 机器人、AI 和劳动力、雇用

通过的内容是讨论有关机器人和 AI 的民法规则。另外，已删除有关引入所谓“机器人税”的所有描述。在这里，笔者想提及一下机器人、AI 和劳动力与雇用。

随着机器人和 AI 的普及，一方面，人们对诸如提高生产率以及不在危险环境中工作的需求等对工作环境的改善抱有很高的期望；另一方面，人们普遍担忧机器人和人工智能会影响广泛的职业，并且可能夺走原本由人类承担的各种工作。

2017 年 1 月公布的报告书中也指出，可能会造成雇用减少、贫富差距扩大、税收减少、破坏社会保障制度等。随着机器人的普及，如果对人的雇用减少，社会保险费和税收就会减少。另外，对以失业者为对象的教育培训投资也会提高。因此，为实现可持续的税制和社会保障制度，建议对注册搭载 AI 等机器人的企业，以及拥有机器人的企业等，赋予以灵活运用机器人所获利益的一部分来负担“机器人税”或引入“基础投资”等义务。

但是，国际机器人联盟和德国机械设备产业联盟表示反对引入“机器人税”，在出示汽车行业等统计数据的同时，主张每个国家每 10 000 名工人的机器人数量是“机器人密度(robot density)”，而“机器人密度”与员工人数之间存在正相关。在欧洲议会全体会议上，有意见认为，对机器人征税会阻碍机器人的普及，降低欧盟和成员国的竞争力，并最终导致人员失业。因此，引入“机器人税”在该会议上没有被采纳。 41

在机器人、AI 替代任务和个别业务的同时，即使创造出新的劳动力和雇用，对技能适应性和雇用流动化的对应，也作为法律政策上的课题遗留下来。确实，还没有开发出能解决所有课题的“泛用 AI(Artificial General Intelligence)”，因此完全替代人类的机器人、AI 的登场仍是遥远的未来。但是，可以预期，专门用于一种或几种功能的“专用 AI(Narrow AI)”将变得更加精炼和普遍。这样一来，为了让就业者学习机器人、AI 的使用方法，为企业调整结构转换环境，就需要一定的政策改变。[15]反过来说，为加速对机器人、AI 的灵活运用，消除劳动力、雇用方面的担忧，从而促进人才向新产业移动，重新审视社会保障制度也很重要。另外，在欧洲议会上也讨论了关注机器人、AI 对雇用、劳动力的中长期影响的内容。[16]

3. 需要开发原则和使用指南吗?

欧洲议会还提议了“机器人技术宪章(Charter on Robotics)”框架，并
42 提出开发人员伦理行为规范。[17]在介绍细节之前，笔者想先谈谈将开发原则和使用指南作为抽象规范提出的原因。

正如本章开头所述，目前不论产业界、政府还是学术界，都在积极开展国际活动来制定原则和指南。[18]然而，有人(即使采取对机器人、AI 有必要进行一定程度限制的立场)认为制定指南和原则是“多余的事情”，也有批评认为讨论没有实际事例证实的纸上谈兵会导致效率低下。

当然，关于机器人、AI 的开发和利用，可以不讨论抽象原则，而设想通过个别法律修正和立法对现行法中存在的问题一一解决的方法。但由于利用机器人、AI 的场合多样，如果临场才形成规则，制度整体上没有整合性，开发者、用户等可能会产生混乱，从而引起不公平。为了避免这种情况，希望在不同的机器人、AI 利用方面能保持统一的视角。

另外在欧洲，如果各成员国的规则在欧盟内也大不相同，这将成为进出口的障碍并阻碍业务发展，因此需要一定程度的协调。开发原则和使用指南预期具有指示应从什么角度来考虑成员国的法规和标准的功能。此外，一般而言，在规则形成过程中，不仅是立法和行政部门，司

法部门也起着重要作用。换句话说，事件发生时，各地法院希望能够适当地理解新技术、适用法律解释并谋求妥当地解决。那时，如果有法庭上的当事人和法律界人士可以援用、法院可以参照的指导方针(以及为获得指导方针而进行讨论的积累)，不仅可以提高讨论效率，对于社会整体也有价值。[19]机器人技术宪章中的规范也期待能起到补充法律措施 43
的作用，旨在强化、促进创新的同时回应公众的关注。

4. 机器人技术宪章

机器人技术宪章由机器人开发者的伦理规范、研究伦理委员会的规范、设计者和用户许可证三部分组成。让我们逐步对每个部分进行介绍。

(1) 机器人开发者的伦理规范

首先，说到底“机器人开发者的伦理规范(code of ethical conduct for robotics engineers)”是任意性的，不具有义务性和强制性，只是一般性的原则和指导方针。[20]

具体而言，有以下 12 项：①机器人应为人类利益而行动的“有益性”；②机器人不得对人类施加危害的“无害性”；③以人类的充分信息为基础能够任意判断的“自律性”；④看护机器人或护理机器人等享受到公平的“正义”；⑤应该始终尊重人的尊严、自主性等权利的“基本权利”；⑥根据预防原则应考虑社会和环境的“预防性”；⑦鼓励所有利益相关者参与决策过程的“包容性”；⑧对当代和子孙后代的社会、环境和自然影响的“责任”；⑨应尊重人类身体、健康和权利的“安全性”；⑩作为可通过编程来安全可靠地操作机器人的必要条件的“可逆性”；⑪安全且适当地使用个人信息“隐私”；⑫从研究到普及为止的所有阶段被要求的“利益最大化、受害最小化”(对这 12 项进行更 44
深的探讨，请参照本书第四章)。

上述 12 项(即使保留各论)作为总论来说是很普遍的，再次提出它们似乎毫无意义。但是，例如系统开发等过程中的项目管理，从项目目的、范围、前提条件等基本决定即“项目宪章”的制作开始，通过在启动过程中整理“明确的前提”，从而使利益相关者之间达到相互认识并匹配的效果。另外，作为个别论点产生时应该回顾的更高阶、更抽象的原点，可以期待一定程度上缓和讨论的无限后退。此外，通过对各项作整体解释，它将作为系统发挥作用。例如，通过将无害性、安全性、有益性或利益最大化、受害最小化视为一体，指出并非都指向零风险。再加上，事先将伦理规范作为项目进行提示，也许可以期待标准规格的相互进入等也能带来波及效果。[21]

(2) 研究伦理委员会的规范

其次，“研究伦理委员会的规范(code for research ethics committee)”是将上述机器人开发者的伦理规范作为组织(研究机构和企业)来实现的管理指南。

提出以下 6 项：①“独立”，应将道德审查程序与研究本身分开以避免利益冲突；②“能力”，伦理审查过程应由具有适当专业知识的人进行；③审查过程的“透明性和说明责任”；④“研究伦理委员会的作用”，以组织内所有研究为对象，在考虑研究和利害关系者的尊严和正
45 当利益的同时，应及时作出判断；⑤“研究伦理委员会的构成”，应该将具有专业知识的跨学科、专业均衡的成员召集在一起；⑥“监督”，即使在批准后，也应确立适当的过程以关注研究，并继续进行监督。

上述可以定位为有关程序的规范。说到“法律”，容易联想到规范内容本身，但用于实现规范内容的相关程序规范也是一种法律。例如，不仅有实体法对民法和刑法等内容进行规范，还有程序法对诸如民事诉讼法和刑事诉讼法之类的形式方面进行规范。(详细内容参照本书第十章)。虽然程序法似乎在实体法中处于附属地位，但毋庸置疑，在内容规定形式的同时，形式也规定内容。因此，有必要同时探讨两者。

(3) 设计者和用户许可证

“设计者许可证(licence for designers)”“用户许可证(licence for users)”是作为模型雏形提出的。设计者许可证是将机器人开发者的伦理规范修改为许可证形式，还包括引进紧急情况下停止机器人功能的

“关闭开关”等。用户许可证也是通过改变机器人开发者伦理规范所获得。在使用方面需要注意的有：在数据主体未明确表示同意的情况下，禁止收集、使用个人信息；禁止改造机器人作为武器使用(关于作为武器的机器人，请参照本书第十二章)等。

在此，关于设计者和用户的区分，笔者想厘清必备的技术知识。机器人倾向于关注躯体，但是在感知周围环境的基础上通过适用、判断算法应用软件也成为构成要素。而且，机器人技术和云技术的接近正在急速推进，很多研发人员和经营者都计划将躯体与网络连接，将感知、收集到的数据通过云累积、共享、进行分析以改善服务等。此外，还将实现对第三方(既不是躯体的制造商也不是单纯的使用者)的应用开发和提供。也就是说，将来机器人也有可能实现目前在智能手机上看到的应用
开发和使用环境。因此，除作为利害关系人的制造商开发者设计了作为 46
平台的机器人之外，还预想有一些应用程序开发人员也具有作为用户的一面。

AI 也具有类似的结构。例如，在使用深度学习的 AI 开发过程中，定义基本结构并设计算法后，输入学习数据并调整以便获得预期结果的参数；也有用户接受他人设计的算法，进行学习数据的输入和参数的调整，开发出新 AI 的情况。因此，设计人员很有可能以意想不到的方式使用它并开发出超乎想象的 AI。[22]

如上所述，设计者和用户对于最终成果机器人、AI 的预见可能性和期待可能性有所不同，因此在指导方针等方面有区分两者的实际意义(围绕机器人、AI 开发、使用的利益相关人的多层化、复层化，请参照本书第五章)。

(三)“制造物品”和法律政策

1. 产业构造的反映

前文概述了欧洲机器人、AI 的开发原则和使用指南相关的法律政策动向。尽管目前为止讨论的内容包括了 AI，但应该注意到机器人是讨论的主要内容，如“规范机器人技术指南”“机器人技术相关民法规

则”“机器人技术宪章”等。这被认为是受欧洲(特别是德国)产业结构的影响。

欧洲和日本、美国一样，服务业的比重在提高，就业也在扩大。当然，德国在“制造”产业结构上优势明显。2000年以后，德国将劳动密集型生产工程转移到东欧各国等地，只将高附加值生产工程留在国内，并通过谋求高品质模型的品牌化等手段，成功地提高了对销售额的附加
47 价值。为进一步推进产业结构，并维持和强化作为出口国的国际优势，德国联邦政府还提出推进以制造业为中心的产业数字化即“产业4.0”战略。[23]另外，2016年11月德国联邦劳动社会部公布白皮书《劳动4.0》，以考虑“工业4.0”的未来就业政策。[24]《劳动4.0》和之前编写的“2030年劳动市场预测”调查报告书中指出，如果推进“产业4.0”战略，则不仅可以预期到经济增长，而且预计就业也会增加。

与机器人、AI开发原则和使用指南相关的法律政策趋势也基于此背景。

2. 来自学术研究机构的建议

学术研究机构在促进机器人、AI产业振兴中也发挥着重要作用。同样在欧洲，学术研究机构的AI研发基地在政府支持下，与产业界、政府和学术界联合培养出机器人、AI研发人员，支持起步推进创业。不仅如此，研究人员还参与规范制定，进行研究和提出建议。在此，笔者想概要总结一下欧洲学术研究机构的法律政策动向。

(1) FHI

在早于2005年的时候，英国牛津大学哲学系成立了名为FHI(人类未来研究所)的机构。顾名思义，其着眼于技术变革对人类未来的伦理影响，研究领域除AI外，还涉及气候变化和经济崩溃等风险，[25]是正在
48 进行的跨学科研究。关于对AI的研究，在保证可控性和安全性的同时，从如何灵活运用这一观点出发在推进研究。[26]

(2) CSER

风险研究中心CSER(Centre for the Study of Existential Rick)于2012年

在英国剑桥大学人文与社会科学学院成立。研究主题是国际破坏性风险，包括诸如 AI 和纳米技术之类的尖端技术。邀请产业界、政府和学术界等各种利益相关者举办讲习班和研讨会。

(3) CFI

2015 年英国剑桥大学还设置了新莱弗尔梅未来智能中心 CFI(Leverhulme Centre for the Future of Intelligence)。与牛津大学、伦敦大学、加利福尼亚大学等合作进行广泛研究，从确保算法的透明性到人工智能对民主的意义，以便最大程度地利用人工智能。

三、美　国

(一) IT 产业与法律政策

1. 概述

与欧洲一样，美国基于重视创新的产业政策来促进机器人和 AI 的研发。例如，自 2009 年以来分三次公开的“美国创新战略”将先进车辆(Advanced Vehicles)和信息处理新领域(New Frontiers in Computing)列为优先领域。

如果从模式上强调欧美的差异，美国信息通信领域成为对 GDP 增 49
长率做出实质贡献的产业结构，虽然由于政权交替等有若干不同，但具有政策上长期受到重视的特征。另外，也可以指出，反映信息通信领域的蓬勃发展的，不仅仅是研究者和大企业，还包括初创者和投资家，他们之间进行着更加紧密的合作。在欧洲，机器人是公共机构讨论的主要核心；而在美国，对 AI 的讨论基本上在私营领域正在取得进展。

因此，以下将概述美国学术研究机构和产业界的动向。

2. 学术研究机构、产业界的建议

(1) AAAI

2008 年美国人工智能学会(AAAI，Association for the Advancement of

Artificial Intelligence)成立“关于 AI 长期未来的 AAAI 主席团”。[27]该专家会议围绕人工智能发展对社会的长期影响，从社会、经济、法律、道德等角度进行讨论，发表了促进负责任地使用人工智能的声明。

此外，该会议在美国加利福尼亚州阿西洛马举行，这可能是考虑到 1975 年在同一地点的“阿西洛马会议”，科学家研究了基因重组技术相关实验的风险，是制定生物学、物理学“封存”等指导方针的开端。[28]

(2) 斯坦福 AI 100

2014 年 12 月，“斯坦福 AI 100(人工智能一百年研究)”[29]以承继上述会议的形式，由 AAAI 主席埃里克 · 霍洛维茨(Eric Horowitz)领导成立，研究 AI 在一百多年来对法律、经济、社会等多学科的长期影响。2016 年 9 月，发布一份题为“2030 年人工智能与生活”的报告，涵盖过去 15
50 年的八个领域，包括运输、服务机器人、医疗保健、教育、社区、安全与保障、雇用与职场、娱乐，以及对未来 15 年进行了预测。

在与开发原则、使用指南的关系上，讨论考虑了安全性、自主性原则的必要性。另外，可以通过提出指导方针等来缓和 AI 引起的社会不安。

(3) IEEE

IEEE(The Institute of Electrical and Electronics Engineers)[30]是与电气、电子工学相关的学会，积极进行诸如制定规格等标准化活动，“全球 AI、自主系统的伦理考虑倡议”这一计划于 2016 年 4 月开始。[31]报告书“符合伦理的设计：AI、自主系统和人类福利的优先愿景(Ethically Aligned Design: A Vision For Prioritizing Wellbeing With Artificial Intelligence And Autonomous Systems)”的初版于 2016 年 12 月公布。[32]今后将公开征集意见，并通过在世界各地的研讨会等对内容进行修订。[33]

该报告书列举了人类的利益、责任、透明度、教育和启发作为一般原则。此外，各论还提到个人数据和个人访问控制、自主型武器系统的重新评估、经济、人道主义问题等。

此外，各种标准化活动也同时进行，诸如“IEEE P7001(自主系统的透明度)”、“IEEE P7002(数据、隐私处理)”、“IEEE P7005(透明雇主的数据管理相关标准)等正在讨论中。[34] 51

(4) FLI

以上是学术界的主要动向，但如上所述，产业界与学术界之间的紧密合作是美国的特征。[35]例如，2014 年 3 月，为了人类能够灵活运用 AI 等新技术而设立研究支援团体 FLI(未来生命研究所，Future of Life Institute)，在那里除了 MIT 和哈佛大学的研究人员之外，让 · 塔林(Jean Tallinn)[36]等企业家和工程师也参与其中。

2015 年 1 月，企业家埃隆 · 马斯克(Elon Musk)[37]捐赠了 1 000 万美元作为一个 AI 研究项目的启动资金，发布“面向坚固而有益的 AI 研究优先事项公开信”，并开始公开征集受资助人。[38]法律和伦理研究作为短期内优先考虑的研究主题，讨论内容还包括对自动驾驶汽车的责任、自主型武器、隐私等，以及科学家在 AI 的开发和使用中应扮演的角色和职业伦理。

2017 年 1 月，在阿西洛马召开了为期 5 天的国际会议，[39]参照先前各种的议论、原理和方针，讨论了关于 AI 研究、伦理、价值和将来课题的研究方向。该成果作为“AI 的阿西洛马 23 原则”[40]公布。AI 机器人研发人员的支持签名达到 1 200 多个，在其他领域也以物理学家斯蒂芬 · 霍金(Stephen Hawking)为首，有 2 300 多人对此表示赞同。

该原则被整理成 3 个领域，包括研究课题、伦理和价值、长期课 52
题。除了安全性、损害发生时确认所涉及的透明性、司法判断过程中的透明性等之外，例如在长期课题中，认识到在递归自我改善(Recursive Self-Improvement)的 AI 开发中需要严格的安全管理对策。

(5) Open AI

2015 年 12 月，埃隆 · 马斯克，企业家、投资人彼得 · 泰尔(Peter Thiel)，[41]投资人山姆 · 奥特曼(Sam Altman)[42]等人捐赠 10 亿美元成立了一家非营利性研究机构“Open AI”。顾名思义，通过对开放式 AI 的研究，旨在构建安全的 AI 并尽可能广泛地传播 AI 带来的好处。[43]

2016年4月，强化学习算法验证平台“Open AI Gym”发布，2016年12月，AI测量、学习平台“Universe”发布。

(6) Partnership on AI

2016年9月，亚马逊、谷歌、Facebook、IBM、微软5家公司宣布成立“AI合作伙伴关系(Partnership on AI)”。目的是通过研究形成AI技术的最佳实践，成为讨论AI及其具有社会影响力的平台。除了AAAI和Open AI参与之外，2017年1月苹果公司也加入其中，同年5月除Intel、索尼、salesforce之外，电子前沿财团和联合国儿童基金等非营利组织也参与了进来。

如上所述，知名企业参与其中，这些平时相互激烈竞争的企业之间
53 展开合作可能会令人觉得不可思议。但是，在安全性等其他信息通信领域也随处可见“一手相握，一手殴打”的情况。这是因为区分了商业竞争的领域。也就是说，讨论和应对AI及其带来的社会影响被认为是共有领域。AI合作伙伴关系在成立时公布了8项“信条”[44]，致力于向利害关系者说明责任、利益最大化和应对AI技术的潜在课题等。

3. 把制定权交给民营部门比较好吗?

到目前为止，我们已经回顾了美国民营部门的举措。正如后面将要描述的那样，美国政府也在进行对原则和准则的讨论，但产业界和学术界业已领先。美国与欧洲不同，在欧洲，像欧盟这样的公共机构是主力。[45]但是，两者的共同点在于，并非所有政策问题仅通过直接监管就能解决。特别是在信息通信领域等技术和市场结构变化激烈、专业性高的领域，在民间主导下进行规则制定的同时，根据需要讨论公共机构和政府的相关事宜。

关于机器人、AI的原则、方针的制定应该由谁来承担，根据状况和立场的不同所得到的最优解不同，因此意见不一。在欧洲，政府机关参与到制定自主规制的过程中。与此相对，美国可能将自主规制的制定委托给民营部门，但在执行阶段，对未达到规定目的或未发生预期作用等情况，由政府调整方向来确保实效性。

将规则制定的工作留给民营部门，并让其负责自我监管和指导方针，既有优点也有缺点。法律如何弥补其缺点并助推它前行，在法律和 54
政策学方面，关于自我规制[46]和共同规制[47]的应有方式正在与理论家进行探讨。

（二）为 AI 的未来作准备

1. 概述

虽然在美国以委托给民营部门的形式持续进行讨论，但笔者想谈谈政府的目标方向性。美国政府，是以对各部门的科学技术政策信息汇集、调整的地方——国家科学技术会议(National Science and Technology Council, NSTC)及科技政策局(Office of Science and Technology Policy, OSTP)为中心，其于 2016 年 10 月发布了关于 AI 社会影响、制度设计的报告书“为 AI 的未来作准备”。[48]同时，还制定了“AI 研究开发国家战略计划”。[49]

在汇总该报告书时，NSTC 和 OSTP 与大学、非营利组织等一起举办了 4 次研讨会，还进行了意见募集。其成果反映在 23 个建议中。

2. 建议和研究开发战略

(1) 23 个建议

从犯罪预测工具中的正义、公正到航空交通控制系统的开发、实施的讨论，建议内容涉及很多，但 23 个建议中的第 20 个建议明确了政 55
府、公共机构应发挥的作用。

例如，在建议 1 中，其对象是“民间及公共机构”，“通过给社会带来利益的方法，建议讨论能否负责任地活用 AI 和机械学习，以及该如何活用”？ 另外，建议 7 中指出“关于以安全、研究及其他目的增加数据共享方法，有必要与产业界、研究人员进行合作”，该对象被指定为“运输部”等，也有其他部门被指名的情况。

此外，对非政府机构的建议内容数量有限，内容也比较保守。简言之，例如：向产业界建议提供一般情况的信息(建议 12)；向大学等建议提供关于伦理、安全、隐私、安全的教育(建议 18)；向专家建议寻求安全的持续性合作(建议 19)。这与欧洲议会考虑将设计者、用户作为责任人的开发原则和使用指南形成鲜明对比(有关产业界、政府和学术界全体应实现的规制形式和政府在其中的作用，请参照本书第五章)。

(2) AI 研发国家战略计划

除上述建议之外，提出以下 7 个战略：①长期投资 AI 研究；②开发人类和 AI 的有效协作方法；③AI 的伦理、法律、社会影响的理解与应对；④AI 系统的安全及安全确保；⑤为 AI 学习和试验创建可共享的公共数据集和环境；⑥依据技术指标或基准对 AI 技术的测定和评价；⑦进一步了解国家 AI 研发人才的需求。通过采取这样的战略，目标是建立有效的研发投资框架。

3. 安全保障政策与机器人、AI

在“为 AI 的未来作准备”部分，最后第 23 个建议，列举了“按照国际人道法制定关于自主型、半自主型武器的政府整体方针”。此外，作为政府内部的“活用事例”，介绍了国防高等研究计划局(Defense Advanced Research Project Agency， DARPA)使用 AI 进行新兵教育计划的
56 措施。因此，笔者也希望能涉及安全保障、防卫政策和机器人、AI 之间关系的内容(关于机器人武器和国际法，请参照本书第十二章)。

美国政府表示，于 2014 年 11 月制定“国防创新倡议(Defense Innovation Initiative)”，推进“第三次抵消战略(the third offset strategy)”。这是主要针对以中国和俄罗斯等国为中心，利用先进技术向上“抵消”追赶，来确保军事优势的构想。[50]在机器人和人工智能方面，将进行研发投资，以将其用于无人驾驶飞机(攻击机、潜水机)，自主、半自主武器，决策支持系统等。实际上，美国海军构筑并导入了自律型防空系统。

同时，也积极进行着民生技术的支援和引进。DARPA 自 2004 年之后，举办了自主机器人车辆的赛车竞赛、灾害救助用机器人竞技大会等，来自世界各地的大学和公司的 100 多个团队参加这项赛事来争夺 200 万美元的巨额奖金。此外，2015 年建立了“国防创新实验单元(Defense Innovation Unit Experimental)”，作为通向民生部门的桥梁。

还有一种立场是要警惕这种趋势。在前面介绍的“阿西洛马 23 原则”中，第 18 条原则表明反对利用自主武器扩大军备的竞争。2016 年 9 月，联合国区域间犯罪和司法研究所(Interregional Crime and Justice Research Institute, UNICRI)宣布将在荷兰海牙建立“人工智能和机器人中心(Centre for Artificial Intelligence and Robotics)”，其主要目标之一是监视自主型武器。

四、结　语 57

在本章中，笔者试图通过描述欧美法律政策的趋势来传达政策形成过程中的动态。在欧洲和美国，规则制定的主要参与者有所不同，并且关注的领域也略有不同。指南等核心概念本身就很接近，这是因为起草者之间针对必须交流的开发原则和使用指南反复进行讨论的缘故。[51]正如本书第一章所述，日本也在研究机器人、AI 和法律政策，其中一些研究成果正在走向国际化。今后预计法律政策领域的合作与竞争将在全球范围内展开。

在已经介绍的讨论中，即使不能说到了技术恐惧症的程度，也有对机器人、AI 过于顾虑，或者说对技术的理解和认识存在根本上的错误。虽然技术和法律的“对话”被认可，但往往会对只会谈论风险和规则的法律专家以及伦理、法律和社会问题(Ethical, Legal and Social Issues)的相关人员敬而远之。为了使技术开发人员和业务部门了解伦理和法律政策的重要性，以合规的名义，在自问是否对未来和新技术施加了“诅咒”而摘除创新之芽的同时，有必要传达法律和伦理是可以指导那些努力向前的人的。

也许重要的是不要提供借口或详细地制定无法执行的规则，而是在努力了解新技术及其影响的基础上，整理并提出符合社会期待的价值和理念。

注释

1. 参照水野佑：《法律的设计——创造性和创新伴随法律的加速》，Film Art公司2017年版。

2. 欧洲委员会(European Commission)是欧盟的行政执行机关，拥有提交法案的权力。该委员会制定的法案将由欧盟理事会、欧洲议会表决。

3. http://www.robolaw.eu/.

4. http://www.robolaw.eu/RoboLaw_files/documents/robolaw_d6.2_guidelinesregulatingrobotics_20140922.pdf.

5. 因为与作为前提的技术不同，采用了分领域讨论，在归纳法上推论共同课题的方法。

6. 关于以上几点，参见森田果：《围绕AI法律规制的基本观点》RIETI Discussion Paper Series17-J-011，2017年。但是，该论文指出，现行法(不法行为法和产品责任法)基本采用了社会上期望的法律规则的结构，开发者和用户没有必要过分重视法律的不确定性。

7. 另外，中国共产党中央委员会、国务院也表示，在2017年7月公开的《下一代AI开发计划(新一代人工智能发展规划)》中，有必要引入AI相关的伦理规范、规格和规制，提出到2030年，AI领域不仅在技术方面，而且在伦理、法律政策方面处于世界上主导地位的目标，http://www.gov.cn/zhengce/content/2017-07/20/content_5211996.htm。

8. 该项目的预算来自“第七次欧洲研发框架计划(FP7)”。它以《里斯本战略》中的“构筑基于知识的欧洲经济和社会”为前提，表明成功投资机器人领域的国家在未来可以建立强大产业的认识。

9. 本指南中的“增强”除了使用机器人技术的假肢、矫形器、Powered Suits等之外，还包括植入、基因治疗、脑深层刺激等。

10. 这里所说的“预防原则(Precautionary Principle)”是指即使在某种物质或技术可能产生严重且不可逆转的效果，科学因果关系尚未得到充分证明的情况下，也要预防性地进行政策决定(规制等)的想法。

11. http://www.europarl.europa.eu/committees/en/juri/subject-files.html?id=20150504CDT00301.

12. http://www.europarl.europa.eu/RegData/etudes/STUD/2016/563501/EPRS_STU%282016%29563501_EN.pdf.

13. http://www.europarl.europa.eu/sides/getDoc.do?pubRef=-//EP//NONSGML+REPORT+A8-2017-0005+0+DOC+PDF+V0//EN. 委员会通常为每个案件任命一名报告人，报告人将向本会议提交的报告书进行汇总。本案的报告人是欧洲议会第二党的中左派政党“社会民主进步同盟”所属的、卢森堡选区的马迪·德尔沃(Mady Delvaux)议员。

14. 欧洲议会的表决没有法律约束力，欧洲委员会不承担提交法案的义务。

15. 大内伸哉：《AI 时代的工作方式和法律：对 2035 年劳动法的思考》，弘文堂 2017 年版，在第 46 页及以下的内容中写道：迄今为止，劳动政策的重点一直放在解雇法规和维持雇佣的方面。认识到劳动移动政策处于落后的基础上，指出今后人才可以在企业、产业间顺利进行再分配，采取安全网措施来防止劳动者长期失业和所得保障的方法就变得重要。另外，如果以人才流动化为前提，那么单个公司将很难获得激励来进行人才教育，因此公司外部的职业培训将成为一个问题。

16. 美国也在 2016 年 12 月，总统府发表了《AI、自动化与经济》(Artificial Intelligence, Automation, and the Economy)的报告。该报告指出，AI 自动化可以提高劳动生产率和 GDP 的增长，虽然创造和丧失就业机会，但是失业率不会有大的变动。另外还指出，由于劳动力市场所需技能发生了变化，特别是对低工资、低熟练、低教育的劳动者的雇用产生威胁，有可能导致经济上的不平等和贫富差距扩大。因此，长期的政策干预，具体来说，应该致力于①对 AI 研发的投资；②对教育和训练的投资；③失业保险和再就业支援等安全网的构建和强化。 https://obamawhitehouse. archives. gov/sites/whitehouse. gov/files/documents/Artificial-Intelligence-Automation-Economy.PDF. 另外，韩国也在 2017 年 8 月讨论了关于工业机器人等自动化设备投资，缩小税制上的优惠措施，确保社会福利和生活保障的财源。

17. 在此之前的 2007 年 4 月，韩国政府的产业资源部(当时)起草了《机器人伦理宪章》。Guo, Shesen, and Ganzhou Zhang, Robot rights, Science 323. 5916(2009): 876.

18. 在欧盟范围内，2016 年 4 月，英国标准协会也总结了“机器人和机器人系统的伦理设计和利用指南”。同年，英国下议院的科学技术委员会“机器人技术与 AI”就社会、伦理、法律问题进行了探讨，并发表了一份报告书。http://www.publications.parliament.uk/pa/cm201617/cmselect/cmsctech/896/896.pdf.

19. 虽然该指南不具有法律约束力，但可以作为(具有约束力的)法律解释，提供论据和参考。

20. 不过，也有观点认为，应该鼓励提供研究资金的机构和研究机构等通过实施风险评估，尽早研究技术对未来的影响。

21. 例如，1980 年 9 月，经济合作与发展组织(OECD)通过关于个人信息保护和个人数据国际流通指南的理事会劝告，提出所谓的“OECD 八原则”，世界各国所有个人信息和个人数据保护法律和标准都是基于这八项原则。

22. 虽然自由度高会产生恶意使用的可能性，但是如果因此而对设计本身加以规制进行无菌处理的话，预计孕育创新的再生力也会消失。关于这种担忧，请参照：Jonathan L. Zittrain, The Generative Internet, Harvard Law Review 119(7), pp.1974—2040(2006)。

23. 中国的“中国制造 2025”、印度的“Make in India(印度制造)”等正在采取同样的措施，所有这些都具有制造业在产业政策方面占有较大比重的特征。

24. http://www.bmas.de/SharedDocs/Downloads/DE/PDF-Publikationen/a883-weissbuch.pdf?_blob= publicationFile&v= 9. 在《劳动 4.0》中提出，以实现将来的“优质雇用”为目标，即使劳动力市场和社会由于数字化而发生变化，也要确保每个人的职业人生(职业生涯)都有获得雇用的能力等五个政策目标。具体政策问题之一是改善继续教育和培训，其旨在帮助就业者维持和获得必要的知识和能力，以应对外部环境的变化。另外，还建议“从失业保险到为了劳动的保险”，教育和培训费用由失业保险来支付。

25. FHI 对社会的建言活动也在积极开展，除对世界经济论坛(World Economic Form)提出政策性建议外，还向瑞典、比利时、英国、美国等政府机关提供信息。

26. 2014 年，FHI 所长尼克 · 波斯特洛姆出版了《超级智能：路线图、危险性与应对策略》(Superintelligence： Paths、 Dangers、 Strategies，牛津大学出版社)。

27. http://www.aaai.org/Organization/presidential-panel.php.

28. 2016 年度人工智能学会全国大会“公开讨论：人工智能学会伦理委员会”江间有沙报告。http://ai-elsi.org/archives/321.

29. https://ai100.stanford.edu/.

30. IEEE 从 1974 年开始制作信息伦理纲领(Code of Ethics)。另外，关于“机器人与法律”的关系，1984 年开始举办的“有关机器人与自动化的国际会议(IEEE International Conference on Robotics and Automation: ICRA)”也应该引起关注。

31. http://standards.ieee.org/develop/indconn/ec/autonomous_systems.html.

32. http://standards.ieee.org/develop/indconn/ec/ead_v1.pdf.

33. 参照 http://standards.ieee.org/等。

34. http://standards.ieee.org/develop/indconn/ec/autonomous_systems.html.

35. 产业界和学术界之间的密切合作有望产生将技术研发投资与产品、服务开发投资联系起来的效果。

36. 网络通话服务“Skype”的共同开发者；另外，作为“DeepMind”(因其开发的围棋程序“阿尔法狗”战胜职业棋手而成为热门话题)的共同出资人也非常有名。

37. 建立在线支付服务“PayPal”的前身公司，并因推出制造和开发太空火箭的“Space X”以及开发电动汽车业务的“Tesla”而闻名。

38. 关于公开募集的结果，西下佳代、茅明子、矢岛章夫、奥和田久美：《关于人工智能和机器人社会影响的先行研究动向》，载创新学会年度学术大会演讲摘要集 30， 2015 年，第 479—482 页。

39. https://futureoflife.org/bai-2017/.

40. https://futureoflife.org/ai-principles/.

41. 他是 PayPal 的共同创始人，并以建立对冲基金“Clarium Capital”和几家风险投资公司而闻名。

42. 他以创业孵化器“Y Combinator”的代表而知名，该孵化器支持在线存储服务“Dropbox”和民宿服务“Airbnb”。

43. 强烈意识到普遍公开源代码，允许任何人自由处理的“开放源软件运动(Open-source software movement)”取得的成功。

44. https://www.partnershiponai.org/tenets/.

45. 这种趋势在所谓的“预测规制”中也可以看到。欧洲于 2016 年 5 月生效的《欧盟通用数据保护条例》第 22 条授予作为数据主体的个人有关个人预测的权利。另外，在美国，如联邦贸易委员会在 2016 年 1 月发布的报告“大数据：是包含还是排除的工具？”中所示，是以软法和自主规制为目标。有关此问题的更多信息，请参照本书的第四章。

46. 有关自主规制的分析，请参照原田大树：《自主规制的公法学研究》，有斐阁 2007 年版，第 230 页以下部分。另外，在本书中，自主规制被定义为“以对某个私法主体实施外部影响为契机，通过该法律主体自愿采取符合实现公共利益的行动”。

47. 关于信息通信领域的共同规制，请参照生贝直人：《信息社会与共同规制——网络政策的国际比较制度研究》，劲草书房 2011 年版等。

48. https://obamawhitehouse. archives. gov/sites/default/files/whitehouse _ files/microsites/ostp/NSTC/preparing_for_the_future_of_ai.pdf.

49. https://obamawhitehouse. archives. gov/sites/default/files/whitehouse _ files/microsites/ostp/NSTC/national_ai_rd_strategic_plan.pdf.

50. 在欧盟，国防研究和技术投资计划“准备行动(Preparatory Action)”正在实施中，目的是促进机器人和 AI 的使用。另外，2017 年 9 月，法国总统马克龙提倡设立以 DARPA 为原型的研究开发支援机构。

51. 例如，2017 年 10 月在东京举办的“AI 与社会研讨会(AI and Society Symposium)”和“东京：有益的人工智能(Beneficial AI Tokyo)”不仅国内学术研究机构和新兴企业参与，IEEE 和 CFI 相关人员等来自各国的参加者也聚集在一起进行了讨论，http://www.aiandsociety,org/organizers-ja/。

第三章

机器人、AI与自我决定的个人

大屋雄裕*

59 如电影《星球大战》(乔治·卢卡斯导演，1977年)中登场的C-3PO这般的机器人，若在台阶上摔倒并牵连到他人，使其受伤的话，那么由此产生的损害，应该由谁来如何负责呢？ 如《2001：太空漫游》(斯坦利·库布里克导演，1968年)中，宇宙飞船发现一号上所搭载的电脑HAL9000那般，在AI决意以某些理由杀害搭乘者的场合下，应该怎么办？ 在机器人与AI获得了自主性，实施了超出人类指示的行为时，我们的社会能够在法律上——民事、刑事两个方面上——妥当地对此结果作出处理吗？

数十年前在科幻电影和科幻小说中所幻想的上述事态，已然愈发接近现实。按导航指示开车但却驶入不合理路线，有这种经验的人估计也不少吧(结果使得车子坠湖的事例也有被报道)。这种事例中所设想的是，司机个人还是有能力和责任来判断是否要按照导航指示去做(如果选择那样做，在导航启动时也要被提醒注意)。但是高龄者被C-3PO那

* 大屋雄裕，庆应义塾大学法学部教授。

样无声地来回扫除家庭地板的机器人所绊倒，出现此等事例不足为奇， 60
这里就找不到与导航事例相类似的行为者。空调AI认为“合适”而持续设置温度，结果却损害了屋内就寝的痴呆症高龄者的健康。在这种场合下，空调与高龄者两者之中，谁具有更高的判断能力？谁应该作为行为主体，来负责呢？

一、法体系的基础

(一) 不能分割的个人

我妻荣曾将“近代法思想之中自由平等原理的具体体现”定位于“个人财产权的绝对性、个人意思自治(契约自由)、过失责任”。[1]在“所有个人都被认可了权利能力，被赋予了社会生活中独立主体地位”的法体系下，[2]人们通过私有财产与自由契约的手段而逐渐形成的生活关系即为社会，而作为其前提的国家，只有在保护自由及平等时，才能施加强制。因此，作为近代法体系基础的“个人”即是此般，系权利义务之主体(行为能力)，能够自律地实施判断来处分权利义务(行为能力)，以此认定每一个人的人格形象。

这与曾经的王权神授说的时代下，享有绝对的、不可分割的主权而君临国家的主权者，具有类似的姿态。在博丹看来，国家主权——“国家的绝对的且永久的权力”——具有绝对性而非相对性，因此它只能由唯一的特定存在来行使(他所认为的行使主体，自然是法国国王)。[3]若是
承认像近代的权力分立或是古代的混合政体论那样，将之分割作为同类 61
者而并列存在，还可在某些情形下相互制衡、否定，它就不再是一种绝对的存在。不能再作分割的事实，保障因此所产生的最高性、最终性和绝对性的是作为国家支配者的国王，而每一个个人也是基于不能再分割的事实，在此意义上作为社会的最小单位，而被定位为自己命运的绝对支配者。[4]

在民事法律的世界里，所有人均自出生而享有私权(《民法》第 3 条第 1 项)，自主的个人通过典型如契约的形式来形成互惠关系。以此为前提，国家及公权力不应对此任意涉足(私人自治原则、契约自由原则)。宪法对所有国民“作为个人而尊重”，最大限度地尊重“生命、自由以及追求幸福”的权利(《宪法》第 13 条)，也可以说是两者关系的前提。换言之，这里所谈的个人，是被设想为能够知悉对于自身而言何为幸福，能够自主地判断如何去追求幸福的存在。对于各主体而言，只有本人才最了解何为幸福。因此从认为应尽可能地抑制国家与社会等外部强制干涉的观点出发，密尔提倡“危害他人原理”。[5]只限于对那些会导致危害他人的行为作出禁止时，才允许国家强制，此种原理通过限定政府职能来确保个人的自由，构成了近代宪法、立宪主义的重要理论基础。

62 (二) 保护与排除的法

但同时也不应忘记的是，这在另一方面从法律、政治上排除了不充分具备此种判断能力的个体。民事法律中有关未成年人的限制能力(《民法》第 5 条)以及成年被监护人制度(《民法》第 8 条以下)，刑事法律中的心神丧失(《刑法》第 39 条)以及医疗观察制度(《心神丧失者等医疗观察法》)即为典型，这些人作为“个人”范畴之外的存在，受到单方解除契约以及刑事免责的保护，同时也要受到监护人、亲权者监督或是社会隔离等限制。换言之，他们被归类为非典型的个人，被区分为特殊对待的对象。

政治也不例外。站在价值相对主义立场的汉斯 · 凯尔森，试图从以下观点为民主政治辩护：道德信仰只对那些相信道德信仰的人有意义，因此无法客观地确定某种行为或状态的善恶。[6]在无法得出客观科学的结论，但又必须作出一定的社会化意思决定时，唯一的决定方式就是暂且根据认为某种选择是正确的个人的数量来决定。因此这种决定只不过是暂时的，必须在将来随时接受重新审查，但既然前提是每一个人都能够作出某种自主判断，那么可以说，相信个人所拥有的评价能力和判断能力。

因此，责任也被理解为因此种个人自我决定所产生之结果。民事法上的过失责任主义，旨在使个人对其有意选择的后果(故意)负责，或者为没有尽到一个理性人本应尽到的注意义务(过失)而负责。相反，任何主体都不能防范的情况(无过失)，就不能认为是自主选择的结果，因此将会被免责。同样，在刑事法律中，报应刑论的立场是以个人具有人格 63
为前提，尽管如此，个人依然选择了被评价为恶的行为，这就导致了犯罪问责。这些制度中一以贯之的是，试图通过“意思—行为—责任”关系来解读人与人之间交织所成关系的态度。不具有意思而存在的动作、不基于意思的行动，不能够被当作自己决定的“行为”，也没有对此追责的余地。

二、 对自我决定自律性的追问

(一) 认知科学的挑战

但是，对这种居于法律政治系统的基础的个人自我决定之观念，质疑也很强烈。20世纪后半叶以后发展起来的认知科学、心理学，通过各种实验证明：即使当事人进行自主性的选择与认识，也会受到选择状况和周围环境的强烈影响。[7]

例如，让因右脑损伤导致左手麻痹的患者拍手，就会出现只把右手放在身体正面拍手的动作。若是向其确认“拍过手了么”？ 对方会回答“拍了”或是“因为不是双手所以笨拙”来将自己的行动合理化。[8]本杰明·李贝特的著名实验显示，在运动实际开始之后，人约经300毫秒才会产生运动的意思。[9]“根据李贝特的解释，所谓意志就是拒绝权。所谓自由意志，只不过是在复数并行开始的运动过程中，拒绝不合适过程 64
的机能而已”。[10]

这些例子或许都带来了如下疑问：人们所假设的对状况进行认识、判断、行为的这一过程是否真的存在，还是说只是在不加判断地作出行动之后，才对行动内容加以合理化、正当化？ 如果人们的意思只是在现实行为之后产生，那么以此为根据让人们对自己的行为负责岂不是不合理？ 如果说意思与行为的关系只是在科学上、客观上具有疑问的存在，那么建立在“意思—行为—责任”这一联结基础上的近代法律体系，岂不是从根本上被推翻了？[11]

（二）架构的权力

即使选择本身是自主的，如果选择项在事前受到物理的限制，后果也会受到制约。例如，把入口的门锁上，就可以事前消除一个选择：“进还是不进。”在铁路站台设置站台门的话，就可以消除视觉障碍者坠轨的危险，以及健全者企图在铁路上自杀的可能性。正是美国宪法学者劳伦斯·莱斯格促使人们注意这一点，通过操作作出选择的物理环境，可以制约人的行为。他将制约对象行为的全体定位为“规制”，并指出在法律、规范等传统规制形式之外，还存在着对环境的物理操作——
65 “架构”。[12]像在对盗窃行为的制约上，规制不仅包括通过刑事的处罚，也包括对金库的紧锁，不同模式下的规制也会有所竞合。像建筑基准法将设置紧急出口义务化的情况那样，通过以法律来强制设置开辟了行为可能性的架构，不同模式的规制就能共同发挥作用。每一个人作为个人的可能性空间，恐怕就会由这些不同模式的规制的总和来塑造。[13]

莱斯格指出，在物理操作可能性(“可塑性”)非常高的空间，也就是网络空间(由计算机和运行在计算机上的软件所塑造的世界)之中，形成架构的代码是由国家以外的行为者，通常是活动于全球的软件公司，来制造控制的，我们的自由范围也因此受到了实质性的影响，而民主政治(国家)有效对应的手段很有限。在他看来，我们面临着被非国家主体事前规制的危机。

（三）对幸福的考虑

对此，凯斯·桑斯坦主张，通过活用架构的方法来对选择的环境进行各种硬性或软性地调整，就可以在可能的选择中，调和个人自由选择自己所希望的情况与其结果是社会、本人所希望的情况。[14]例如在自助
66 式餐厅靠近入口处摆放沙拉和水果，相比把它们放到油炸食品旁边，会

增加食客对蔬菜的摄取量。在快餐的套餐菜单中，无特别指定情况下的既定选项(默认)是薯条，但也可在点餐时将之更换为沙拉，在这种情况下以及与之相反的情况下，或是完全将两者并列都作为选项而呈现出来的情况下，选择的结果定然会发生变化。当然，有“今天要吃薯条”的强烈意思的顾客，他的行动可能不会有太大的变化，但即使在这样一个能够保障贯彻自我意思的自由选择环境中，改变选择的定位和配置，也可能会造成结果在统计学和概率学上的差异。桑斯坦将此种手法称为“助推”(nudge，轻轻地推动对方)。因此，他主张，所谓最大限度地保障每一个人作出选择的范围的政治思想(自由至上主义)，和考虑到他人福祉而作干预的思想(父爱主义)，是可以相容的(自由至上的父爱主义)。

他认为，这种手法不仅可以有利于增进社会全体利益，也能关涉到每一个人的幸福。像在线书店的推荐功能那样，如果系统根据过去的消费记录来积极地推送客户可能会选择、喜欢的备选，那么人们可能会对选择结果更加满意，也就无需一直寻找商品，直到找到符合自己口味的商品为止。助推可以减少“做选择”本身所需的时间和精神负担，如果选择环境的设计者行为妥当，不仅可以使自我决定的当事人，也可以使整个社会更加幸福。但继续选择与到现在为止的选择所类似的，将会造成对志向和趣味的自我强化。对于这种典型的批评(共振室，echo chamber)，也可以通过在“推荐”中混入噪音和模糊的程序来解决。桑
斯坦把安排偶然地美好邂逅(serendipity)的框架称为“邂逅 · 架构”，可 67
谓是不仅把自我决定的条件、过程，甚至就连不足之处，也都纳入了规制的手段之中。[15]

(四) 新的可能性

接下来的问题是，将这样的操作选择环境的规制手法与 AI 相结合的情况。可以思考，例如，在液晶显示型的自动售货机上，产品选择屏幕的排列是以提高选择者便利性这样的方式来操作的。根据以往的消费记录，将选择者实际上频繁选择的产品或与之相近的产品，配置在操作回数较少以及识别成本较低的情况下即可选择的地方。确实可以把这种

情况理解为“受到 AI 辅助的意思决定”，只要把结果(或许在一定程度上受到了 AI 的影响)视为本人的想法，就没有什么大问题。不过，这样舒适、便利环境的实现，也改变了其发生新变化的可能性，选择与到现在为止的自己所不同的命运的自由，或许就会被缓慢地扼杀。

并非积极地提示而是在消极方向上进行干涉的情况，例如特定商品不被放入浏览列表的情况又将如何？ 例如像欧盟正在导入的、法制化的“被遗忘权”那样，思考此种案例，想从搜索引擎显示的结果中删除指向特定信息链接的情况。[16]当然，如果人们事先知道某个网站包含了
68 这些信息，并在浏览器中将之加入书签，那么无论链接是否被删除，人们都能访问到原始信息，所以不太可能认为，人们在实质上所能获取的信息范围不受搜索引擎所显示结果的影响。许多人进行搜索是因为一开始并不了解它，因此指出如果人们知道的话就不会受到影响，这几乎毫无意义。当 AI 将某种信息判断为本人不会喜欢的信息，将之从日常使用的搜索引擎的表示结果中事先删除而又不告知用户时，或者是 AI 将判断为本人不会喜欢的商品，从购物网站输入关键词搜索后显示的商品列表中事先删除时，在这样的结果中选择了什么，能否说这是具有充分之责任基础的本人的自我决定呢？ 某人被监禁在牢狱里，若想要释放就需要签名，如果认为以这样的条件所缔结的契约不具有充分性的话，那么人们被封入由 AI 所创造的共振室的判断又当如何呢？

或者说，如果产品的配列受卖家意图和销售策略的影响，而不是基于选择者的偏好，甚至更进一步，如果这种策略本身是由 AI 形成的，这种情况又当如何呢？ 例如像在本书其他章节(原书 161 页以下)所讨论的那样，假设有这样的酒店预订系统，它有一个机制，可以根据“利润最大化”的方针(这本身或许可由人类经营者来表明)，在对需求状况以及同种服务所提供价格进行监视的同时，自律地决定价格，难道不应该将之视为由 AI 主导的意思决定或基于 AI 的意思决定吗？ 在这种事态下，应该以导入、承认、允许 AI 的动作来作为理由，或是以 AI 非人则非法律责任主体即无需问责来作为理由，去使现实上无法发挥自律性的

个人来承担“自我决定”的责任吗?

三、 无意识地操作与统制 69

(一) 对规制的意识

像架构和助推那样对选择环境的操作并非对选择本身的干涉，因此对象个人可能不会意识到的场合，其中的问题恐怕会更为严重。正如莱斯格巧妙地指出，即使小偷意识不到，钥匙也能制约他的开门举动。[17]可以想象，在现实中受到了架构的特定制约，我们可能意识不到在此被剥夺的可能性，或者说我们不会知悉何人的意图蕴藏在了架构之中。

这让笔者想起，凯尔森所拥护的民主政治其背景在于，将人类设想为本能上嫌恶“他律的痛苦”(Qual der Heteronomie)，也就是不喜欢受他人的干涉或强制。他认为，实现了市民自我统治的民主政治，由于它能够最小化被强制选择与自己选择所不同结果的个人数量，理应是最佳的选择。但是，确实法规制只有在明确了禁止内容以及规制对象对此知晓的情况下，才能发挥作用(莱斯格也指出，被统治者对其存在并不知晓的法，则无作用)，所以才有可能对此加以批判或反对。如果人们现实地意识到受到了他人的干涉，就有可能会因此产生他律的痛苦。但是，当选择环境在人们难以知晓的方式下受到了操纵，而影响到其人生时，还有可能对此有所意识并将之消除吗? 自由和自律在不知情的情况下被侵害，等人们意识到的时候，已经没有办法将之挽回了，这难道不是 70
一种危险吗?

(二) 无路可走

桑斯坦的回答恐怕是，即便如此却无能为力。针对主张助推制约了自律性的批判，他回答道，中立的选择环境已不存在。在人们已经认识到可以通过操作选择环境来产生特定倾向的情况下，不这么做并不是一个中立选择项，而是意味着为了某种东西(可能是嫌恶感或自我意识)而牺牲了就此所获得的便益。可以回想，身为宪法学者的桑斯坦曾经批判过下述观点：将现在社会的存在方式视为正当的，以此为前提并提倡变革以使社会变得更好的人，负有举证责任(现状中立性，status quo neutrality)。[18]现状仅仅就只是现状而已，并不能保证其正当性，需要不断地对其正确性重新审视。同样，针对助推，也不能仅仅以现状的中立性来主张，有必要根据所产生的便益以及社会状况，来检讨合适的方式(也包括“不使用”的选项)。

从这里，桑斯坦找到了某种解决的方向，即由社会来决定助推的范围和程度。即使已经无法再设想完全的自律、自我决定的存在，如果其中发生的干涉和制约是由每一个人来决定的话，即可将全体视为自我决定的结果。这种思考方向，或许可以定位为元(meta)自我决定论。[19]但是问题恐怕在于，这种元(meta)自我决定是由谁在何种选择环境下来作出，此种自我决定有没有受到架构的制约以及助推？ 如果说针对元自
71 我决定的元(meta)助推是可能的，那么只要关于范围、程度上没有实施元元(meta meta)自我决定，就不能保障全体的自律性。但是对此如果元元(meta meta)助推有可能的话……

而且，恐怕还要考虑的可能性是，在此种元助推的次元之中的决定者、选择环境的设计者本身就是 AI 的情况。例如，根据对“推荐”的反馈率、遵守率，来判断是否需要更强的助推，或是否需要提高偶然性的比例。如果 AI 能够认识考虑到对象者的满足度或幸福感——这恰好对应了功利主义将政策决定的基础理解为偏好满足和快乐，那么这种元助推的适当性将愈发增强。但在那时，是否还存在着能够称为是我们的行为或我们的选择的事态吗？

如果包括偶然邂逅在内的一切，都由 AI 来计算并在其支配下进行，以使得对自身幸福的选择和社会整体利益一致，那么我们还应该对此产生的事态负责吗？ 或者反过来说，创造了上述环境的 AI 背后，确实存在着制造它、操纵它，或是指示它以此种目标为目的而应采取特定

价值观的某人，免除他的这种责任具有正当性吗?

四、 追问行为者的人格性

(一) 人与物的世界

当然，自不必说，至今我们所假设的近代社会内部，实际上也混杂了非人类的存在。像菜刀和高跷那样，作为扩展人们身体的古典道具，责任当然要还原到使用者身上。随后诞生了像恒温空调以及游乐园过山 72
车这样，只需忠实遵循事前指令就可独立运行的机械，但可以肯定地说，允许引进该机械或允许该机械运行的人将会被问责。作为不得不承认其自律性存在的典型，动物(至于是否也能称为人格性，不同的人或许有不同的基准)就被分为两类：一种是作为道具般的存在，其责任还原到其所有人(管理人)身上；另一种，作为人类社会之外的事物，如同火山与台风那样的自然事物。设想一下，尽管都属于“犬”，作为宠物和猎犬来饲养的犬所造成的损害由身为饲主的人类来承担责任；相比于此，被野犬致害则像遭遇自然灾害那样(例如通过被害人一方的损害保险)来处理。行为与责任只是社会内部的问题，其外部世界所发生的事情，我们只能单纯地接受。抵御可能由此造成损害的方法，只有通过保险来分担、分散其风险。

萨维尼以来的德国民法学所确立的人、物二分法，将世界区分为作为自律(人格)存在的人，以及作为人之意思对象(典型的场合，对其支配的意思被社会承认时，即成为所有权的客体)的物，此种世界形象可以说就是这般诞生的。[20]所以如上所述，那些需要被特别对待的人，在此就被定位为类似于从属于人之意思的客体存在。在此，或许会想起康德对与债权、物权并列的有物权性质的对人权(das auf dingliche Art Persörliche Recht)所作的定义：“将某外在对象像物件那样占有、像人格那样使用的权利。”[21]

73 （二）人的条件

如果是这样的话，我们今天面临的问题就恰恰相反：如何去定位一个虽然是物，但却具有和人一样的能力，能够左右现实的存在？ 作为生命伦理中核心课题之一的人格个体论，试图探索将人作为人来对待的根据，这是道德上考虑和承认人权所要求的。例如，它可能是理性存在和判断能力，也可能是自律地形成自我人生构想的能力。现在的状况恐怕就是，在这样的问题图式下，作为我们创造物的异质存在进入了“人”所需条件的范围内的事态，或是他们在我们根据判断和自我决定所编织的社会中承担了实质作用的这种状态之下，所谓人的条件的问题。

这会让我们想起汉娜·阿伦特的思考，她认为政治是“活动”，是人们通过言语来合作／对抗的行为，正是这种活动构成了人们的公共领域，区别于作为维持生命的生物学过程的“劳动”，以及私人领域内制造可消费财产的“工作”。[22]当然，我们已经生活在一个AI能够用言语回答我们问题，机器人能够与我们对话的社会之中。[23]如果说语言行为构成了进入人类社会的资格，那么自然也会有人认为应该在社会中寻找机器人、AI的容身之处。

74 五、对无人格社会的展望

以上讨论所明确的是，作为近代法体系前提(直到现代仍然构成基础)的所谓“意思—行为—责任”的关联，随着机器人、AI的登场而发生动摇的问题。AI动摇了自我决定，机器人造成了社会构成者在行动身份上的不明确，因此在这种关联最后的责任阶段，对如下问题产生了影响，如责任以何为基础的问题，责任以何种形式在何种范围内产生的问题。面对这种情况，我们能够思考出怎样的解决对策呢?

一种选择，恐怕就是切断上述的关联，试图只从结果来推导出责任。如“政治即结果责任”这般所言，不去追问是否存在动机、意图、故意、过失，考虑只是以发生何种结果为基础来追责的体系，这并不困难。不管这个机器人，或是某种意义上的非完全的人，是否有意图或决断，只要发生了某些负面后果，其都要承担一定的责任。

但是马上就会想到，纯粹的结果责任思想是刑事法领域内我们——或许是作为一段不太愉快的记忆——熟悉的新派刑法学(或称纯粹的结果无价值论)的基础。不把AI、机器人的自我决定和行为人性当作问题的立场，很有可能导致结果无价值论在全体法领域内的复权、扩大。当然应该会想起，新派刑法学关注的是行为主体的内在倾向性，导致国家过早地干预。[24]如果将主体身怀的危险性归结于犯罪行为以及作为结果所造成的损害的话，那么国家在实际损害发生之前即作介入，能够除去隐患而不造成损害，这种方式自然更受欢迎。从既遂到未遂，再到预
备、阴谋，处罚范围的过早化、扩大化也理应是正确做法。同样地，当 75
不考虑人格的有无而是以损害分配为主要问题时，相比危险现实化之后分配损害，应该走向防患于未然，甚至走向事前考虑，即在危险只不过是预测阶段所存在的风险时就进行介入，以将之彻底根除。[25]

为了实现从人人具有能够担负责任的人格为前提的自由社会到幸福社会的转变，需要每一个主体的行为都处于事先所计划统制的范围内，同时损害的发生可以被预先从风险中消除。通过所谓AI、机器人这类他者的登场，社会中的此般结构性变化是令人期待的。

专栏　关于赛博格(Cyborg)的问题 76

在欧洲的讨论中，与机器人、AI相提并论的赛博格——对人们肉体的机械改造、扩张，经常成为问题所在。如赛博格小说中所描绘的那样，设想此般案例，将AI处理过的红外线画像和画像中出现的人物信息，叠加到植入代替眼球的摄像头的映像之中，就会产生如下问题，根据图像所作判断在多大程度上是自我决定的。或者说，通过直接和人们的神经系统相连接，来控制一个大型机器人，就会产生如下问题，哪一部分是自我，哪一部分是扩张的自我，抑或是机器人。就此意义而言，

赛博格与本章所论述的机器人、AI 确实重叠区域很大，考虑到使用假肢的跑者要比健全人跑得更快的现象正在成为现实，就不能把它作为科幻小说问题留待遥远的将来。

但另外需要注意的是，相比于机器人、AI 这些并非我等人类的存在且属于可能威胁到我们领域的他者，赛博格恰恰是产生自人类社会内部的问题。几乎没有人会认为使用眼镜来补足视力属于社会问题，这与在眼睛内植入晶状体或是物理操作眼角膜形状的情况，可能没有太大区别。考虑假肢的场合时亦可晓然，没有多少人会抗拒使用机械技术之力，以补正每一个个人所面临的困难，来恢复正常。如果是这样，即使是赛博格技术，若是能实现诸如为残障者提供普通生活的话(例如将摄像图像转换为视觉信息送入视觉障碍者的脑中)，这充其量只是有关医疗风险的自我决定(知情、同意)问题，这意味着将会还原到一般意义上的医疗伦理课题。

问题在于以下这一点，赛博格技术究竟是为了正常化，还是试图让利用者具有超出一般人类的异常能力(增强)，两者无法简单地剥离。比健全人跑得更快的义足，或能看到“普通人”看不到的红外线画像的视觉障碍者辅助系统，究竟是属于前者呢，还是后者？

77 但如果在此主张可以接受正常化，却将增强与机器人、AI 的问题并提，将之视为人们制造了他者的技术而加以警戒的话，“普通人”“正常人”就将作为判断基准，被赋予强烈的规范价值。紧接着，这就会意味着，无法充分地正常化的存在，例如重度身心障碍者，将被定位为非普通人、异常人，并被排除出社会。

赛博格并非只是新来的他者的问题，而是与如下问题紧密相关：我们自身如何理解我们，什么样的人能够被认为是我们中的一员？

注释

1. 我妻荣：《民法总则(民法讲义 I)》，岩波书店 1951 年版，第 11 页。

2. 我妻荣：前注 1，第 201 页。

3. Jean Bodin, Les six livres de la République, 1576.参照佐佐木毅：《主权、抵抗权、宽容——让 · 博丹的国家哲学》，岩波书店 1973 年版。

4. 如平野启一郎：《何谓我——从“个人”到“分人”》，讲谈社 2012 年版，以及铃木健：《畅通的社会及其敌人——PICSY、分人民主义、构成型的社会契约论》，劲草书房 2013 年版，所指出的那样，此种理念在人的情况下也已经达到了极限。

5. John Stuart Mill, *On liberty*, 1859. 斋藤悦则译：《自由论》，光文社 2012 年版。

6. Hans Kelsen, “Vom Wesen und Wert der Demokratie”, *Archiv für Sozialwissenschaft und Sozialpolitik*, 47. Bd., 1920/21，长尾龙一译：《民主制的本质与价值(初版)》，《凯尔森著作集：民主主义论》，慈学社 2009 年版，第 1—36 页。

7. 基于此种观点对近代人类形象产生疑问者，例如，下条信辅：《潜意识——人的潜意识观的未来》，中央公论社 1996 年版。

8. V.S. Ramachandran and Sandra Blakeslee, *Phantoms in the Brain*: *Probing the Mysteries of the Human Mind*, William Morrow, 1998. 山下笃子译：《大脑中的幽灵》，角川书店 1999 年版。

9. Benjamin Libet, *Mind Time*: *the Temporal Factor in Consciousness*, Havard University Press, 2004.下条信辅译：《Mind Time——脑与意识的时间》，岩波书店 2005 年版。

10. 铃木健：前注 4，第 30 页。

11. 以防万一，应该指出的是，某种制度的正当性，不仅是基于它可以这样反映自然事实的类型(因此在判明了事实有所不同时，必然要求制度上的变化)，也可以是与自然事实不同而恰恰需要规范地构筑的相反类型。比如可以参照，大屋雄裕：《何谓自由——监视社会与“个人”的消灭》，筑摩书房 2007 年版，第 4 章。

12. Lawrence Lessig, Code and Other Laws of Cyberspace, Basic Books, 1999，山形浩生、柏木亮二译：《CODE——网络的合法、违法、隐私》。Lawrence Lessig, Code: Version 2.0, Basic Books, 2006，山形浩生译：《Code: Version 2.0》，翔泳社 2007 年版。

13. 成原慧区别了制约主体行为的“规制”，以及，通过控制规制权限来保障规制对象自由的“统制”，对莱斯格的观点作了更为准确的定位，并提出法有可能作为对所谓架构的规制手段进行统制的一种手段。参照成原慧：《表现自由与架构——信息社会中自由与规制的再构成》，劲草书房 2016 年版，第

13 页。

14. Cass R. Sunstein and Richard H. Thaler, Nudge: *Improving Decisions about Health, Wealth, and Happiness*, Yale University Press, 2008，远藤真美译：《实践行动经济学——聪明选择健康、财富、幸福》，日经 BP 社 2009 年版。

15. Cass R. Sunstein, *Choosing Not to Choose: Understanding the Value of Choice*, Oxford University Press, 2015，伊达尚美译：《选择不作选择——在大数据中改变的“自由”形式》，劲草书房 2017 年版。

16. 立法当中比如《欧盟通用数据保护条例》(REGULATION OF THE EUROPEAN PARLIAMENT AND OF THE COUNCIL on the protection of natural persons with regard to the processing pf personal data and on the free movement of such data, and repealing Directive 95/46/EC)(General Data Protection Regulation)第 17 条。该当立法审议过程中出现的先行案例，即欧盟法院的先行判决(2104 年 5 月 13 日)。参照，今冈直子：《关于“被遗忘权”的动向》，国立国会图书馆《调查与信息——ISSUE BRIEF》2015 年第 854 号。

17. 松尾阳将架构规制所具备的特征整理为①机会操作性，②无视不可能性，③无需意识性，④执行机关的无需性。参照松尾阳：《基于架构的规制作用的性质及其意义》，《法哲学年报 2007》，有斐阁 2008 年版，第 241—250 页，第 246—247 页。

18. Cass R. Sunstein, The Paritial Constitution, Harvard University Press, 1993.

19. 参照，大屋雄裕：《解说》，载伊达尚美译：前注 15，第 227—237 页。

20. 有人将其背景视为康德的哲学、法理论，该理论试图将私法理解为一种由假定每一个人都具有的自律意思所构成的权利体系，参照筏津安恕：《私法理论的范式转换与契约理论的再编——沃尔夫、康德、萨维尼》，昭和堂 2001 年版。

21. Immaunel Kant, *Metaphysic der Sitten*(*Kant's gesammelte Schriften Bd. VI*,) der Königlich Preußischen Akademie der Wissenschaften(ed.), 1907, p.276.

22. Hannah Arendt, The Human Condition, University of Chicago Press, 1958，志水速雄译：《人的条件》，筑摩书房 1994 年版。

23. 例如大和运输就使用 LINE 上的公众号通过对话 AI 来受理再配送、日期场所变更等，http://www.kuronekoyamato.co.jp/ytc/info/info_161115.html，以及定位为人形机器人的“Pepper”被活用于接待客人和商品导购的例子，可作参照。

24. 当然，也会有立场认为这没什么错。从功利主义出发拥护此种见解者，如安藤馨：《法与危险与责任》，载安藤馨、大屋雄裕：《法哲学与法哲学的对话》，有斐阁 2017 年版，第 143—167 页。此外，从自由至上的观点出发，也有见解认为行为的客观价值和社会价值是无法确定的，刑罚也应该去除规范上的非难属性，而应该一元化为针对他人造成损害的纯粹损害赔偿，如 Randy E. Barnett, *The Structure of Liberty: Justice and the Rule of law*, Clarendon Press, 1998,

嶋津格、森村进监译：《自由的构造——正义、法的统治》，木铎社2000年版。在后者的场合，所谓主体的意思与决断这样的人格要素，对于责任而言，就将不再必要。

25. 作为风险应对的防止未然、事前考虑与法之间的关系，参照中山龙一：《风险与法》，载橘木俊诏、長谷部恭男、今田高俊、益永茂树编：《风险学入门1：何谓风险学》，岩波书店2007年版，第87—116页。

第四章

机器人、AI剥夺了人的尊严吗？

山本龙彦*

79 ## 一、引　　言

机器人、AI，或许能够实现一个每一个个人都能被关怀到的社会，即终极的个人关怀型社会。例如，在预防医疗上，AI可以根据大数据来预测每一个人的遗传特性和生活环境，实现从一般性到个别性的转变。稍作比喻的话(把AI与机器人的发展放在“文科”当中讨论时经常需要借用“比喻”)，AI能够对特定个人实施完全合适的健康管理。在教育领域，AI通过解析大数据来提前发现那些想要退学的学生，也使得大学当局能够预先对此等学生作出个别对应。在佐治亚州立大学的尝试中，报告指出，借助这样的程序，少数族群的毕业率得以飞速地提高。[1]在融资、信贷、保险等领域，通过AI对个人行动记录进行详细分
80 析，也可以救济那些在此前的一般性(统一性)基准下未能通过审查的

---

* 山本龙彦，庆应义塾大学大学院法务研究科教授。

人。例如，因缺乏信用履历而无法通过信用卡审查的人，也可以通过使用手机的联络对象以及联络频度等平素无意的行动记录，来获得对其信用力的预测评价，结果就有可能通过信用卡审查。[2]此外，近年来如下情况也较为普遍，即通过消费者过去的购买记录、互联网浏览记录、检索记录，AI对该消费者的趣味嗜好作出预测，企业则根据此结果来向消费者推送与之匹配的个别化广告。这样的个别化广告，让消费者能够经由过滤器来排除不必要的信息，从而挑选仅属必要的信息，在这一点上，也可谓是促进了消费者每个人的自己决定。

并且，也有人指出，所谓“提前”预测本人所欲决定的AI之力，[3]能将法的解释适用变得更加个别化。众所周知，在被继承人就继承份额未表明何种意思的情形下，继承人需要按照民法规定的比例来继承财产。也就是说，在没有遗言的情形下，不管被继承人生前的意思(意愿)如何，其财产将按照法律上的一般性规定来分割。此般任意规定的运用，也会被认为是对被继承人本人的人生缺乏关怀和尊重。其原因是，其独一无二的人生被简单地一般化了。然而，如果基于与某人相关的庞大既往数据，AI能够“预测”出某人在世时很有可能会作出的继承份额指定的话，即便该被继承人未在生前留下遗言，其人生也能够在遗产继承上得到反映。[4]也就是说，基于大数据的AI预测，将会使法律上的任意规定不再必要。

若是将此般AI对“自己决定”的预测和机器人技术融合的话，像 81
在藤子·F.不二雄《小超人帕门》中登场的替身机器人那样，机器人或许就能够来为人们“代行”“自己决定”。若是将通过代行所产生的余暇用于自我实现，可以说，人们将能度过一个更富有自我个性的人生。

如上所述，鉴于AI、机器人能够使面向“个人”之极为细致的服务成为可能，因此也有人认为这将创造出终极意义上的个人关怀型社会。话说回本章所关心的问题，AI、机器人看起来像是能实现规定了“所有国民作为个人而受尊重”的日本《宪法》第13条之理念——个人尊重原理。若是把个人尊重原理理解为居于日本宪法价值秩序顶点的“根本规范”的话，[5]甚至还可以说这些是与宪法本身相亲和的技术吧。

本章之目的则在于，对此类某种程度的“乐观主义”抱以怀疑审视。这是因为，只有梳理了会对宪法，特别是对个人尊重原理产生何种风险，并直面这些风险后，才有可能来正确地讨论如何利用 AI、机器人。以下首先对构成日本宪法“根本规范”的个人尊重原理为何，加以若干考察。

二、何谓个人尊重原理

何谓个人尊重原理(《宪法》第 13 条)?

这恐怕是宪法学中最难的问题之一。个人尊重，与德国基本法所规
82 定的“人的尊严”究竟是相同呢，还是不同呢？[6]或者说，它与“个人的尊严”(《宪法》第 24 条第 2 项)究竟是相同呢，还是不同呢？[7]这些问题，迄今仍然是没有确定答案的“谜题”。[8]不过笔者以为，将此原理作层级地理解，就可以统合这些多样化的见解。也就是说，将个人尊重原理理解为由①人的尊严、②狭义的个人尊重(从集团之中解放出来)、③个人的尊严(个人的自律)、④尊重多样性、个别性四个层次所构成的复层原理，如此，诸见解就能被妥当地包摄在内。

以下，就分别对各层次作一个简单的说明。[9]

第一层的思考是个人必须作为人而被尊重(有关“人的尊严”的层次)。可以说是类型上相当于尊严的层次，人的生命不可侵犯性构成了其主要内容。它是构成以下各层基础的层次。

第二层的思考是个人必须平等地作为人格化的存在而被尊重(有关“狭义的个人尊重”的层次)。由于这直接关涉到近代对身份制的否定，像身份这样集团性的、固定性的属性不应事先规定个人的生活方式。这种思考具有解放性以及消极性的侧面。比喻而言，某个人将要描绘其人

生的画布，不应是事先已经被画好底稿、涂了颜色的，而必须是纯净无垢的白色。从历史而言，在身份制时代，每个人所得到的就是根据身份被事先画好了底稿、涂了颜色的画布。每个人，都不得不沿着由此描绘 83
的方向而走上自己的人生之路。因此，近代宪法重视的是每个人都平等地拥有白色画布这件事。必须将所有人都作为像具有分化为任何细胞可能性的 ES 细胞那样来对待的想法，或许也不错。

第三层的思考是个人必须作为人格自律的存在而被尊重(有关“个人的尊严”的阶层)。这是以个人享有自律的能力为前提，有着积极的一面，也就是认可个人不受任何人所命令，主体地来设计自己的人生。拿前面的比喻来说，在经过第二层的(狭义的)个人尊重原理进行脱色处理后的白色画布上执笔描绘的人，正是其本人自身。反过来讲，个人好不容易得到了白色画布，就不应该让其他人来代为描绘，责任原理也孕于其中。

第四层的思考是必须尊重个人自律地、主体地进行决定、选择之后的结果(有关“尊重多样性、个别性”的层次)。依然使用前述比喻的话，白色画布所描绘的图画彼此皆不同，对此要在最大限度上予以尊重。第一层即尊重生而为人的平等性、均一性，第二层以及第三层体现了作为人格化主体的平等性，相比之下，第四层则体现了对于前述各项的结果所产生之多样性的尊重。

如上所述，宪法上的个人尊重原理，就被理解为由人的尊严、狭义的个人尊重(从集团之中解放出来)、个人的尊严(自律)、多样性的尊重，这样的四层所构成。

本章在于考察 AI、机器人会对上述个人尊重原理产生何种影响。

还要指出的是，国家在使用 AI · 机器人技术时，自不必说，宪法上个人尊重原理的问题会直接显现。另外，当包含民间企业在内的私人使用这些技术的场合中，本应直接规制国家权力的宪法原理在此时是否具有重要意味，这一点可能会有疑问。但是，所谓个人尊重原理，被理解为“系宪法上基本原理，具有保障一切法秩序均属妥当的原则规范之意

味”，“虽在根本上与国政有关，但通过民法第 2 条(修改前的第 1 条之 2)
作为解释准则，亦得支配私法秩序”。[10]根据此种通说见解，个人尊重
84 原理可以被理解为辐射日本全体法秩序的基本原理，亦可拘束私人——
尽管在效力上与国家并不等同。

三、 集团与个人——围绕个人尊重原理(第二层)的考察

(一) 算法上的偏见

如前所述，AI 能够“提前”预测个人将会实施的行动、决定以及个人的信用力等，这种能力即为其力量和魅力的源泉。但是，根据这种预测的方法(算法)以及预测结果的使用方式，很有可能与第二部分所阐述的个人尊重原理的第二层(狭义的个人尊重原理)产生尖锐的矛盾。

首先，会被设想到的两者间矛盾发生在如 AI 预测的程序上混入了
错误和偏见的情况。例如，AI 在处理大数据时，读取了本来不该被考虑
的“虚假相关(spurious correlation)”①。在大数据上，每年在游泳池溺水
的人数，与演员尼古拉斯凯奇每年出演的作品数，虽然在历史上有相
关，但这只是“碰巧”而已，算法上必须对此无视。但是，这种“虚假
相关”也会被算法列入，作为预测评价的基础来使用。[11]其次，会出现
某种群体，在解析用的母数数据集之中发生代表不足(underrepresent)的
情况②。例如，美国波士顿市为了调查道路状况，利用了从市民手机中
85 获得的 GPS 数据，在其过程中发现，道路检修工作集中在了高收入者居
住区。但这是由于，很多低收入者并没有手机，来自低收入者居住区的
数据在解析母数上存在着代表不足。[12]这可以说是因代表不足而导致错
误的典型案例。最后，会发生 AI 将现实社会中已经存在的偏见列入算
法，并导致这种偏见再生产的情况③。例如，使用现有员工数据来构筑
预测“好员工”的算法时，会将当前职场所存在的偏见在算法中直接承
继。实际上，英国圣乔治医学院，根据此前不利于少数族群和女性的入

学考试数据，用以构筑发现“医科好学生”的算法时，此种筛选就导致了同样偏见的再生产。[13]

因此，当算法中混入了错误和偏见时，就会因为单纯的预测而使准确度下降，结果就可能导致 AI 作出违反个人利益的决定。特别是像上述②与③的问题，会导致对少数族群具有歧视的影响效果。如②所述，在 AI 实施妥当的预测评价时，作为母数的数据集上，来自各群体的数据(“声音”)就必须被均等地——公正且有效地——代表。[14]比喻而言，“每一票的分量”若是不同，AI 的“意思决定”必然会歪曲。在这一点上，电子设备持有率以及社交网络使用率较低的贫困人群以及少数族群的数据(“声音”)就无法准确地反映在解析母数上，完全可以想象，这会在结果上产生对他们不利的预测评价。若是如此，属于此种集团者，恐怕就会因为与个人的努力或能力无关的集团属性，而遭受不利益。自不必说，这具有违反个人尊重原理第二层(从集团之中解放出来)的一面。

在种族歧视一直都是重要社会问题的美国，也特别关注 AI 基于大 86
数据的预测评价从而对少数族群造成歧视影响的可能性。其中，联邦贸易委员会(Federal Trade Commission， FTC)在奥巴马执政时的 2016 年 1 月所发布的题为《大数据：包容工具抑或排斥工具》的报告书[15]中，考虑到上述算法上的偏见可能会引发少数族群被社会所排除，就阐述了算法预测的利用者应该考虑的如下四项因素。这四项因素即：[16](1)被利用的数据集是否妥当地代表了所有的群体(特别是有没有欠缺来自特定群体的信息)；(2)隐藏偏见有没有对特定人群产生意想不到的影响；(3)虚假相关(上述①)有没有被列入算法(特别是在医疗、信贷、雇佣等重要决定上使用算法时，是否确保了人工对算法合适性的监督)；(4)利用之际是否考虑到公平性。

日本也在由总务省设置的 AI 网络社会推进会议于 2017 年 7 月所公布的《面向国际争议的 AI 开发指导方针提案》之中，考虑到使用 AI 预测会导致的歧视等问题，指出“希望开发者在依据所使用的技术特性的可能范围内，尽可能地采取措施，避免因在AI系统的学习数据中出现如偏见等而造成不当歧视”。[17]

(二) 基于片区的概率判断——个人主义与片区(segement)主义的相尅

1. 片区主义的扩张

87 AI预测与个人尊重原理间第二种设想的矛盾情况是，AI根据集团属性所作出的概率性评价将作为最终结果而被自动接受的场面。如上文所述，姑且不谈算法中混入了错误和偏见的情况，即便是在没有发生这些问题的情况下，AI也并不能100%正确地把握作为评价对象的个人。这是因为，AI的预测评价，无论怎么说也只是根据集团属性所作出的概率性判断而已。

例如，假设根据AI解析大数据(购买记录等)的结果，所明确的是，Ⓐ40岁出头，Ⓑ单身，Ⓒ有工作，Ⓓ男性，倾向于每周在便利店购物消费从3 000日元到5 000日元。据此，确实，属于“Ⓐ40岁出头，Ⓑ单身，Ⓒ有工作，Ⓓ男性”这一“片区”(具有共通属性的集团)者，可以说有着这样的普遍倾向。但是，属于此类片区者，在实际上应该包含着各种各样的人(这与构成了“日本人”的集团中也有着各种各样的“个人”是相同道理)。例如，属于以上片区的人员中，或许也有人有着过去被误认在便利店偷窃的特殊经历，受此心理创伤后再也不去便利店。并且，在同样有着属性Ⓑ的人之中，严格说来，会有人有正在交往的女性，也会有人没有，即使在前者之中，在倾向于和何种年龄层次的女性交往上也存在不同的可能性。基于“片区”的预测评价，则会削减掉这些个人之间的具体差异，而绝非着眼于“个人”本人。当然，输入的数据量越大，片区就越细分化，个人之间的具体差异性就会更加得到斟酌，但即便如此，作为现实存在的——无可替代的——个人，无论如何都无法被还原成作为属性集合的“片区”。[18]

如果只是根据AI基于片区的概率性评价来判断个人的能力和信用力的话，根据“在属性Ⓐ，Ⓑ，Ⓒ，Ⓓ……上有着共通的集团”的普

遍倾向，就会对该个人的能力等作出概括的、抽象的判断。这恐怕就明 88
显地有着类似于前近代评价手法的一方面，即根据身份与职业这样的集体属性来概括地、抽象地判断个人能力，预先对其生活方式作出规定。如若这样思考的话，AI的预测评价，根据其方法，就会与作为近代宪法原则规范的个人尊重原理相矛盾吧。否定了近代宪法原则规范，要求具体地——即花费时间和成本——考虑每一个人的情况(这里所谈的集团主义，并非是以身份或人种那样的概括性集团为标准。在此，是由以多种属性相组合而勾勒出的无数的微细型“集团(segement)”为标准。在这种意义上，或许称之为“新集团主义”或“片区主义”较为合适。但是，关键点在于，和传统的集团主义一样，这也是根据集团属性来对个人进行概括性地评价)。

2. 个人尊重原理的制度化实现

笔者目前有着“根据其方法”所做的保留，相关理由包括如下。

如果不将AI的预测评价，作为对个人能力等的最终评价，而是在程序上加入(人工的)意思决定权者批判性地对AI预测进行斟酌评价的机会，以及被评价者就相关预测评价提出异议的机会的话，如此就能够防止根据集团属性来对个人作出概括性的评价(毋宁是说，通过确保此种程序，或许能克服人类固有的偏见，以作出更为公正的评价)。实际上，2018年5月开始实施的欧盟《通用数据保护条例》(General Data Protection Regulation, GDPR)在第22条第1项中，针对作为被评价人的个人，认可其有权反对此类决定：只是根据AI的预测评价来自动处理，对本人产生了法律影响或类似重要影响的决定。因此，在欧盟，在雇佣以及信贷等场合，不能仅仅依靠AI的预测评价来判断个人是否符合。GDPR虽然在本人明确同意时，认可企业可以例外地仅由自动处理来作出特定的决定，[19]但也规定，即使在这种情况下，企业也必须采取适当措施来保障作为被评价者的个人权利、自由，至少必须保障获得人工干预的权利、表明自我见解的权利、就决定提出异议的权利(第22条 89
第3项)。可以这么理解，在上述欧盟的框架内，基于片区而对个人作自动“分类”被视为违反了个人尊重原理，法律要求的是，最终由人来面对每一位被评价者，侧耳倾听他们发出的声音。

另外，美国也通过判例法，承认了有权不仅仅根据 AI 的预测评价来作出重要决定。在美国，包括威斯康星州在内的一些州，法官在量刑判断时，会利用算法来作再犯风险的预测评价。[20] 2016 年，威斯康星州最高法院，就量刑判断时利用算法来预测评价的合宪性，作出了重要的宪法判断。[21] 在 State v. Loomis 的案件中，威斯康星州根据所采用的预测评价系统(被称为 COMPAS)[22] 判处黑人被告人有期徒刑 6 年，并处 5 年的延长考察期。被告人则主张，根据无法保证正确性也不具备验证可能性的系统所作出的再犯风险预测评价，侵害了其受宪法所保障的正当法律程序权利。在此会产生很多问题，[23] 比如以交易秘密为理由导致算法被黑箱化，无法说明作出此种预测评价的“理由”；相关评价只是预测
90 具有同样属性者实施再犯的一般可能性，而非预测当该被告人实施再犯的具体可能性；该系统还存在着种族歧视倾向，即将黑人再犯的风险率估算为白人的两倍。威斯康星州最高法院在该案中，虽然裁定法官在量刑判断之际利用算法来预测评价的做法符合宪法，不过重要的是在就其利用上附加了以下“条件”。

第一点，根据 COMPAS 的预测评价，法官不能将之作为最终评价来考虑，终究只是将之作为判断的材料之一。

第二点，从宪法上正当程序的观点出发，预测评价必须要对法官就以下几点作出书面警示。(1)因 COMPAS 的知识产权性质，导致在其算法之中有关诸多要素是如何被考虑，进而如何导出预测评价的详细信息，无法得到公开。(2)关于预测评价的有效性，只以威斯康星州的人口构成为前提的调查，尚未完成。(3)不少研究调查，针对将少数族群归类为再犯风险更高者，提出了忧虑。也可以这么理解，通过向法官警示 COMPAS 所作预测评价的不完整性，要求法官秉持怀疑预测评价的观点，冷静地侧耳倾听被告人自身所言的故事。

综上所述，可以认为，美国以宪法上正当程序为根据，也在判例法

上承认了欧盟 GDPR 所保障的类似权利。也就是说，有权不只根据 AI 基于集团属性所作的预测评价来作出人生的重要决定。欧美的这种潮流，体现了想要把 AI 的预测评价和个人尊重原理相和谐地实施的某种“方法”，意义深远。但是，就像《哈佛法律评论》上对 Loomis 案判决所作匿名评释所指出的那样，即使在形式上提倡不能将 AI 的预测评价作为最终
评价，但人工的意思决定权者，恐怕实际上很难批判性地斟酌此种评 91
价。[24]西特伦(Danielle Citron)也指出了同样的困难性。[25]他认为，人类会抱有“自动化偏见”，即过于相信电脑自动化地判断，盲从其判断。

如此的话，为了实质地保障上述权利，一般认为不可欠缺的是，第一，对人工的意思决定权者的启发、教育；第二，确保算法的透明性。关于第一点，像 Loomis 案判决所要求的那般“书面警示”，恐怕并不充分。算法也可能会混入错误和偏见(参照第本章第一部分)，其预测评价也只是基于片区所作的概率性评价而已。关于这一点，必须要充分地告知人工的最终意思决定权者。关于第二点，为了能够让人工的最终意思决定权者能够批判性地斟酌 AI 所作预测评价，对被评价者能够说明决定的理由，以及为了让被评价者一方也能够就 AI 所作预测评价提出实质的反驳，恐怕就要公开算法逻辑的重要部分。即使被评价者对最终决定抱有不满，若是完全不知悉算法逻辑，就无法提出有效的反论，只能忍气吞声。并且，算法的完全黑箱化，由于并未向被评价者告知为何获得较低评价的原因，这也将在实质上剥夺他们再挑战的机会。这也将导致，一旦被 AI 打上了“不合格”烙印，这些人连理由都不知晓，就会被社会持续地排除。他们就会被扔进迈尔—舍恩伯格(Viktor Mayer-Schönberger)所讲的“名唤概率之牢狱”，[26]笔者所讲的“虚拟贫民窟”[27]之中。在这一点上，值得注目的是 GDPR 的规定：在企业者依据 AI 的预测评价来作出决定时，“为了确保公正与透明性”，要求企业者一方要告知相关预测评价的“具有逻辑相关意味的信息”(第 13 条第 2 项 f)。[28]

另外，也有理由认为，AI 的预测评价，“根据其方法”，不会与个人

92 尊重原理相矛盾。如前所述，若是数据输入越多，片区就越来越细致，即使不能做到 100%，也可以相当正确地接近每一个人的实态。若是考虑在“Ⓐ40 岁出头，Ⓑ单身，Ⓒ有工作，Ⓓ男性”这样的片区之上，再加上“Ⓔ住在某某地区，Ⓕ年收入约多少日元，Ⓖ养猫，Ⓗ某某大学毕业，Ⓘ喜欢爵士音乐”等属性，片区就会相当的细微化，更加接近于“个人”的实态。根据此种片区所得出的预测评价，似乎可谓是将被评价者“作为个人”而尊重。通过综合地考虑个人的多样要素，或许会产生出相比满怀偏见的人类所为模拟评价，更为正确且公正的结果。

虽然此种方向性，就其在某种程度上抑制了 AI 预测评价所伴随的集团主义要素这一点上，确实可谓是对个人很友善，但却有可能归结到“零隐私状态”，就这一点上来说，作为消解与个人尊严原理发生矛盾时的方法，可谓是有着局限性。这与下述内容也有关联，在此存在着 AI 社会中极为重要的难关。也就是说，如果增加数据输入以提高预测精度，减少集团主义要素，则会产生丧失隐私的问题。简单地讲，“为了更多地了解我‘自己’，就必须更多方面地来观察我”。也就是说，个人为了更好地被关怀到，就必须让渡出隐私。例如，基于所谓和个人能力
93 相关的理由，可以想象的是，甚至像个人所发声的音调以及行动、动作这样的无意识行动也会被收集，作为预测评价的基础。在这种情况下，个人能力则由那些无法通过自身“意思”来选择、修正的事项(无意识行动)所评价，将会遭受不利益。这恐怕也将摧毁个人尊严原理的第三层(尊重自律，或自我决定原理乃至责任主义)(参照前文)。就此点而言，似乎有必要来定义 AI 不应查看——不应作为预测评价的基础——的属性信息，若是如此，片区就不得不在程度上粗糙化，导致集团主义要素再度增强。这似乎也明显地体现出，正确把握“个人”(提高预测精度)与隐私之间存在紧张关系，如何平衡好两者则是重要的法政策课题。

综上所述，针对 AI 的预测评价，本部分就其根据片区所形成“集团”的一般倾向来对个人作出概括的、武断的评价这一点上，指出其有着与个人尊重原理(第二层)相矛盾的一面，阐明了回避此种矛盾的方法

及其课题。

（三）“过去”的拘束

第三种可能会与个人尊重原理(第二层)相矛盾、抵触的情形的是，如之前略作触及的那样，随着提高预测精度变得至关重要，对AI的数据供给变得不受限制的情形。如上所述，AI预测精度与数据量之间存在着比例关系，数据量如果增加，预测精度就会上升，数据量如果减少，预测精度就会下降。因此，在重视增加预测精度的AI社会中，尽可能地收集、保存与个人相关的数据以作为预测评价基础的此种方针——趋向于零隐私状态——即属“自然”。但是，这种“自然”倾向，在与个人尊重原理的关系上，就有着像下面这样的问题。

首先是关于污名的问题。个人尊重原理，也被认为是从污名之中得到解放的保障。曾因违反了某种规则或戒律，一度被刻印上污名者——霍桑小说《红字》(The Scarlet Letter)中，犯有通奸罪的海斯特白
兰一生都必须身着被缝上象征荡妇(Adulteress)的A字的衣服，不管如 94
何忏悔其罪行，想要洗心革面，但因污名之故却遭阻碍。针对这种在后天所刻印的污名来苛责某个人的一生，不论此人的“再生”能力，剥夺了此人改过自新机会的做法，应被宪法上的个人尊重原理所禁止。例如，在接受有罪判决而服刑结束者，隐藏此事实迁居他乡(从冲绳到东京)，结婚成家，以巴士司机的身份开始了新的人生，却被某个非虚构作品实名公布、暴露了前科——污名——的案件中，[29]最高法院裁定此种公布行为对隐私造成了侵害。最高法院在判决中指出，即使是曾经实施了犯罪之人，“在接受有罪判决或结束服刑后，也被期待作为一位市民复归社会，因此该人享有不被妨碍改过自新的利益，而公开其前科相关事实，会有害于重新形成的社会生活的平稳”，隐含《宪法》第13条的个人尊重原理，[30]认可了隐藏污名，重来人生的自由。该判决的调查官解说也指出，“在犯罪者真挚地致力于改过自新之际，公开前科妨碍改过自新，此系显而易见之道理，因此在抽象上而言，姑且不谈保持或恢复其隐私性之时间，有必要以法来保护前科不被公开之利益，就

此并无异议”。[31]

AI社会的“自然”倾向，就会与此种判例法理相矛盾。这是因为，由于数据量与AI预测评价的精度之间存在着比例关系，AI并不会去“忘却”反而会记住被评价者的过去，只要与评价事项有关，就会有很大可能来继续使用。因此，污名不是刻印在当该个人的身体上，而是刻印在此人的数据档案上(数据污点)，将会继续妨害此人的改过自新。在AI社会中，即使是过去的污点，只要与评价事项相关就会被继续使用，此属“自然”之事，但这却让隐藏污点，重新来过人生这件事变得极其
95 困难。在这一点上，重要的恐怕就是，以个人尊重原理为根据，允许有权使AI忘却特定“过去”(删除权)(关于这一点，值得注目的是，GDPR第17条保障了删除权)。

其次，AI社会的“自然”倾向，也会导致如下事态，个人会被基于自身意思无法选择、修正的要素所区别开来，以评价其能力等。例如，有关遗传信息以及家族、血缘者生活方式的信息，或许确实能够构成正确预测个人能力以及健康状态的重要信息，但若是无限制地认可使用此类信息，恐怕本人就会因为这些本人无法控制的情况——“出生”——而遭受到不利益。日本最高法院，就民法中基于子女地位是否婚生而区分遗产继承份额的规定，从“应将子女作为个人来尊重，保障其权利”的观点出发，指出“不允许以(子女)自身无法选择、毫无修正余地之事项(非婚生之地位)为理由，对子女造成不利益”，裁定该规定违反宪法。[32]这一道理，恐怕也适用于AI预测评价中对遗传信息的使用。为了将被评价者“作为个人”而尊重，即便是被认为确与评价事项相关，但属本人毫无选择余地的遗传信息以及父母信息，应该在原则上被禁止利用。

由上所见，AI若是不注意其操作，就可能会导致一个固定的社会，在这个社会中，个人因为那些自身并不负有责任的属性，或是因为只是一度的过失，就在生活方式上受到了极大的限制。无需赘言，这会与宪法所言的个人尊重原理(第二层)相矛盾。

四、个人的自律——围绕个人尊重原理(第三层)的考察 96

(一) 不合理的没落

按照第二部分所述，个人尊重原理的第三层，涉及个人能够自律地、主体地创造、设计自我人生的能力。AI 的预测评价，也会对此种能力产生否定的影响。

这种事态，特别会发生在诸如 AI 的“思考过程”，也就是算法，被黑箱化的情况下。人们在自己所勾画的人生之路上前行时，经常会作自我调整。若是在某件事上失败，就会找出原因，努力改进。于是，能够改进而怠于改进之时，“责任”即生，也导致了非难可能性。不过，假设算法完全地黑箱化，人们就不会知悉 AI 评价的“理由”——基于何种信息，如何对之衡量来得出评价——丧失了自我调整的机会。即使求诸于人工的意思决定权来说明，如第二部分第二点所言，其解答(透明性)上存在局限性。

例如，在判断融资时使用 AI 所作的信用力评价之时，所谓“在何种频率上联系特定对象”的通信履历是被秘密使用的。[33]这时，缺乏这种定期联系的 A 氏，信用分数就会悄然降低。基于大数据，AI 能够发现、抽取出远超想象的相关关系，进而会以此作为预测评价的基础。因此，可以想象，人类这种随意的、无意识的自然行为与 AI 的预测评价相结合，就会导致融资被拒绝。在这种情况下，也有可能导致自身无法通过“自我调整”来提高主体信用力，本人也有可能毫不知情地被排除 97
在所有使用类似算法的领域之外。要言之，在 AI 社会中，当个人的评价轴变得复杂化、黑箱化，个人可能就极难控制自己的评价，难以自律地、自主地实现人生目标。这就将个人尊重原理的第三层置于危险之中。

在这一点上，需要将 AI 的“思考过程”尽可能地白箱化，来确保意思决定上的问责。[34]像欧盟 GDPR 对透明性的要求，以及美国联邦贸易委员会(FTC)要求企业在使用 AI 预测评价程序来审查信贷、雇用、保险、房产等的适格性时，根据公正信用报告法(Fair Credit Reporting Act, FCRA)规定，要求告知被评价者并赋予被评价者有机会作出异议的做法，[35]可被理解为白箱化尝试的重要环节之一，也可被理解为是出于抑制不合理的世界，保障自律型主体型生活方式所尝试的重要环节之一。

（二）作为别人"家庭成员"的接近

AI 预测评价可能会与个人尊重原理第二层发生抵触的第二种情景，可以举出 AI 的“思考过程”包含了违反本人利益的情况。例如，来想象一下 AI 家电和家务助理机器人。它们或许可以学习人们的生活模式和行动模式，来帮助每一个人的“自我决定”。但是，例如亚马逊和谷歌的智能音箱，一方面对于用户来说可谓非常便利的道具，但另一方面也有可能成为企业营销的道具。在此，侵入了家庭内部的 AI 对私生
98 活当中的举手投足进行记录，产生的问题不只是在隐私权方面(当然，家庭内部行为时常受到监视，可能会抑制家庭暴力与虐待儿童等问题)。更为重要的是，这种家庭内的 AI，有可能为了第三人的利益——作为第三人而非本人的代理人——而行动。例如，建议置换购入新牙刷的家庭内 AI，究竟是纯粹地预测到本人决定而发声，还是为了商家利益而发声，很难讲清楚。如果不设定法制度来抑制如后者这样利益相反情况的产生，家庭内 AI 就可能会成为“别人的家庭成员”或是“戴着家庭成员面具的别人”，会对本人的自我决定产生强烈的诱导。这自然会对个人的自律地、主体地生活方式产生障碍。在这一点上，恐怕必不可少的是，家庭内 AI 所收集信息的流通(包括第三方提供方式在内的网络关联图)和算法的透明性，以及列入有助于本人对自我信息控制的架构。

（三）接近于复制机器人

AI 预测评价可能会与个人尊重原理第二层发生抵触的第三种情景，可以举出作为被评价者的我们自身被吸引诱导的情形。比喻而言，

“我”好比复制机器人那样的场景。实际上，俄亥俄州立大学研究团队举例证明，预测个人兴趣爱好所推送的个性化广告，会对个人的“自我意识”本身产生重大影响。[36]根据实验，被测试者的大学生倾向于将作为自己网上行动结果所被推送的个性化广告，认识为“自我的反映”。 99
个性化广告所体现出的特点，就被认为系“自身所固有的特点”。根据实验，报告显示，若是针对被测试者的“个性化”广告包含了环境保护的因素，被推送到此类广告的被测试者，会将自身评价为热心于环境保护的人，更倾向于购买环保型商品，更容易向环保慈善活动捐款。

这就意味着，AI的预测评价能够很容易地操作、诱导个人的意思决定。如上所述，假设AI在目标上暗含了实现与用户利益所相反的(第三人的)利益，恐怕个人将被迫更多地为他人而作出决定，过上他律型的人生。[37]并且，即使没有来自第三人的操作、诱导，AI的预测评价也会对自律型个人形象产生重要影响。根据上述实验结果，我们每个人都会倾向于将AI预测评价的结果理解为“自我的反映”，但如第三部分所述，AI的预测评价，本来也只是体现了具有共通属性之集团的一般倾向而已。这样的话，在AI社会中，人们的个人特性，就有可能会被某个特定“集团”的一般倾向反过来所规定。换言之，在AI社会中，个人并不是“使用”AI的预测评价，个人本身有可能会被AI所构筑，会被AI的选择所控制。

当然，所谓个人系自律存在的命题，迄今为止也可以说是“虚构”。[38]因此，更为正确地说，在出现了AI这样的象征存在的社会当中，将“个人系自律存在”的命题，作为虚构来维持，恐怕也愈发困难。要想在AI社会当中也能维持所谓个人系自律存在的虚构(这也是维持近代宪法的“约定事项”)，恐怕重要的就是保留AI的不完全性，并让人们对此皆知。如果人们对AI不能100%地把握个人——这并非“自 100
我的反映”——这一情况能够彻底知晓，似乎就有可能让人们从AI的预测评价之中解放出来，“以自己的方式来生活”。最为重要的手段，恐怕就是隐私权。AI的不完全性，是通过AI在数据供给获取上的不完全性来实现，而数据供给的不完全性，则是通过行使隐私权来实现的。人类对抗 AI 的几乎唯一手段，就是有能力遮断向 AI 供给数据的隐私权。[39]这样才能确保 AI 的不完全性，这一点也能被人们所周知。在笔者看来，只有通过这样将 AI 从象征地位或是特权地位赶下来，人们才能够获得主体性。就此意义而言，AI 社会能否实现与近代宪法原理之间的调和，可以说，这要看制度环境是否得到整备，以使隐私权的行使切实可行。

五、结　语

如上所见，不得不说，AI 的社会化实际装备，给宪法上的根源价值——或许这也能换成近代法的前提价值——产生了重大的影响。不过，尽管如此，日本围绕 AI 网络化的讨论，相比本文所介绍的欧盟与美国的讨论样式，在笔者看来，往往是以绕过这种价值的方式而为。例如，日本的讨论中，也会涉及 AI 网络化给人类形象以及个人形象带来的变化，但在超越了日本国宪法所要确定的人类形象、个人形象上而为
101 的讨论，为数并不少。

众所周知，宪法并非价值中立的法律文书，而是蕴含着以个人尊重原理为代表的实体性价值原理的法律文书。因此，这也可谓给有关人类形象和个人形象的法政策讨论设置了“天花板”。如果超越了宪法所设的“天花板”，来谈论 AI 社会中的人应该如何、个人应该如何的话，就必须将之视为把宪法修改和宪法革命也纳入了讨论的视野。当然，宪法的价值原理具有抽象性，“天花板”也是开放于解释性的行为。但是，若是意识不到与宪法所设“天花板”之间的关联，在经济合理性和技术革新的步调上来推进讨论，恐怕会导致未经“我等国民”的主权决断，而由一部分的利害关系者使我们的宪法“被改变”。

注释

1. Exective Office of The President, Big Data: A Report on Algorithmic Systems, Opportunity, and Civil Rights 17(May 2016),《大数据：关于算法系统、机会以及市民权的报告书》。

2. 调查显示，与家庭等特定对象进行有规律的正常联系者，每日行动模式有规律者，交流对象超过 58 人以上者等，属于偿还率高的优良贷款对象。Shivani Siroya, A *Smart Loan for people with No Credit History*, TED(Apr. 2016) at https://www.ted.com/talks/shivani_siroya_a_smart_loan_for_people_with_no_credit_history_yet.

3. 参照宍户常寿：《关于通信秘密的随手记》，高桥和之古稀记念：《现代立宪主义的诸相(下)》，有斐阁 2013 年版，第 487 页以下。

4. See e.g., Ariel Porat & Lior Jacob Strahilevitz, *Personalizing Defaut Rules and Disclosure with Big Data*, 112 Mich. L. Rev.8(2014).

5. 芦部信喜(高桥和之补订)：《宪法(第 6 版)》，岩波书店 2015 年版，第 12 页。

6. 例如，参照玉蟲由树：《保障人性尊严的法理——人性尊严条款的规范意义与动态》，尚学社 2013 年版。

7. 例如，参照蚁川恒正：《尊严与身份——宪法思维与“日本”的问题》，岩波书店 2016 年版。

8. 关于“人权”概念也有同样的指摘，参照驹村圭吾：《人权不是什么》，载井上达夫编：《人权论的再构筑》，法律文化社 2010 年版，第 3 页以下。

9. 以下的论述，与山本龙彦：《个性化的环境——“超个人主义”的逆说?》，载松尾阳编：《架构与法——法学的架构性转变?》，弘文堂 2017 年版，第 77 页以下，以及山本龙彦：《AI 与“个人尊重”》，载福田雅树、林秀弥、成原慧编著：《与 AI 相连的社会——AI 网络时代的法律与政策》，弘文堂 2017 年版，第 320 页以下，重复之处颇多。

10. 佐藤幸治：《日本国宪法论》，成文堂 2011 年版，第 175 页。

11. FTC Report， Big Data： A Tool For Inclusion or Exclusion?9 n.44(January 2016),《大数据：包摄的道具还是排除的道具?》

12. Id. At 27.

13. Id.

14. 所谓“公正且有效的代表”之表述，受有关议员定数不均衡诉讼的最大判 1976 年 · 4 · 14 民集 30 卷 3 号 223 页所启发。

15. FTC， supra note 11. 此外，总统府在 2016 年 5 月所发布的《大数据：关于算法系统、机会、市民权的报告书》亦属重要。参照前注 1。

16. See FTC, supra note 11, at 25—32.

17. AI 网络社会推进会议：《面向国际讨论的 AI 开发指南方案》，2017 年 7

月，第 11 页。http://www.soumu.go.jp/main_content/000499625.pdf.

18. 此处阐述是以克里普克(Saul A. Kripke)的反摹状词理论为基础。克里普克认为，就人的固有名而言，必然有着无法还原到确定摹状(对诸多性质的记述)中的“剩余”。参照ソール・A・クリプキ(八木沢敬、野家啓一译):《指名与必然性》，产业图书 1985 年版。根据此种见解，所谓个人，是种无法记述详尽的存在。

19. 但是 GDPR 规定，在①数据主体与管理者之间缔结了契约，出于履约而必要的情况，②根据欧盟或欧盟成员国的法律所承认的情况下，③主体的明确同意下(*explicit consent*)，也可以只根据预测来作出重要决定(第 22 条第 2 项)。详细参照山本龙彦：《大数据社会与预测》，《论究法学家》2016 年 18 号，第 34 页以下。

20. 在量刑判断时，法官会使用算法来作再犯风险预测评价的州，除了威斯康星州之外，还有亚利桑那州、科罗拉多州、肯塔基州、路易斯安那州、俄克拉荷马州、维吉尼亚州、华盛顿州等。See e.g., Julia Angwin et al., *Machine Bias*, ProPublica (May 23, 2016), at https://www. propublica. org/article/machine-bias-risk-assessments-in-criminal-sentencing.

21. State v. Loomis, 881 N.W. 2d 740(Wis. 2016). See *Recent Cases*, 130 Harv. L. Rev. 1530(2017).

22. 威斯康星州使用的是纳福坊(Northpoint)公司开发的 COMPAS(Correctional Offender Management Profiling for Alternative Sanctions)系统。COMPAS 通过包含犯罪记录、雇用状况、教育水平、家庭犯罪记录、信仰在内的 130 类以上的信息，来对再犯风险作出 10 种阶段的评价。

23. Danielle Citron, *Fairness of Risk Scores in Criminal Sentencing*, Forbes(July 13, 2016), at http://www. forbes. com/sites/daniellecitron/2016/0713/unfairness-of-risk-scores-in-criminal-sentencing/#30b2c6ad4ad2.

24. See Recent Cases, supra note 21, at 1534—1536.

25. Citron, Supra note 23.

26. 参照维克多・梅耶-勋伯格、肯尼斯・库基耶：《大数据的真实面目——信息的产业革命改变了世界的一切》，斋藤荣一郎译，讲谈社 2013 年版，第 242 页。

27. 山本龙彦：《尽快应对 AI 带来的风险》，日本经济新闻朝刊 2017 年 4 月 26 日。

28. 在此，问题在于何谓“具有逻辑相关意味的信息”。实际上，将算法全部公开，不仅没用而且有害。首先，即使全部公开，恐怕技术外行人也无法理解其含义吧。并且，即使假设能够理解其含义，被评价人就有可能在以后实施愚弄算法的行动(这种情形下，预测精度就会降低)。例如，若是公布测评恐怖分子的算法，真正的恐怖分子恐怕就会采取算法意想不到的行动吧。See Joshua A.

Kroll et al., Accountable Algorithms, 165 U. Pa. L. Rev. 633(2017). 关于这一点，英国的信息专员办公室的报告指出，所谓“具有逻辑相关意味的信息”，并非是“有关算法和机械学习如何运用的详细技术地记述”，而是意味着“为了构筑预测而利用的数据其种类”“数据的源泉(出处)”“为何此数据被视为恰当”等信息。Information Commissioner's Office, Feedback Request: Profling and Automated Decision-making 15 (2017), at http://ico. org. uk/media/about-the-ico/consultations/2013894/ico-feedback-request-profiling-and-automated-decision-making.pdf.

29. 最判 1994 年 2 月 8 日民集 48 卷 2 号 149 页(非虚构作品《逆转》案件)。

30. 同判决的调查官解说指出，关于前科的隐匿，作为所谓“隐私权”的一种，见解上一般将其法保护的根据求诸于《宪法》第 13 条所规定的“幸福追求权”。滝泽孝臣：《判解》最高裁判所判例解说民事篇 1994 年，第 127—128 页。

31. 滝泽孝臣：《判解》最高裁判所判例解说民事篇 1994 年，第 132 页。

32. 最大决 2013 年 9 月 4 日民集 67 卷 6 号，第 1320 页。

33. 关于通信记录与信用能力、偿还率的问题，参照前注 2。

34. 例如，在宪法上就需要有如下的设置，能够持续地检验算法是否恰当地排除了那些不应作为预测评价基础的数据。See e.g. Kroll et al. supra note 28. at 682.

35. FTC， supra note 11， at 16.

36. Rebecca Walker Reczek et al., *Targeted Ads Don't Just Make You More Likely to Buy: They Can Change How You Think About Yourself*. Havard Business Review (April 4, 2016), at http://hbr.org/2016/04/targeted-ads-dont-just-make-you-more-likely-to-buy-they-can-change-how-you-think-about-youself.

37. 参照山本龙彦：《大数据社会中“自己决定”的变化》，NBL2017 年第 1089 号，第 29 页以下。

38. 关于此点，请参考樋口阳一的一系列论述。例如，樋口阳一：《权力、个人、宪法学——法国宪法研究》，学阳书房 1989 年版。

39. 关于 AI 社会中隐私权的机能，参照山本龙彦：《隐私权》，载宍户常寿、林知更编：《总点检：日本国宪法的 70 年》，岩波书店 2018 年版。

第五章

机器人、AI 的行政规制*

横田明美**

103 一、引　　言

人们正在逐渐接近，这种在 20 世纪下半叶还只能在科幻世界中想象的生活：在人工智能设备的支持下，与机器人一起生活。诸如充分利用翻译软件为游客导游的观光系统；为重体力劳动的辅助看护 Powered Suits；可实时显示行驶位置的巴士运行系统等均已投入实际应用。那么，如果这些搭载了人工智能的机器能够学习，将会有什么变化呢？如果这些机器联合起来"向前"调整后一起为人们服务，那将会有多方便？

机器人和 AI 进入的生活中隐藏着多样的可能性和危险。那是和以前
104 完全不同的世界吗？不，冷静地思考一下吧。根据总务省的统计，2010

* 本章是日本学术振兴会(JSPS)科研费 15K16916[2015 年度年轻学者研究(B)]"围绕集体利益、扩散性利益的法律制度设计——消费者、环境、信息法制的桥梁"的助成研究成果的一部分。This work was supported by JSPS KAKENHI Grant Number 25885016(Grant-in-Aid for Young Scientists(B).

** 横田明美，千叶大学大学院社会科学研究院副教授。

年只有 9.7%的家庭拥有智能手机，而 2015 年这个比例达到 72.0%。[1]已有 6 年真实体验的读者认为，无论他们自己是否使用智能手机，智能手机也已逐渐改变了人们的行为方式。智能手机的出现给人们带来了极大的便利，解决了很多问题。但另一方面，也出现了新问题，使得以前不怎么被视为问题的课题也受到了关注。

本章中笔者将考虑，人工智能和机器人的产品和服务在社会中出现并日趋普及的过程中，会带来什么样的问题，特别想从与消费者安全相关的行政法规角度来探讨。对于社会上发生的各种危险，包括对消费者安全所产生的危险在内，法律制度上的规定有：当事人之间的民事责任，因实行国家刑罚而承担的刑事责任和根据行政法规承担的行政责任，以及将这三种法律责任组合起来进行应对。在发生危害人们安全的危险时，各种行政法规已被制定，以便行政机关可以对此作出应对，并在危险出现之前进行预防和预先干预。例如，应该很容易设想到在交通事故发生时驾驶员的责任。因事故发生给受害者造成的损失必须赔偿(民事责任)；如果造成人员伤亡，则会产生违反刑法(汽车驾驶致伤行为处罚法)的刑事处罚；如果肇事逃逸等违反道路交通法上的重大义务(报告义务、救护义务等)，将被处以刑事处罚(刑事责任)。不仅如此，它还会导致驾照被吊销或取消(行政责任)。这种情况不会因为机器人和人工智能技术的普及而马上改变。例如，对于汽车，道路运输车辆法设定了安全标准，道路交通法设定了许可制度等，在人工智能出现之前，大多数被认为有危险的事物已经被行政法规所规制，并且以人工智能不存在的形式为前提。

同样，在考虑需要解决的影响时，必须注意的是，社会变革既会带来积极的影响，也会有消极的影响。每当出现一项新技术时，它就具有
消除以前存在的危险、解决社会问题、提高便利性以及创造前所未有的 105
新价值的积极影响的一面。由于“小规模”而没有成为问题的危险会扩散到许多领域，而至今为止社会使用的危险应对方法无法适应新的使用方法，社会正在使用的风险管理方法也无法适应新的用途。因此，也要考虑会产生至今为止不存在的新危险或问题等负面影响。

另外，在变革中可能会造成混乱。由于特定领域中使用的方法发生了重大变化，因此适应旧方法的人们无法应对新方法，而新方法尚处于过渡发展阶段，在没有充分应对能力的情况下，不能发挥预期的功能。

本章探讨在机器人和AI广泛普及于社会的过程中，会出现哪些问题，以及用行政法规的方法如何应对它们。由此，我们将研究在机器人和AI广泛普及的社会中应该如何制定行政法规。[2]为此，先概述行政法规与确保社会安全的民法和刑法规则之间的关系。

在不久的将来，使用机器人和人工智能的情况被设想为两个场景。第一个场景是：机器人和AI融入服务型机器人等的生活和有助于探讨自动驾驶汽车领域适当的行政法规；第二个场景是：日常生活中产品的安全性和道路交通及其安全性。笔者将概述这两个领域的现行法律制度，指出在引进新技术和现行法律制度间有什么样的关系，以及如何通过讨论来改变规制体系的具体事例。

目前，很难详细预测机器人和AI是如何发展并成为融入社会的产品和服务的。因此，本章不讨论服务型机器人本身和自动驾驶汽车本身的行政法规。但是，根据现行制度及其制定经过，重点要考虑在机器人和AI日益普及的社会中，关于行政法规应考虑的问题有哪些，这对今后讨论有关服务型机器人和自动驾驶汽车本身的行政法规的应有形式将会有所帮助。

换句话说，考虑到目前为止的法律框架体系与灵活运用机器人和
106 AI时所具有特征之间的关联性，并对至今为止局部存在的、尚未成为大问题的“旧而新的问题”进行了探讨。通过表明研究方向，试图提出一种基础理论。对特定机器人和人工智能的理想行政规制方式进行探讨时，可以应用该基础理论。

本章并非以“必须(通过行政规制方法)对机器人进行规制”为意图。相反，通过回顾既有的存在方式来得到对未来启发的思考。这样就不会因为机器人和AI的普及而意外降低迄今为止已通过各种方法确保安全的规制密度。

二、安全确保的法律制度和行政法规 107

那么，行政法规在与安全的关系方面承担什么作用呢？在这里，为了让不太熟悉行政法学的人也能容易地掌握概要，笔者以法学入门以及消费者法入门的程度，一边进行道路运输和消费者安全立法的讨论，一边来确认行政法规和安全确保的整体情况。

(一) 与民法、刑法的关系——作为预防性司法的行政法规

可以认为“行政法具有预防性司法制度”的作用。这意味着根据民法和刑法，存在无法通过事后损害赔偿和惩罚来解决的纠纷。市民在任何商业活动或产品选择中都有活动自由和选择自由。但是，如果这是对社会构成危险的活动，行政部门则有必要提前对其进行监管，并将对社会的危险限制在合理范围内。[3]

民法领域管辖基于市场的交易关系。合同法领域是规范交易关系的规则，例如，如果销售对象存在问题，买方是否可以解除销售合同或卖方是否应负损害赔偿责任。另外，如果在订立合同时存在意思表示方面的问题，(例如，认识错误或存在欺诈等)，则可以取消合同。此外，即使没有合同关系，也可以考虑基于侵权法的补救方法。例如，如果满足《民法典》第 709 条的规定，则侵权方将承担损害赔偿责任。另外，也可以用刑法来应对。特别是在因为缺乏安全性对人身造成伤害的情况
下，有可能适用伤害罪(《刑法》第 204 条)和业务过失致人死伤罪(《刑 108
法》第 211 条)。不过，这些民法、刑法的规则以事故发生后的事后处理为主。因此，行政法规与民法、刑法相比，具有事先预防冲突的作用，这一点有时被称为“预防性司法”。

那么，行政机关是如何预防冲突呢？行政法是频繁用于可能对社会造成危害活动的一种法律机制，法律对这些危害性行为一律禁止，行政机关对想要进行该活动的人进行认定，是否满足安全确保的一定条

件，仅针对已通过认证的人个别解除禁止。这个行政的认定叫做许可。多数情况下，如果是无行政许可而从事被禁止的活动，存在可以将其作为处罚对象给予刑罚的机制。在许可制度存在的前提下，行政机关可以使用各种各样的手段。首先，作为许可的必要条件，有必须遵守的安全基准和考试。这样可以确保社会上一定水平的安全性。其次，如果领取许可证的人在领取许可证后不符合标准或从事危险活动，行政机关可以吊销其许可证。在某些情况下，可能会发布改善命令。这些措施不同于民法和刑法的规定，是一种在实际损害发生之前就可以采取措施的机制。因此，它被称为“预防性司法”。

不过，行政机关也会事后采取措施。如果发生重大事故，受害者的救济当然是必要的，但有必要防止将来再次发生类似事故。因此，行政机关可以利用调查权限，要求造成事故的经营者进行报告，在某些情况下，还会下达停业或商品回收的命令。

（二）为了安全的行政法规

这些行政机关具有制约公民权利和自由的一面。因此，必须要有法律依据。在对确保安全的行政法规进行概述时，请务必牢记，构成行政
109 法规的法律具有不同的目的和对象，在现实世界中，它们结合在一起，具有各种各样的规律。

以道路交通为例来考虑。[4]道路上的交通规则是由道路交通法制定的，对于开车这种危险行为，有一种针对驾驶员的许可制度(即所谓的汽车驾驶执照)。根据这个制度，如果想在公路上驾驶汽车，必须要通过考试，等到行政机关批准给予驾驶执照为止。无照驾驶是要根据道路交通法予以惩罚的犯罪。

在道路上有很多以载人和运送行李为业的由经营者运行的车辆，比如出租车、公交车、卡车运输等。这些经营者受制于以业务为中心的法规——道路运输法。着眼于以业务为中心的法规有很多不同的领域，例如保险业法和建筑用地与建筑物交易业法。因为“××业法”的名称很多，所以被称为行业法。这些行业法具有各种许可制度和禁止事项，以

确保交易秩序和用户安全。

也有着眼于危险物品的规定。就汽车而言，道路运输车辆法设定了证明汽车是否接受认真检查的证明机制(即车检制度)。另外，也有在制造、销售、进口方面确保安全的审查机制(关于食品的食品卫生法、关于医药品等的药品医疗仪器等法)。这些也具有行业法的特征。

而且，有关于使用那些危险物品场所的规定。对于公共空间里的道路，道路法要求任命道路管理员来维护道路。该功能也可以通过经营者管理设施等来承担。针对铁路经营者的维护管理义务在铁路事业法中予以规定。

(三) 消费者法律制度中民法、刑法和行政法的结合 110

本章将在行政法规中特别考虑以消费者法规作为重点来研究。因此，以下笔者将概述一下消费者法，特别是民法、刑法和行政法在消费者法律制度中的结合部分。在重视“消费者与经营者之间的信息质量和数量、以及交涉能力等差距”(《消费者基本法》第1条)的消费者法律制度中，可以明显看到民法、刑法和行政法的组合应对。消费者受到的损害大致分布在劝诱领域、表示领域和安全领域。劝诱领域是由于交易内容没有被正确说明而造成的损害，表示领域是因为商品附带品质和产地信息有误，或是以容易混淆的表现而造成的损害，而安全领域是食品、产品、设施设备、服务缺乏安全性，或是无法应对本该想到的操作失误从而导致事故发生所造成的损失。

消费者法律制度的特色是关注经营者和消费者的信息差距和交涉能力差距，并试图予以修正。因此，颁布了一部特别法来修改民法规则。典型例子是消费者合同法和产品责任法。消费者合同法对于经营者和消费者之间签订的合同，针对因不适当的劝诱行为而导致消费者误认、困惑的情况，规定消费者有权撤销合同，并通过使不正当损害消费者利益的交易条款无效来变更民事效力。

此外，为了保护这些权益，允许适格消费群体起诉不正当劝诱行为和使用不正当条款禁令。产品责任法是关于制造商等因产品缺陷对人的生命、身体或财产造成损害赔偿责任的特殊规定。将缺陷定义为“产品的特性、通常能预见的使用形态、制造商等交付该产品时考虑到与该产品有关的其他情况，该产品缺乏通常应具备的安全性”。(《消费者基本法》第2条第2项)修正了基于民法上的不法行为损害赔偿责任(《民法》第709条)原则的过错要件，如果存在客观的产品缺陷，则承担无过错责任。[5]

111 另外，行政责任也在向与以往不同的角度发展。着眼于行业法和物品的危险性规定由主管该行业领域的行政机关分担管理，因此容易受到着眼于物品和服务等危险因素的纵向分配限制，对这些进行反省，在确保消费者安全的观点上推进横向分配的结构调整。在设立消费者厅的同时，还制定了消费者安全法(2009年)。[6]消费者安全法规定了确保消费者生活安全的基本理念，并规定了向消费者事务厅的其他部长要求采取措施，和对经营者提出建议和命令等的权限(如果没有其他法律规定的措施时)。除此之外，还制定了关于消费生活咨询系统；建立了跨领域行政活动的体制；以及为了事故相关信息汇总、信息提供和查明事故的原因，设立了消费者安全调查委员会等。

三、 现有法律系统和新技术的应对

那么，为了有助于研究对未来机器人和AI产品(比如服务型机器人
和自动驾驶汽车)的行政规制，先来看看现有法律制度具有怎样的体系
112 框架。这里将已经发生的问题也考虑在内，来讨论这些法律制度是如何
面对新技术的，或者说会出现怎样的问题。

(一) 融入日常生活的产品安全性——有形物和软件、网络

搭载AI的设备和机器人是拥有作为电器的物的外观，与用来控制和判断的软件组合而成的产品。此外，可以推测与网络连接的产品会逐渐变多，以便扩展它们的功能或与其他设备相协调。关于物和软件，以

及与网络连接，目前是怎样应对的呢？

1. 电器产品、消费生活用品的安全规制

某些融入日常生活的产品可能会导致受伤和事故。另外，在一般家庭和商店等使用的产品中，即使是安全性比较高的电器产品，过去也会因劣质商品的流通而发生火灾事故等，隐藏着危险。因此，电器用品安全法[7]适用于一般电器，消费生活用产品安全法适用于被认为可能危害生命和身体的普通消费者日常生活中使用的产品。[8]

在确保这些产品的安全性方面，通过民间经营者的自主活动确保安全和公平竞争也很重要。因此，电器用品安全法将经营者要采取的安全措施内容适当地表示出来，并构建了有助于消费者在购买时作出判断的机制。

该法在其目的(第1条)中规定："在规制电器的制造、销售等同时，为了确保电器的安全性，通过促进民间经营者的自主活动，以防止因电器发生危险及故障为目的。"以制造、进口阶段的申报义务、产品的技术标准、销售阶段的标注义务等为中心构成。申报制是在业务开始之前 113
向行政机关提供信息，然后再开始营业；与许可制相比，是不侵害经营者自由的法律机制。并且，在制造、进口销售已申报的产品时，必须符合国家规定的技术标准(第8条第1项)。对于产品合格与否，经营者按照国家规定的标准进行检查(第8条第2项)。然后，将已检查的产品标上符合技术标准的PSE(日本产品安全)标志进行销售(第10条第1项)；禁止销售和展示没有PSE标志的产品(第27条第1项)。

如果销售未贴标志的产品或即使已贴标志但不符合技术标准的产品，则经济产业省大臣将采取收集报告(第45条第1项)、现场检查(第46条第1项)的措施，也可成为采取措施命令[改善命令(第11条第1项)、防止危险等命令(第42条之5第1项)]的对象。此外，发生事故时，这些监督权力也将得到行使。违反这些命令的行为将按照罚则提供担保(第57条及以下)。

消费生活用产品安全法也有同样的机制。特别是将具有危险性的产品作为特定产品，对它们设置了特别的规则。规定了特定产品制造进口业的申报制度(第 6 条第 1 项)、技术标准的符合义务(第 11 条第 1 项)和自主检查(第 2 项)、PSC 标志的显示(第 13 条)和无标志产品的销售禁止(第 4 条第 1 项)。过去因恶意经营者发生较大问题的产品被特别指定为特定产品，需要注册检验机构进行合规性检验等，对它们加强了规制(第 12 条第 1 项)。

另外，对于随着时间流逝有老化风险的特定保养产品，追加了确保定期检查的机制。除了申报制(第 32 条之 2)之外，还必须标明检修期限等(第 32 条之 4)，在交付时必须说明经年劣化的危险性和定期检查的必要性。另外，经营者有义务制定长期维护和检查的机制(第 32 条之 19)。

以上是对特别可能造成危害的产品的规定，但消费生活用产品安全法对所有消费生活用品都规定了重大产品事故的信息报告和公布制度。对于造成死亡、重病、后遗症及引起火灾发生等重大产品事故，经营者有在得知事故发生之日起 10 日内向国家报告的义务(第 35 条)。
114 对此，内阁总理大臣要进行公布(第 36 条)，采取必要措施(体制整备命令的第 37 条)。

2. 物和软件的结合、网络化引起的行政法上的规律变更

这些法规是基于产品事故历史创建的机制。但是，新技术并非没有问题。在 IoT(互联网：物联网)出现时，为了确保电器产品安全的关系，国家安全标准也成了问题。[9]如上所述，电器产品安全法对电器产品的安全进行了规定。2013 年之前的思维方式是，从防止与电器相关的火灾或触电等事故的角度出发，原则上电器的开启、关闭均以机身开关为原则，远程操作只允许在机器可见范围内使用红外线等控制器。随着智能手机的远程操作等需求的增加，从节能和维护管理的角度来看，不同场所安装的大量路由器将通信装置与可远程操作的电器产品(配线器具)连接。通过连接负荷设备(路由器、照明设备等)来进行远程操作开启、关闭的需求越来越大。

2013 年将“电器产品技术标准规定的省令”修改为“性能规定”(仅

在省令中记载必要的安全性能，将具体的材料、数值、试验方法等规定委托授权给通知等方式)。在此基础上，2014年修改了解释通知，允许对配线器具进行远程操作。但是，此时的评价方法仅限于在确定负荷设备的情况下运用。作为终端用户的普通使用者连接时，由于不清楚安装了哪种负荷设备，因此很难估算负荷，无法进行风险评估，所以禁止了远程操作。极端地说，也并非没有使用多条线路或连接电炉的用户，可以说这是进行了慎重的判断。

之后由于对解除远程操作禁令的需求增加，因此经济产业省向民间 115
的自主团体提出追加讨论的请求。该报告书[10]对在国外的事故事例和风险降低对策进行了讨论，对于有通信故障风险的远程操作设备，敦促仅连接可连续运行的负荷设备；或不要连接可能引起火灾、触电、伤害的负荷设备(电炉等)，提出了降低风险的对策。例如，标明禁止远程操作的警告文字和进行初始设定等。受此影响，从2016年3月起，以修改技术标准的运用并设置警告标识等为条件，将远程操作对象扩大到插座等配线器具上。[11]

如上所述，随着技术的发展，需要随时变更与之对应的规制内容。另外，也要注意对消费者要求遵守警告标识以确保安全。

3. 关于物和软件的结合、网络化的民事责任的担忧

随着物联网的发展，与民事责任相关规则的关系也成为问题。如上所述，产品责任法通过规定因产品缺陷引起人的生命、身体或财产相关损害时，制造商等应负的损害赔偿责任，来促进对消费者受害的救济。但是，如前所述，该法将作为对象的“产品”定义为“制造或加工后的动产”(第2条第1项)，因此软件本身不包括在内。另外，关于软件和通信服务、物品销售有着不同的价值观，适用不同的法律体系也成为问题。[12]

在互联网的世界里，不适用产品责任法，许多合同条款限制了服务 116
提供方的责任，因此通常是消费者的自我责任。品质保证大多在尽力而为的基础上进行，在这种情况下不能保证动作的完整性。关于故障的考

虑也是以软件漏洞和通信危害的发生为前提。倒不如说，要求用户通过软件更新来应对安全风险。而且，数据交换频繁，不仅当事人多，还有大量个人数据被收集的风险。[13]

这些问题是在只有物的世界里难以发生的，即使发生也不会成为很大的问题。如果是习惯于网络世界的人，对这样的问题会比较熟悉，但对于只习惯于物的世界的人来说，这些可以说是陌生的问题。但是，随着物联网的不断发展，这些问题在物的世界也成为重要问题。这些特质是以迄今为止物的世界的伦理来规范，还是提出新的框架体系来解决，已成为课题。

另外，尽管这些讨论主要集中在民事规制上，但是民事规制和行政规制都是法律制度，所具有的前提是共通的，物联网相关事物已经被指出与民事责任相关，那和行政法规的关系也会成为问题。

（二）道路交通的法律制度

道路交通由于驾驶员的行动自由和其性质的危险性而产生了很多正面和负面的影响，它是多种法律机制和多种行为主体的混合。下面，将概述现行道路安全相关法律制度的特征，并探讨针对新技术的法律政策上的应对之策。

117 1. 以“驾驶员”和“汽车使用者”为中心的法律制度

正如已经看到的，道路交通法规由针对驾驶员的许可制度(《道路交通法》)，针对出租车、公共汽车和卡车运输等业务的法规(《道路运输法》《货车运输事业法》)，侧重于车辆这种危险物品的法规(《道路运输车辆法》)和关于场所的法规(《道路法》)混合在一起。近年来，为了应对因疲劳驾驶而导致的事故，运行管理法规和事故对策法规也受到关注。让我们确认一下这些特征。

道路交通法的驾驶执照制度规定了对驾驶员的限制，以许可制框架为中心，通过实施更新制度、惩罚制度、驾驶员的义务规定、讲习等，对驾驶员进行筛选，确保教育和素质的提高。交通事故驾驶员的损害赔偿义务和保险制度(民事责任)，与道路交通法、汽车驾驶伤害行为处罚法的刑事处罚(刑事责任)相一致，将责任集中在驾驶员身上。这不仅反映出当前汽车构造是通过“驾驶员操作”来运行，还指出与道路交通中确保移动自由的关系。也就是说，驾驶员驾驶汽车可以自由移动，因此，该责任也属于驾驶员。这种制度设计的背景是道路交通的另一个特色。因为驾驶员是相互“自由”的，存在许多彼此未知的主体可能会带来危险的关系。另外，旁边还混杂着诸如行人之类的其他主体。在这种情况下，如果不能确保所有汽车驾驶员都是拥有公平自由且能承担责任的主体，那么社会上道路交通的可靠性就会被动摇。[14]在这种背景下，道路交通法中有关驾驶员的法规并不以“事业”性为前提。[15]

这适用于通过关注“物”来确保安全，也能确保车辆安全。道路运输车辆法除增加对汽车的登记制之外，还对汽车使用者施予符合保安标 118
准的维持义务；设定对接受法定定期检查的汽车颁发既有家用又有商用的车检证、保安标准符合证的机制。通过将这些标识在车辆上，确保从外部看就能确认检查完毕的情况，禁止没有检查证的车辆运行。由此确保对道路空间安全的信赖。

道路运输的经营者规制是在这些规制的基础上，增加促使道路运输业运营公正合理而制定的规则，旨在确保运输安全，以保护用户利益。以营业许可制为中心，包括有关运费的条款规制等与交易秩序的相关规定。特别是从确保运行管理和运行安全的角度出发，设置步行距离的限制和运行管理人员等，也有关于运行管理的规则。[16]为了防止事故发生，使用了许可制和大臣的措施命令等。

另外，关于事故发生时的规则，成立的航空、铁路、船舶交通运输安全委员会作为国土交通省的外部机构，拥有独立行政调查权来查明事故原因，但该委员会并未将道路作为其对象。

而作为道路交通“场所”的道路本身，以道路法为基础，根据道路的种类决定道路管理者。这里设想的道路管理者除了国家(国土交通大臣)以外，还有都道府县和市町村。另外，关于高速公路，根据道路维修特别措施法，由独立行政法人日本高速公路保有机构和债务返还机构，以及各高速公路股份有限公司代行道路管理者的权限。道路存在瑕疵的情况下，关于国家、都道府县、市町村等行政主体，《国家赔偿法》第 2 条第 1 项可能成为问题。[17]根据《国家赔偿法》第 2 条第 1 项所述的建筑物的设置或管理瑕疵，是指“建筑物缺乏通常应有的安全性”，与该建筑物的使用相关而发生事故、发生灾害的情况下，该建筑物的设置或
119 管理是否存在瑕疵，应该综合考虑事故当时该建筑物的构造、用法、场所的环境、利用状况等各种情况分别进行判断。[18]

围绕道路交通的法律规定，以驾驶员和汽车使用者为中心，同时也设想到运输经营者、维修公司、道路管理者等多数参与者。

2. 引进新技术——视为“行人”的电动轮椅

道路交通法的思路是选择“汽车驾驶员”和“汽车使用者”并集中其责任，其前提是驾驶员可以准确地执行驾驶操作，而与行人等是在不同的道路上行驶。关于后者，与新技术产生张力的是电动轮椅。电动轮椅是一种使独立行走困难的人能与步行者在同一生活空间生活的装置。其意义是，用马达驱动的轮椅和人在同一空间绑定在一起，这样一来如何确保安全就成为问题。因此，现行的道路交通法规定了对电动轮椅的速度限制(不超过时速 6 km)和形状(大小限制、没有尖锐突出部分等)的一定标准，然后选择将其视为“行人”来适用[19](《道路交通法》第 2 条第 3 项 1 号、《道路交通法实施规则》第 1 条之 4)。这里需要注意的是，不仅对车体大小和速度有限制，还要求“通过汽车或带发动机的自行车和外观能够明确识别”(正如道路交通法实施规则第 1 条之 4 第 1 项 2 号二)，要符合他人能看到的约束。这是考虑到在和行人处在一起时，周围的人也能容易地确认其没有超速。另外，明确驾驶员是老年人和残疾人这一点，也是非常重要的规则。

从这个观点来看，确保电动轮椅的安全性与上述道路运输法、道路
120 运输车辆法的体制是分离的。因此，需根据 JIS(日本工业标准)进行安全确认。JIS 是根据工业标准化法在经济产业省设置的日本工业标准调查会制定的国家标准。从国家注册的民间第三方认证机构(注册认证机构)

获得JIS合格认证的制造商，可以标注JIS标志进行销售等行为，能够向消费者宣传自己产品的安全性。对于注册认证机构，除了要进行定期的手续更新外，还要进行现场检查等。[20]JIS制度不是禁止直接销售或许可制相关的体制，是否遵守该制度始终由制造商来决定，但它作为确保社会整体安全性的机制被使用。

尽管对电动轮椅作出了规定，但仍发生了很多方向盘形电动轮椅在使用过程中造成的死亡、重伤事故。[21]因此，在2016年修改了关于方向盘形电动轮椅的JIS T9208标准，追加了防止使用者无意识操作等风险管理的相关规定。[22]

四、由机器人、AI的普及引起的社会变化

那么，接下来在就机器人和AI在社会中普及所带来的安全性进行粗略预测的同时，加入一些讨论。首先要确认的是，正如本章引言部分所述，新技术会给社会带来正面和负面的影响，并且在过渡期间产生问题。下面，从这三个观点来考虑，在AI普及的社会中会发生怎样的变化？ 第一，原本就存在，但是由于引进新技术而扩大成“旧而新的问
题”；第二，与至今为止产生的问题没有相似之处的“完全新的问题”； 121
第三，过渡期间产生的问题。

（一）物与软件、网络的融合

AI也是软件的一种，是搭载AI的设备连接到网络的使用方法。因此，关于上述随着物联网的普及而产生影响的讨论也适用于机器人和AI普及的场面。

既有规则及商业惯例构筑的经营者和用户的关系，在互联网上与之有很大的区别。在行政法规的背景下，以往的并非以常规行政法规为前提导致的出货后修改、变更问题尤其重要。换句话说，行业法律法规和针对企业的消费者安全法规，从保护用户的观点出发，以保持出货时的

原始状态为前提。在需要维护或发现有可能导致伤亡事故瑕疵的情况下，计划通过自主回收或回收命令等进行规制。但是，关于软件的惯例却不是这样。不如说，用户方面也被要求通过安全更新来确保安全。这可能是因为单独的软件问题并不会立即造成人身伤害吧。但是，由于商业惯例和法律规制的想法有很大不同，有必要讨论因为两者之间的联系而在将来造成“通过网络连接的瑕疵或网络攻击造成人身伤害”的可能性。有必要考虑一种体制，将详细安全标准纳入目前为止的消费者安全法制框架中。

AI 嵌入式物联网设备的普及带来的变化，意味着在每个区域都可能会有设备收集信息，并且每个设备都存在与安全性相关的弱点。对于物联网设备，已被指出与(普通计算机的)软件和硬件公司相比，消费品制造商的安全性相对缺乏经验，并且由于其体积小，无法实施(加密、固件更新等)安全性方法。目前的情况是缺乏相互沟通，利益相关者之
122 间的合作不够充分。随着 AI 的应用越来越广泛，物联网面临的这些挑战将加速增长。[23]

(二) 学习 AI、判断过程的空白化

那么，与 AI 固有性质的关系，在安全方面会有哪些变化呢？ AI 的特征之一是机器学习，即程序从数据中学习，进行判断和推论创建算法，并对其进行修改。今后，如果一般家庭中也引入搭载 AI 的机器，期待着这些机器在出货后也能继续学习。

在出货后的使用过程中，数据收集和学习可能会引起几个问题。首先，数据收集本身会对用户隐私产生影响。为了提高准确性和应用可能性，可以预想人工智能要收集、加工、分析大量信息来作为学习数据。作为其前提的“收集”过程中的隐私侵害已经被指出并讨论了物联网设备的现状。[24]其次，由学习后的程序引起问题时，该由谁来负责也是个问题。当用户输入或在用户控制的领域，AI 搭载机器收集的信息存在错误或不恰当而导致事故发生的情况下，这该说成是机器人、AI 的瑕疵呢，还是该由用户承担呢。最后，如果搭载 AI 的机器行为与出厂时设想

的不同，则需要有机制对由该行为引起事故的判断过程来进行验证。

(三) 参与者的多层化、复层化 123

这些特征，再加上已经发生的社会结构变化，表明参与安全规制的各方在未来将变得更加多样化和多层化。

随着互联网的发展和平板业务的拓展，通过个人销售获得产品已变得司空见惯。不仅如此，随着 3D 打印机等的普及，在通过互联网交换思想和数据的同时，可以在个人层面进行创作。另外，智能手机的应用程序在个人层面上开发并通过平台经营者的销售变得普及，并且在应用程序市场中的销售方式与大公司的产品销售相同。考虑以这种变化为前提，可以想象，未来将有大量参与者融入机器人和 AI 的日常生活中。

作为 AI 基础的程序开发者，作为物质的机器本体设计者，AI 学习数据的提供者，作为物质的机器制作者，搭载以此方式创建的 AI 设备的销售者，在某个场合决定引入搭载 AI 机器的决定者，利用搭载 AI 的机器提供 AI 学习数据的提供者，以及那些使用搭载 AI 机器开展业务的人，等等。

并且，如果 AI 与网络连接，则也可以设想为管理网络本身和处理数据的人。

换句话说，物、程序和网络的三层结构，以及它们各自的创建者和用户。另外，如果在使用机器场景中存在规制的话，则如该规制的相关者那样，可以从多视角产生经营者与用户的关系。这样一来，不仅使民事责任复杂化，而且从行政规制的角度来看，对于谁应该是责任人以及该承担多少义务的机制变得很不稳定。

即使信息共享对于确保安全性是有用的，但如果涉及目前为止如此多的当事人，则也无法避免交换信息的弊端，即会引起关于隐私和商业秘密的问题。

但是，不能说这些是全新的问题。每种变化和复杂性只是到现在表 124
现出来了。问题在于，这些因素的结合会给社会安全保障体系带来很大压力。

五、机器人普及的社会和行政规制

(一)“机器人、AI 法总论”和“机器人、AI 法分论”

那么，在机器人和 AI 日益普及的社会中，需要以什么样的视角来考虑行政法规呢？在这点上，新保教授指出：关于政策和对策制定的应有方式，不是在各行政领域进行拼凑性的讨论，而是在谋求促进机器人和 AI 利用方针和政策(战略)统一化的同时，采取多元且多面的讨论。这样对得出多样且灵活的不同结论很重要。[25]确实，当前的法律修订流程图[26]以在现行法律框架内放松规制为中心，从机器人和 AI 的普及将大幅改变社会的问题意识来看，反映出稍微落后于时代的样子。但是，就笔者的问题兴趣而言，讨论跨学科“机器人与 AI 法总论”和各个领域相对应的“机器人与 AI 法分论”是思考未来课题的“汽车的两轮”。

“机器人和 AI 法总论”是在开发和利用机器人和 AI 时，不论哪个领域都要处理、应该讨论的课题，因此正如新保教授所说的那样，需要
125 面向社会实施全面且系统的课题整理。[27]正如该课题在本书中也出现的那样，第三章中对判断的讨论，将预测规制或享受安全系统的益处在何种程度上视为法律价值被承认的问题。这些都被认为是自上而下的想法，即虽然各个领域有深有浅，但在所有领域都有可能成为问题。

另外，各个领域的规制框架可以说是“机器人和 AI 法分论”。如果机器人和 AI 的变革浪潮席卷所有领域的话，有必要考虑在各个领域应该如何应对。在分论中，或者选择以迄今为止的安全确保体系为前提的渐进应对，或者选择对现有的规制等进行彻底改变。其适用性和实效性将在各领域的技术特性、利益衡量的基础上进行讨论。这是只熟悉机器人和 AI 带来变化的专家无法应对的问题，也是一直负责各分论领域的人无法单独完全解决的问题。有必要进行涵盖这两方面的讨论，此时需要参照机器人和 AI 法总论。换言之，这是一种对各个领域的当下和至

今为止的执法方式进行个别修改的自下而上型讨论。

“机器人和AI法分论”并未在交通系统、小型无人飞机(无人机)、护理相关领域等所有领域平等进行，而是预计在技术和社会达成一致的领域取得进展。这些领域中先行产生的问题点和解决问题的见解，将适当地反馈给“机器人和AI法总论”，讨论今后将如何应用于必须面对“机器人和AI法分论”的其他领域。为了在机器人和AI普及的社会中讨论行政规制，有必要意识到在哪里进行何种程度的讨论，以及让怎样的利益相关者参与其中进行讨论。

（二）关于“人工智能开发指南”草案的意见征集 126

不过，总论和分论的相互交流，有必要注意可能引起意想不到的混乱。将总论程度的讨论和分论程度的讨论混合在一起，今后能预想到全是AI威胁论先行引起的混乱。总务省信息通信政策研究所在2016年年末制定“AI开发指南”(暂定名)，围绕其整理后的观点来征求意见，[28]这些意见从总论和分论的交叉观点来看也颇有意思。

此处提到的“AI开发指南”，作为总务省信息通信政策研究所的AI网络化研讨会和后继组织AI网络社会推进会议继续研究的结果。它向国际社会提出AI研究与开发的指南，旨在形成国际标准。2016年年末，对基于至今为止的讨论整理出的论点进行意见征集(公众评论)。在征求同意意见阶段，以可能存在各领域共通的指导方针和不同领域指导方针为基础，提出9个“原则”：透明性、制御可能性、安全保护、隐私保护、伦理、利用者支援、可用性、合作(提案、暂称)，作为共通领域指导方针的内容。

针对这个意见征集，除了收到很多定义不明确和相关内容的意见外，也有部分报道担心“总务省是不是有意要构建规制框架？换句话说是要制定一部监管法吗？”在随后的审查过程中讨论了各种观点并将部分观点公布出来，[29]在此笔者不对其作详细介绍，只想将重点放在后者的“对监管法的关注”上。如上所述，这个“AI开发指南”方案是在国际讨论的基础上提出的，也有人解释说，这与个别法律制度中的行政

127 规制没有关系，所以归根结底这些担心都是基于误解。但是，分析产生误解的原因将有助于今后的讨论。

笔者虽然是以总论和理念程度为假设的讨论，但因为讨论还未结束，似乎是假设采用了“对开发者的禁止和许可或认证”的机制，这可能在个别法中被视为相同等级[30]的规则。9 个“原则”中，也包含仅通过开发阶段的对策无法实现的东西，如果严格要求其遵守的话，有可能阻碍研发的内容。处在研究项目评估方的位置，考虑将这些价值导入的主体，从正面开始对所有 AI 系统开发时，即使在制度设计阶段应格外小心，避免与特定的许可、认可等相结合，但仅靠这一点并不能消除阻碍研究或使其萎缩的风险。

另外，关于如何真正为用户提供支持并防止对生命和身体安全的危害，AI 和搭载 AI 的机器以及 AI 集成的网络，不仅要考虑自身的设计，而且还要考虑用户、空间中存在的事物以及提供服务的方式等，这些都需根据具体的使用情况而定。这些需要多层法律设计，并结合个别法和民法规则以确保安全(如本章上半部分所述)，而不是抓住“发展”本身的法律设计。在这种情况下，可以假设不是在规制“发展”阶段，而是抓住实际服务提供场景。不过，如果考虑到用户也会改变搭载 AI 机器的话，就很难统一区分开发者和使用者，另外也很难区分“开发”和“使用”的场景。

当然，即使在“意见征集”阶段的提案中，也表明这次征集范围仅
128 限于该领域的共通水平，并且希望各利益相关者根据以下内容讨论每个领域的准则。尽管可以说上述反应是基于对“意见征集”内容的误解，但由于存在这种反应，对机器人法总论和分论的区别进行解释真的很有必要。另外，针对用户方面，也开始讨论表示使用时注意事项的“灵活运用指导方针”构想，这是结合开发指导方针，规定与机器人、AI 普及社会中机器人、AI 法总论应有状态的两个方面，令人期待。[31]

(三) 总论和分论的互补性调整和行政作用

即使在讨论总论领域时，从具体使用场面来讨论也是不可或缺的。

只是，实际上很难寻求技术上不可能或经济上不合理的对策。另外，机器人、AI的普及带来的变化(上述第四部分)具有不分领域和场合都能改变法律规则存在方式的影响力。目前有效的措施可能会失去效力，而作为法律制度前提的信息鸿沟和责任分配方式可能会变得不稳定。正如本章第三部分所述，现行法规在考虑法规的组合及用户和企业在各自领域中的责任和义务时，存在一定前提。道路交通法的框架是在驾驶员行动自由的前提下设计的，该框架非常重视驾驶员的责任。此外，由消费者保护法制定的框架结合多种方法，不仅直接规制危险产品的流通，而且“提请人们注意不该连接的设备”等，通过要求提供者使用柔性方法，制定出以确保整体安全处于一定水平且不妨碍使用的措施。[32]

先行开发与构筑推进灵活运用制度领域，以及与稍晚进行灵活运用
的领域之间，从技术性、伦理性、社会性、法律结构的前提上都可能有 129
很大差异。期待在先行开发的领域中使用的实证实验和带有地域限定的规制缓和框架，在相互参照的基础上，能成为其他领域讨论的基础并互补发展。

在整个社会变动过程中，为了重新评估，要对各种利益相关者进行调整；即使依据国家规则会在确保实效性方面有所减退，在确保国际竞争力的同时，以规律的国际协调为目标的作用，也可以说这仍然是政府的职责。

注释

1. 总务省：《平成28年版信息通信白皮书》图表5-2-1-1，http://www.soumu.go.jp/johotsusintokei/whitepaper/ja/h28/html/nc252110.html。

2. 本章的标题是“机器人、AI的行政规制”，行政机关灵活运用AI进行行政活动的一面(也就是说，“使用机器人、AI的行政规制”)不在讨论的对象内。具体来说，AI在意思决策过程中的辅助、代替(通过指出涉嫌违规行为协助监督工作，包含申请审查标准的程序等)、关于道路陷没等危险度的判定程序、法律事务补助程序、活用聊天机器人的行政咨询等都可以考虑。

在推进这些业务支持和自动化的过程中，一般的法律原则(平等原则、比例

原则、信任保护原则等)、行政手续(理由附记制度等)和裁量审查的方法等，预计将需要大幅度重新评估，但在这种情况下，政府本身所掌握的信息以及获取和利用的方法将受到质疑。

根据《促进公共和私有数据保护和利用基本法》所促进的开放数据，以及处理该事务的行政事务数字化，不仅是从数据利用的角度而言，从行政过程中顺利导入 AI 的观点也应该受到关注。

关于在行政领域导入 AI 技术，行政信息系统研究所“在行政管理中利用人工智能技术的调查研究”报告书，2016 年 6 月 10 日，参照 http://www.iais.or.jp/ja/membersinfo/airesearch。

关于使用机器人、AI 的行政规制、执法的先行文献有以下内容。关于法律的自动执行所带来的各种问题，请参照第四章。作为行政决策和执法领域的开创性成就，Johannes scharf, Künstliche Intelligenz und Recht-Von der Wissensrepräsentation zur automatisierten Entscheidungstindung(2015)。另外，伴随着业务支持和行政决定自动化的行政手续和个人权益保护，在欧盟 GDPR 的制定和德国国内法的修订(联邦数据保护法、行政程序法、租税通则法)的关系中进行了论述。Mario Martini/David Nink, Wenn Maschinen entscheiden…—vollautomatisierte Verwaltungsverfahren und der Persönlichkeitsschutz, NVwZ-Extra 10/2017, S.1—14.

另外，当政府在规制和监督中使用机器人和 AI 时，个人信息保护、隐私和对个人的尊重之间的关系就成为严重的问题。有关这一点，请参见本书的第四章。

3. 关于以下记述，参考了原田大树：《现代实定法入门》，弘文堂 2017 年版，第 218—220 页。

4. 作为确保所有交通安全的法律制度的解释，野口贵公美、幸田雅治编著：《安全、安心的行政法学——在关键时刻能做些什么？》，2009 年版，第 221—260 页(野口贵公美)。特别是在该书第 243 页以下的图表 5-3 的分类中，除了本章介绍的分类(人、事业、物、场所)之外，还提出运行中交通工具内的安全确保、事故应对及其他安全确保的观点。

5. 另外，关于开发危险的抗辩等免责事由，参照同法第 4 条。

6. 中田邦博、路野莱穗子编：《消费者法基本讲义(第 2 版)》，日本评论社 2016 年版，第 266—267 页(黑木理惠)。

7. 法律涵盖被认为可能造成伤害的产品(特定产品)和可能因老化等造成严重伤害的产品(特定维护产品)。以前者为例的压力容器和骑行头盔等，而以后者为例的是通过内阁命令指定的内置式电动洗碗机。

8. 福冈真之介编著、桑田宽史、料屋惠美：《物联网、AI 的法律与战略》，商事法务出版社 2017 年版，第 266 页以下(料屋惠美)。

9. 福冈编著：前注 8，第 274 页(料屋惠美)。另外，关于这些经过，请参照：经济产业省：《电器用品安全法话题》，http：//www．meti. go. jp/policy/

consumer/seian/denan/topics.html# t8。

10. 一般社团法人日本电器协会、电器用品调查委员会：《“关于解释附录第四项的远程操作”报告的补充研究报告》，2016 年 3 月 28 日。http://www.eam-rc.jp/pdf/result/remote_control_4_2.pdf。

11. 该变更不是对技术标准(部令)和解释通知本身措辞的修改，而是通过参照电器用品调查委员会的报告书，来评估其是否符合解释通知要求的水平，以修订评估方法的形式完成。参考经济产业省产品安全课“关于扩大可远程操作的配线器具范围”。(2016 年 3 月)http://www.meti.go.jp/policy/consumer/seian/denan/file/99_etc/20160330_remote_control_of_wiring_devices.pdf。

12. 此外，赤坂亮太：《关于“信息产品责任”的考察》，《信息网络法律评论》2016 年第 14 号，第 129 页。

13. 汤浅壑道：《关于 AI 的法律问题》，夏井高人、冈村久道、挂川雅仁编：《Q&A 互联网法务与税务问答》，新日本法规出版、加除式，第 1184 之 46 至 1884 之 49 页。

14. 公益财团法人国际交通安全学会编著：《交通、安全学》，2015 年版，第 118—119 页，参照(斋藤诚、城山英明、今井猛嘉、荻野彻)。

15. 这些特征和铁路交通相比很容易理解。关于铁路，在铁路营业法和铁路事业法中，根据经营企业本身的许可制和经营者的自我管理和自我责任来确保安全。因此，在驾驶、交通工具、铁路轨道、运行安全确保等所有方面，都通过规制经营者来确保安全。野口、幸田编著：前注 4，第 234—248 页(野口)。

16. 回想一下由于高速旅行巴士驾驶员过度劳累而导致的严重事故的发生。

17. 《民法》第 717 条应该是针对股份公司的债权问题，但它没有涉及是否可以不加区别地讨论《国家补救法》第 2 条和《民法》第 717 条的问题。参见，潮见佳男：《道路基础设施方面的瑕疵和道路管理者的损害赔偿责任》，载山下友信编：《高度道路交通系统(ITS)与法》，有斐阁 2005 年版，第 142 页。

18. 最高裁判所判决 2010 年 3 月 2 日判例时报 2076 号第 44 页，以及最高裁判所判决 1978 年 7 月 4 日民事判例集 32 卷 5 号 809 页。因此，在这里，需要指出的是除了补充该对象的客观情况，还经常对包括行政主观情况在内进行多次讨论，被指违反了注意义务。

19. 公益财团法人国际交通安全学会编著：前注 14，第 116—18 页(斋藤、城山、今井、荻野)。

20. 参照 JIS 制度的详细内容，日本工业标准调查会网站，https://www.jisc.go.jp/newjis/cap_index.html。

21. 根据《消费者安全法》第 23 条第 1 项，消费者安全调查委员会制作了事故等原因报告书(参照 http://www.caa.go.jp/csic/action/pdf/9_houkoku_gaiyou.pdf)。

22. 经济产业省(日本工业规格(JIS 规格)的制定和修改(2016 年 5 月 20 日)，http://www.meti.go.jp/press/2016/05/20160520005/20160520005.html。特别是同资料 3

“方向盘形电动轮椅的 JIS 修正——以提高方向盘形电动轮椅的安全性为目标”，http://www.meti.go.jp/press/2016/05/20160520005/20160520005-3.pdf。

23. 板仓阳一郎：《AI 网络社会的安全诸相》，载福田雅树、林秀弥、成原慧编著：《AI 连接的社会》，弘文堂 2017 年版，第 254—255 页中，在指出这些物联网设备问题的基础上，在由家用机器人直接接管的虚拟案例中，不仅可以成为安全受害者，而且被攻击者当作垫脚石设备的所有者和管理者也可以成为网络攻击的加害者。

24. 新保史生：《AI 的利用和个人信息保护制度的课题》，福田、林、成原编著，前注 23，第 214—234 页，认为这个问题不是物联网的一个方面，而是作为 AI 使用的问题讨论了与个人信息保护法的关系。

25. 新保史生：《关于机器人法的法律领域课题之概观》，《信息法制研究》2017 年第 1 号，第 64 页以下，特别是第 67—68 页。

26. 机器人革命实现大会“机器人新战略”(2015 年 1 月 23 日)已将“实施机器人法规改革”设定为行动计划的跨部门项目 6，其中电波法，药品和医疗设备等法律，看护保险制度，道路交通法，道路运输车辆法，航空法等公共基础设施维持、保护的相关法律和高压气体保安法均被列为要审查的项目。

27. 新保：前注 25，第 68 页中提到华盛顿大学 Ryan Calo 提倡的“联邦机器人委员会”的构想，该概念提出了在现行法律框架内超越放松管制的战略。如果考虑到有关机器人、AI 法总论的探讨会涉及所有行政部门，那么对于导入机器人、AI 所产生的各种课题，有成立专门应对组织的必要。不过，在考虑如何与各分论领域的讨论进行整合尚有各种可能性，而且行政组织的设置是被视为国家重点课题的最高决策(参考大桥洋一：《行政法 1(第 3 版)》，有斐阁 2016 年版，第 393 页)，因此是否要在机器人法律政策上成立专门的行政机构，将是今后的课题。

28. http://www.soumu.go.jp/menu_news/01iicp01_02000054.html.

29. 之后，作为 AI 网络社会推进会议《报告书 2017——AI 网络化相关国际性讨论的推进》(2017 年 7 月 28 日)的附页 1，公布了《面向国际争议的 AI 开发指导方针提案》。成原慧：《关于 AI 的研究开发的原则、方针》，载福、林、成原编著：前注 23，第 87 页以下。

30. 此外，“指南”一词通常具有多种法律地位，可表示法律运用的解释，表示对民间经营者的要求，并作为不具备约束力的规范的通用名称来使用。在显示指南的场景中，经常有法律法规，例如许可证、执照和经营者的义务，这些都反映在现场手册等中，从而确保了法律的有效性。由于这些印象，术语“开发准则”可能使我们想起对开发本身的直接规制。

31. 在意见征询阶段对 AI 发展指南进行了多方面的讨论，包括使用指南的可能性。实绩寿也、鸟海不二夫、宍户常寿：《“座谈会”信息法制的可能性——以 AI 的动向为中心》，《信息法制研究》2017 年第 1 号，第 109 页以下。

另外，在报告书2017，前注29中，作为将来的课题，也显示出对使用方针的讨论。

32. 应当指出的是，法律制度试图通过各种方法来处理不确定性，以免被简单的法规促进理论和过度反应所淹没。在本章中，从安全法规的角度将消费者法规作为参考领域，但是从这一角度来看，作为研究伴随机器人、AI的开发和利用风险应对方针的素材，还应该考虑研究前就开始处理不确定性的环境法学中的适应风险管理论。横田明美：《环境法律政策对伴随AI、机器人社会发展带来风险的适用可能性》，《环境法研究》第7号，第71—88页，基于这样的兴趣，在食品容器和包装中使用化学物质法规作为素材，介绍了公共规制和自主规制的关系，以及经营者之间信息共享的方式(本号为“适应性风险控制的新展开”)为题的特辑，其他的论述也请一并参照。笔者认为，环境法中风险的把握方法应用在“机器人、AI法总论”的研究中自不必说，在“机器人、AI法分论”的讨论中也有参考的可能性。

第六章

AI与合同

木村真生子*

一、引　　言

131 民法规定，合同非人不得签订。因为无论是自然人还是法人，如果不是人，就不能行使合同所产生的权利，并履行义务。但是随着技术的飞跃性进步，人与人之间的合同中，介入了起到人的作用的机器，出现了机器代替人缔结合同的现象。例如，现代金融市场上的大部分交易都是通过被称为算法交易的电脑自动交易来进行的。个人投资者也可以使用自动交易软件买卖股票，而且利用机器人顾问进行资产运用的人也开始增加。

在算法中，问题和工作的处理是由一个个完整和精密的指令序列来描述的，所以不需要人为调整。如此看来，利用算法进行交易，只不过
132 是在无人参与的情况下电脑程序之间反复通信的现象。尽管如此，通过

---

* 木村真生子，筑波大学大学院商业科学研究科教授。

电脑通信进行的交易，实际上作为“合同”，对电脑利用人进行法律约束。但是无论是在欧美，还是在日本，合同的成立至少需要要约和承诺的意思一致。虽然如此，对于没有意思表示的电脑交换电子数据的现象，进行何种思考才能称得上是合同成立呢？ 确实，民法典承认不基于合意的合同成立(民法第 527 条)，但是在电脑终端签订的合同具有重要意义的今天，需要认真思考能否认可无明示意思表示的合同成立。[1]

另外，近年来的证券市场上，被指出现了用电脑进行操纵行情的不公正交易。假设，即使此种交易与电脑利用人无关，电脑利用人也应承担合同所产生的义务。进一步讲，具备高度知性与相互连接性的 AI，像人一样进行自主交易的情形下，也可以考虑对 AI 赋予法人格，作为代理人承担合同责任的事宜。

本章主要探讨，在机械化和自动化发展的交易社会中，机器能否成为合同主体的问题，即使不能成为合同主体，能否认为像代理人一样，将其定位为与主体分离的存在，或者能否考虑在传统民法的框架内，将人与机器、机器与机器之间的相互作用作为“合同”对待的问题。具言之，它是如何认定以电脑乃至 AI 为媒介的合同的要约与承诺，以及基于何种论据成立合同的问题。在以下第二部分，首先考察基于电脑的自动交易现状。

二、 算法交易与现代化合同 133

(一) 算法交易——合同自动化进展

如今，在外汇交易市场或衍生品交易市场等金融市场进行的交易，大部分是算法交易。以人脑无法想象的速度可以反复下订单、发货及取消的高频交易(High Frequency Trading， HFT)也是其中之一。金融证券市场中，算法交易应对市场动向，由电脑系统决定买卖时机、价格、数量等，交易系统不经过人的操作进行自动买卖。

电脑系统的自动交易，始于 1967 年在美国进行的 Instinet 新设计的系统。当时的系统只不过是以机构投资者不通过被称为纽约证券交易所专家的中介人(交易所的会员从业者)，而订购大量交易的组织性网络的形式而存在的。但是，随着不经人手的自动交易的需求逐渐扩大，它代替传统的交易所，通过电子交易系统的数据交换形成了虚拟的订购板，形成了主要交易品种在一个平台上进行买卖的“网络交易所”。[2]

（二）自动化交易产生的问题

算法交易为市场提供流动性，增强价格发现功能方面具有超过交易成本的便利性。但是它不仅仅只有优点。例如，突发系统故障，发生不明
134 原因的价格异常波动时，将给市场带来不可预测的影响。在美国，2010 年 5 月，因系统故障导致的被称为“闪电崩盘”的股价瞬间暴跌事件，给市场带来了威胁。另外，2012 年 8 月，美国证券经纪业巨头暗黑资本(Night Capital Group)因算法交易纠纷，陷入经营危机，受到巨大损失。[3]

此外，电脑算法发出的指示，还引发了相当于日本“绣球”的堆单交易和电子欺诈等操纵行情的行为。2013 年 7 月，英国金融行为监管局(FCA)判断美国投资家迈克尔 · 科夏在欧洲能源商品期货市场上的交易是 HFT 进行的堆单交易，对其以操纵市场罪征收了 90 多万美元的民事制裁金。美国商品期货交易委员会(CFTC)以他与其运营的猎豹能源交易有限责任公司(Panther Energy Trading)在 2011 年进行了为期 2 个月以上的电子欺诈为由，在对其处以 280 万美元的民事制裁金的基础上，禁止其 1 年内进行商品期货交易。此后，CFTC 还继续监督高频交易的不公平交易。[4]

（三）管制当局的应对

美国为了消除采取高频交易战略的算法交易带来的弊端，从 2010 年左右开始，美国金融业监管局(FINRA)和美国证券交易委员会(SEC)通过改变市场访问方法和交易规则等方法，对其采取了各种各样的应对措施。[5]并且 2011 年 10 月，国际证监会组织(IOSCO)就“技术革新对市场健全性和效率的影响相关的规制课题”进行了最终报告，为了减轻高频

交易等最新技术变化对金融系统带来的风险，提出了引进交易管理机构、对市场阻碍行为采取适当措施等五个建议。 135

受此影响，2012 年 CFTC 修改了《商品交易所法》，多德-弗兰克华尔街改革与消费者保护法案(多德-弗兰克法案)第 753 条(修改后〈商品交易所法〉第 6 条 C(1)及 CFTC 规则第 1663 条)规定了 CFTC 拥有对操纵市场和欺诈行为的强力起诉权限等。[6]另外，欧盟也于 2014 年修改了区域内金融商品和市场相关规范的金融商品市场指令(MiFID：Market in Financial Instrument Directive[2004/39/EC])，并制定各种各样的规则，以便监管机构掌握投资公司的算法交易。[7]日本于 2017 年 5 月成立的《部分修改金融商品交易法的法律》中，对进行算法高速交易的投资者也实施了注册制度(《金融商品交易法》第 66 条之 50 至第 66 条之 54)，规制当局对这样的高速交易行为者(同法第 2 条 41 项、42 项)有听取报告、现场检查等监督权限(同法第 66 条之 60 至第 66 条之 67)。另外，金融商品交易所也从公正交易和保护投资者的角度出发，被赋予了调查高速交易者等必要措施的权限(同法第 85 条之 5)。

三、"人"和"机器"的相互作用中能否产生合同

(一)"人"和"机器"的交易和合同法的关系

通过制定行政规制、自主规制等，与算法交易处理相关的各种规则，可以确保市场的公正和公平，但是将电脑算法和 AI 自动进行的交易 136
作为合同，应如何定位，在理论上尚不明确。因为民法典没有明文规定合同成立，以及如何认定"要约"和"承诺"也是不明确的。换言之，在要约和承诺的意思表示一致而形成合意的传统意思理论下，没有意思能力的电脑通过相互发送和接收数据的现象，能否视为与以前一样的合同，这并不是那么容易的事。

因此，从与自动售货机等简单机器的交易，到复杂的网络交易，在

应对技术革新过程中，应探讨一下“人”和“机器”的交互交易，看看日本合同法上是如何理解的。另外，如上所述，在证券市场上的算法交易是“多对多”的交易，因此有必要考虑多数当事人合同的问题，但在本章中，为了简化考察，将围绕一对一交易进行讨论。

（二）单纯的机器与人的交易——自动售货机买卖

1. 学说观点

以自动售货机销售商品是买卖合同的一种。因此，为了达成合同(法律行为)，意思表示的合意必不可少。但是如果意思表示的主体是自动售货机，由于缺乏意思表示的机器成为了行为人，所以在理论上意思表示存在瑕疵，合同不成立。另外，考虑到交易安全，自动售货机本身就不应该有该种意思，因此有必要用其他一些方法认定合同的成立。

因此，学说尝试以德国法理论为基础，对自动售货机买卖采用“事实上合同关系”理论对其进行说明。[8]但是，此种学说没有说明无意思的机器进行意思表示这一逻辑矛盾，而是以合同当事人受到合同的法律
137 拘束力，已成为社会交易惯例的观点来谋求实质性的解决。但试想一下，自动售货机是为减少出卖人的费用而设置的，然而偶然没有硬币而不能使用自动售货机、机器出故障、找不到零钱时的货款损失等，这些不利因素，将会转嫁给买受人。因此，“事实性合同关系”理论过于重视交易保护，存在过度保护当事人一方利益的一面，缺乏平衡。[9][10]因此，在自动售货机买卖中，认为设置自动售货机的行为中已经进行了设置人的意思表示的观点得到了支持。[11]根据此观点，机器的设置人和出卖人对买受人没有直接的意思表示。因此，可以认为显示的价格代表了设置人的意思，存在默示的意思表示。

2. 判例观点

大阪地方法院2003年7月30日判决(金判1181号第36页)是由于自动售票机故障而妨碍购买赛马投票券的原告(X)争论合同成立的案件。在该判决中，法院作出了这样的判断：签订合同的主体始终是设置人，设置人可以通过自动售票机的运作来进行意思表示。换言之，被告(Y)

设置赛马投票券的自动售票机是“要约邀请”，X 在向其投入现金和投票卡时，可以认为 X 进行了要约的意思表示。然后，在自动售票机的画面上显示“连接到了电脑”的时候，Y 对购买人的购买要约表示了承 138
诺。如此解释 Y 与 X 之间成立赛马投票券的购买合同成立相对合理。另外，实际上是否发行赛马投票券本身，与合同成立并无关系。

根据判决，通过自动售票机的运作，Y 承诺的意思表示传达到 X，这相当于作为自动发券机设置人的出卖人开始着手履行合同，可以理解为合同已经成立了。[12]

此种判决的观点，从比较法上来看，与德国法相似。[13]即，作为自动售货机的设置人的出卖人将商品放进装置中时，装置中预先储存了“在交付商品时请求一定的价格”的意思。而且，当作为发出要约人的买受人出现在硬币的投入口时，买受人才第一次具体化为“合同的相对人”，并将存储的意思从装置中发出，对出卖人进行意思表示。通过此种思考，保证了意思和表示的同时性和表示的明确性。但是，这个逻辑只在自动售货机的机械处理服从设置人事前的指示内容时，才具有合理性。

(三) 复杂的机器与人的交易——在闭路网络中的电脑通信

电脑技术的革新伴随着产业信息化的推进，企业间的交易不仅利用电脑终端收发数据，而且通过将交易条件纳入电脑系统，从而加速交易的电脑交易时代缓缓地到来了。

1. 网络型持续交易 139

在电脑上持续交易的企业之间通过网络连接，并通过通信线路，在电脑终端之间交换交易数据的典型交易是电子数据交换(EDI)交易。[14]在 EDI 交易中，在构筑企业之间网络的最初阶段，一般要缔结三个合同：基本合同、数据交换协定和个别合同。在个别合同中，可以就商品的数量和价格等变量部分达成协议，原来意义上的“合同合意”是在基本合同中进行的，[15]当事人之间是共享交易上的判断和风险。因此，程序错误和数据错误处理，与表示意思的瑕疵问题无关。由于失误处理而造成的损失以保险的形式进行补偿。[16]

如上所述，在网络型交易中，即使在签订合同时没有“人”介入，机器进行交易，也会在基本合同的基础上反复进行交易，因此容易认定意思表示背后的人的意思。另外，在存在基本合同的交易中，并不认为在签订合同的最终阶段作出意思决定。理论上认为，意思决定的时机，在于合同程序化的最初阶段。这也符合合同成立是在合同重要部分达成合意时才成立的观点。[17]因此，在构筑了网络型的交易关系之后，人们不再探讨合同有效性，网络交易被认为是信息在构建的系统中流动，在法律上只不过是合同履行过程的问题而已。[18]

2. 电脑交易的大众化

为了提高业务效率，为顾客提供快速服务，通过可以大量、高速处理电脑的通信技术组合，在经营者和消费者之间，以机器与人的相互作
140 用来完成的交易也越发普及了。在使用电脑系统的合同中，买卖、服务、物流、结算等交易的所有条件都是由电脑预先系统化的，这意味着对电脑系统的决定或变更没有权限的当事人，必须直接接受预先设定的条件。

建立信息社会基础的合同被称为系统合同，合同当事人只能选择是否参加该合同。在银行利用现金自动取款机(ATM)存取存款、接受退款、申请购买外国货币等都是其中的例子。例如，顾客提取存款时，顾客和银行通常利用 ATM 作为清偿的替代手段。此时，对于清偿这个行为来说，当事人的善意和过失，不仅应在清偿时进行分析，而且将其作为面向顾客(即系统利用者)的系统构筑、运营商的附带义务，以及系统上的风险分配的问题来看待。[19]因为在系统的构建、运营、利用各阶段可能发生的事故风险的承担者，应该是最能有效地进行调查、预防、分散风险的人(最低价损害规避者)。[20]

但是假如当风险显著时，法律上应如何解决？ 关于这一点，可以考虑作为土地工作物中“设置管理的瑕疵”(民法第 717 条)的问题来处理。[21]另外还有将交易机制作为“系统利用上的服务”这一“物品”的合同来对待的观点，[22]适用商品买卖的瑕疵担保责任的法理，探讨关于系统质量或性能能否适用担保责任的观点。[23]这些都是以本应具备安全

性的系统有问题为前提提出来的。

另外，采用承担合同签订及履行行为全部的“履行辅助人”鉴定电 141
脑系统的方法，认定履行辅助人的善意和无过失，从而探讨合同缔结的有效性也是一个办法。但是，电脑只是按照程序指令运行而已，即使过失能够被客观化，也不能认定电脑自身独立的“行为”和“判断”。机器本来就不具有意思能力，因此考虑对机器是否有信赖和过失并无意义。[24]

3. 总结

例如EDI交易，在封闭网络中进行的机器对机器(Machine to Machine)交易中，事先规定了合同当事人的权利义务，合同成立到结束的过程，就像在组织中执行业务流程一样展开。另外，像ATM服务这样的人对机器(Man to Machine)的交易，人只能选择是否决定加入事先制定的合同机制。为此，有人指出，在系统化的现代社会，为了说明合同是否成立，是否有必要将合意原理作为不可缺少的构成原理，是值得探讨的。[25]

不过，这种合同之所以被允许，是因为在封闭网络中交易的本质是持续性交易。另外，为了减少合同书的制作和当事人之间交涉所花费的成本，允许机器处理，这也是因为当事人之间有信赖关系。在电脑系统交易中，像通过自动售货机进行简单的买卖合同一样，只根据事实的评
价来考虑合同成立，已经不甚妥当，更重要的是面向系统交易运行前阶 142
段的系统构筑人和系统运营人的合同缔结意思。另外，与自动售货机交易相比，在更加复杂的电脑交易中，机器在分担人的工作和功能方面发挥着更大的作用。

根据控制论理论，这种现象可以理解为，在人和机器整体上构建了一个名为“人类机械系统(man-machine system)”的系统，构成了信息的接受、解释、发送的行为。[26]在信息和控制的模型上，人作为“舵手”[27]自主控制信息，而电脑只不过是作为存储装置起到消极作用。电脑比一般的机器复杂、抽象，但具有再现性的静态存在这一点上，与一般的机器没有区别。[28]如此看来，在人与机械的相互交易中，作为最低

价损害规避者，应该对谋求系统化的系统构筑人及系统运营人，对其要求承担更加严格的注意义务和责任。

在这一点上，人与机器交易所产生的债务不履行责任，被解释为工作物责任和瑕疵担保责任，并且应该让机器背后的人负责的学说具有说服性。在机器对机器的交易中，电脑交易中的双方预先制定合理的风险和费用的分配规则是必不可少的。[29]

(四) 在开放网络上的电脑交易

1. 互联网出现而产生的新问题

与在闭路网络中利用独立系统进行交易的情况不同，在开放网络，
143 即在互联网上进行的交易中，被利用的系统看作社会基础设施，交易参加者也是匿名的。另外，交易不是持续性的，很少有当事人之间存在基本合同或合意。不过，根据日本关于电子(商)交易的主要观点，电子(商)交易和以前的合同之间没有决定性的差异，[30]在解释电子(商)交易时一般适用已有的法理，灵活地进行意思表示的认定就足够了。

但是，在网络上电脑自动进行意思表示时，至少需事先研究以下问题的对策。第一，对电脑进行操作的人有错误时，应该如何考虑合同成立与否。第二，机器误操作时合同能否成立的问题。第三，为认定电脑进行的合同的有效性，在理论上应如何思考电脑的意思表示问题。

关于第一个和第二个问题，2001 年制定了《关于电子消费者合同与电子承诺通知的民法特例法》(2017 年民法修订后的名称是《关于电子消费者合同的民法特例法》)，初步解决了这些问题。以下称为《电子消费者合同特例法》。即，经营者未设置确认画面时，通过误操作签订合同的消费者，无论民法第 95 条但书(2017 年民法改正后的第 95 条第 3 项)如何规定，在存在重大过失的情况下也可以主张合同无效(《电子消费者合同特例法》第 3 条)。究其原因，如果经营者(电脑方)怠慢了为征求消费者意见而采取适当措施的义务(未设置最终确认画面等情况)，则可以认为经营者意图使申请人陷入错误，此种情形无需保护经营者。另外，经营者根据《特定商业交易法》第 14 条和同法实施规则第 16 条，

从行政法角度被要求遵守行为义务。[31]

关于第三个问题，依何种根据，认定机器自动处理的电子(商)交易中的意思表示，从而促成合同成立其实不明确。这有可能是基于以下理由：第一，由于互联网交易的迅速增长，当务之急是解决电子(商)交易中意思表示瑕疵的问题，并寻找应对措施。因此，通过行政限制和民法特别法的制定等解决了当前的问题，而讨论电子(商)交易成立的意义逐渐淡化，丧失了分析电子(商)交易中相关意思表示的必要性。第二，日本民法对效仿欧洲法学过度执着于“体系”，从而批判基于心理学分析而进行意思表示结构，[32]在此背景下，不将表示意思[33][根据意思表示，将最终认可的法律效果相应的“效果意思”(真意)表示于外部，作为表示行为与效果意思的媒介]作为意思表示的构成要素的观点，在日本占据了主导地位。[34]而且在日本，没有深入合同要素的要约和承诺的内容，而是把这些作为意思表示的确定存在，在此基础上讨论合同成立的问题。[35] 144

2. 合同缔结的自动化现象对“意思理论”的提问

然而，电脑技术的进化，使我们重新思考“意思理论”和“合同成立”的原理性。因为，电脑的记忆存储装置能够存储人的意思，导致人不直接参与表示行为，缺乏将效果意思和表示(行为)连接起来的表示意识(表示意思)。在德国，如果没有表示意思，意思表示则无效，错误规则有可能不起作用，[36]因此必须明确自动化的意思表示，原则上归属于人的这一规范。 145

对此，在日本关于意思表示的成立是否需要表示意思，并未达成一致意见。[37]换言之，站在不需要表示意思的立场上，机器发出的表示通常可以作为意思表示。但是在需要表示意思的观点上，为了重视表意人的自我决定，如果没有表示意思，则意思表示不成立。例如，设想一下在互联网交易中，表意人在别人编程的电脑中存储意思，并指示从其储存中将意思作为表示来作出，再由电脑自动操作进行表示的情况。此时，意思和表示之间有时间差。这种时间差不仅会导致意识上的偏差，还会导致归责意识的淡薄化。即，将导致意思表示的不完整。[38]换言之，把这看作错误相关问题的话，表意人在表示之前能够把握实际情况，因此表意人存在过失，不得主张错误，从而合同成立。但是如果站在需要表示意思的立场上，则合同不成立。

另外，在电子(商)交易中，即使暂时能够承认电脑背后为交易成立而存在当事人的意思，但由于无法考虑机器本身的善意、恶意、过失等主观因素，会出现无法直接适用民法预定的风险分配的问题。[39]

146 无论如何，为了减少在网络交易中的风险，重要的是将网络上电脑的合同缔结行为，正确地归属于人，使应该承担合同责任的人承担责任。但是在网络交易中，事实上客观地说，电脑是合同的“签订行为人”，作为“合同名义人”和“利益归属者”存在于背后。通常情况下，在合同的“签订行为人”和“合同名义人”“利益归属人”分离的情况下，前者可以作为代理人，后者可以作为合同当事人，但是需要思考是，是否可以将不是“人”的电脑看作“代理人”来引导合同成立。因此，下面对美国和德国的情况进行考察，探讨通过电脑交易时是否适用代理法理的问题。

四、电脑能成为代理人吗？——美国与德国的观点

(一) 美国

1. 关于代理法理适用的讨论

在美国，曾有一个将电脑视为代理人的案例(Automobile Insurance Co. v. Bockhorst)，[40]现在为了解决具体的案件，法院也有可能将电脑看作代理人。但是现在的通常理解是，将电脑作为代理人有以下三个问
147 题，因此在美国代理法第三次重述的解释中开始明确不将电脑定位为代理人的立场。[41]

第一，由于电脑不是人，无法认定为代理关系；第二，代理人因与

第三人的关系，必须自己承担合同上的义务，但电脑实际上没有能力承担合同产生的义务；第三，即使代理人无故意、过失，由本人承担代理人的侵权行为责任，在此情况下，本人的负担可能过大。[42]

另外，也有人批评合同责任的归属人仅限于电脑的利用者(用户)的问题。[43]电脑误操作的原因既有程序错误，也有病毒感染，在此情况下，全体利益相关人承担合同责任比较合理。

因此，美国将电脑自身作为主体，拟制合同缔结行为前提下，将合同成立问题和合同效果归属问题分开，采取通过立法解决的方法。换言之，为了明确合同的权利义务关系，以合同效果原则上归属于电脑程序的利用者为前提，认为合同通过电脑“电子代理”的交换(相互作用)而成立。这种签订合同的机制在《统一电子交易法》(UETA)、《统一电脑信息交易法》(UCITA)、《统一商法典》(UCC)第2编中作了具体规定。为了解具体规定内容，下面将考察UETA。

2. UETA：关于自动合同的规则

UETA是以同意为基础的传统的合同缔结概念为基础，认为合同成立所必要的意思是通过对机器进行编程，并对其利用的行为而派生的。[44] 148

首先，UETA第2条第6项指出：“电子代理是指不经人的参与，而实施全部或一部分行为，或者为了应对电子记录或电子功能而独立所有并使用的电脑程序或者手段。该手段为电子化或者其他自动化的手段。”[45]根据本条的官方解释，认为“电子代理只是一种机器，人和电子代理的关系不是代理关系，只是工具和人的简单关系”，[46]不适用代理法，而是从工具使用相关的一般规则中，推导出实质归属的根据。换言之，工具由于自身无独立意思，所以工具利用人须对利用工具所造成的结果负责。但是，电子代理的责任仅限于作为工具的功能，也就是在预先编程的技术限制范围内运作的责任。

其次，UETA第9条规定了通过电子代理进行交易的法律效果的归属问题。[47]同条a项规定“电子记录或电子签名，归属于实施该行为的人”。在b项中规定，其法律效果原则上根据其记录或签名产生时的具体情况来判断。

此外，UETA第14条规定了自动合同的成立及其合同的有效性。该条第1项对于机器对机器交易规定，“当事人的电子代理之间的交互行为可以成立合同，即使对于电子代理的启动或操作结果，当事人并不知道或没有追认，合同原则上也可以成立”。[48]根据此规定，至少可以排
149 除无意思的电脑成立的合同为无效的主张。因为，可以认为必要的意思是基于电脑的编程和利用而产生。另外，同条第2项同样规定了作为人对机器交易(点击交易)的合同的有效性。

（二）德国

1. 关于代理法适用的讨论

如上所述，通过电脑进行的自动交易，进行意思表示时，会产生欠缺意思表示的现象。换言之，当电脑自动表示时，虽然电脑利用人对电脑进行了独立表示的编程，但电脑进行的表示，是否具有法律效力并不明确。由于无意思表示的合同(法律行为)不能认为是有效的，所以在德国，对通过电脑进行的交易，能否类推适用有关代理的规定，从而认定合同成立问题，发生了激烈的讨论。[49、50]

例如，支持将电脑视为代理人的学说依据为：电脑可以作出意思表示，表示的行为是可以客观认定的；电脑自身可以基于动态、软件、存储而发展等。由此认为，可以将电脑认定为“履行辅助者”。

对此，反对将电脑视为代理人的学说则认为，根据德国民法典(BGB)存在解释上的问题。例如，BGB第164条关于代理的规定，规定
150 代理人依自己责任，以自己的意思，以他人的名义进行意思表示，但是由于电脑没有意思，所以不能成为“履行辅助人”。[51]这是因为电脑不能以自己的意思进行表示，不具有完全的独立性。另外，如果将电脑作为代理人，BGB第179条为交易安全而规定的无权代理人责任就没有意义了。换言之，根据该条，在被代理人没有追认(事后承诺)的情况下，无权代理人必须自己承担责任，但是没有意思表示和资金能力的电脑显然不能承担此种责任。

结果，德国也不支持以电脑为代理人认定合同成立的观点。但是德国创造了新的意思表示概念，使之应对互联网上的意思表示。

2. 所谓“电脑表示”的思路

在解释电脑的意思表示行为时，学说首先运用民法典解释对自动售货机的意思表示问题进行了探讨。但是与自动售货机从“意思的存储”中简单地作出决定相反，电脑是把“意思的存储”作为既定的条件，从中考虑各种各样的情况，根据自己的计算作出决定，这是不同的地方。因此，不能将自动售货机的交易与电脑的交易相提并论。[52]

之后，互联网上的意思表示，根据表示时人的参与程度被分为两类。即“电子传达的意思表示”和“电脑表示”。“电子传达的意思表示”是指作出意思表示时有人参与的情况。例如，在线购物的订购画面上写入必要的事项，申请商品时的买受人行为就属于此种类型。人的参与，意味着人的意思比较容易地归属于表示，因此可以灵活运用传统的 151
意思表示概念，引导合同的成立。与此相对，“电脑表示”是指作出意思表示时没有人的参与，电脑全自动化地进行意思表示。例如，网上商店的商品出卖方的行为，就是电脑作出的自动反应。

确实，当初在电脑表示方面，虽然存在意思表示欠缺会对合同成立产生何种影响的问题，如果不将电脑拟人化，把电脑定位为不能独立决定的“工具”的观点占主导地位，则电脑作出的意思表示的后果将归属于利用电脑进行意思表示的电脑利用者。[53]

之后，为了维护意思表示受领者的信赖利益和交易安全，出现了在电脑表示归属于人的判断标准中纳入“危险责任”的有力观点。[54]“危险责任”是指设置、控制或管理危险物品的利用人，对于由此产生的损害承担的责任。如果将其应用于电脑表示，则表意人欠缺意思表示，这意味着“并没有认清对表示的自己态度的客观意思”，因此首先要判断这种危险是否来源于表意人的领域。[55]具言之，要客观地观察，开始利用电脑程序时的利用人的认识和注意义务的程度，以此计算危险支配性的程度。

如上所述，关于通过电脑签订的合同，在德国，未将电脑作为合同主体或与主体相分离的存在。德国通过意思表示的精细解释，将电脑签订的合同理解为人利用作为“工具”的电脑而签订的普通合同。

152 3. 总结

在开放网络上的电脑交易，即网络交易中，很难基于事前合意和当事人之间的信赖关系解决合同法上的问题。因此，与自动售货机交易情况一样，需要再次考虑合同成立和合同责任的归属。另外，网络交易比自动贩卖机交易更为复杂，异地交易导致合同风险更高。因此，为了将合同效果归属于电脑利用人，产生了将电脑视为代理人的观点。

但是无论是美国还是德国，最终都没有把电脑看作代理人。对于合同产生的责任最终承担人的问题，在现有法律理论下如果以电脑作为代理人，那么电脑自身就有可能承担合同责任。相比之下，单纯地将电脑理解为“工具”，在人使用工具时，“人”与“工具”的一般关系中考虑效果的归属问题是比较妥当的。因此，即使合同被电脑自动化，签订合同时没有人的直接参与，也可以将电脑的行为与人的意图全部结合，以使用工具的人的意愿为前提，认定自动化合同的成立。这种立场与商业交易中代表国际普遍观点的联合国国际贸易法委员会(UNCITRAL)的立场相一致。[56]

日本学者也曾提出从合同效果的角度构思合同成立观点。[57]上述有关美国、德国的讨论，也可以在我国讨论电脑为媒介的合同成立的理论依据时作为参考。

153

五、AI 的出现

(一) AI 相关的合同动向

1. 互联网上的 AI

现在互联网上，有称作“Bot”的软件代理，它可以将数据和程序一体化，依独立的存储装置而运行。这些网络代理之间相互协调，进行通信，实施所谓的“代理通信”。[58]代理通信中使用的电脑程序(下面称为AI)所具备的能力，比之前的电脑程序的能力更加强大。

例如，随着人工智能研究潮流发展起来的“智能代理”(Intelligence Agent)，可以根据自己的意思决定原理(行动程序)和机制运作。智能代理在观察和掌握环境的情况下，通过强化学习，决定为达到目的应该采取的自己行动。另外，“移动代理”(Mobile Agent)是利用通信网络在电脑之间移动，代替用户独立执行处理的软件。它在网络上移动，一边进行必要的处理，一边返回到发信方的主机，并将处理结果传递给用户。即使在不能与用户通信的环境下，移动代理也可以在移动端主机上作出独立判断，处理事务。例如，为制定旅行计划而设计的代理，移动到酒店、交通工具等电脑终端进行预约处理，然后将这些数据最终发回给用户。

如上所述，根据环境而自由变化的 AI 成为具有智能的“认知工 154
具”，也被评价为具有与以往的“工具”无法比拟的性质。[59]

2. 智能合约——自动化合同的新展开

随着信息技术(IT)的进展，自动化合同进一步进化。因虚拟货币的流通而受到关注的“智能合约(Smart Contract)”，是将合同过程程序化，自动执行，并保存在网络上的机制。更确切地说，智能合约是一种在具有突出可篡改性的区块链①上运行的代理程序，是记录各种业务处理的电脑协议(电脑间通信的通信程序或通信规章)。[60]但是，此种自动合同的结构并不是首创，它在音乐和影像等数字内容的流通中，为防止著作权等的侵害而使用的数字权利管理(DRM)的方法中也被使用过。[61]

智能合约在减少签订合同所需的各种成本这一点上受到好评，而用户未必清楚智能合约的开发者在何种意图下决定协议的具体内容。如果用户认为签订了不正当的合同，则可以通过行业规制来要求实施信息披

① 译者注：它可以共享网络内发生的所有交易的底账信息(数据库的一部分)记录，实现数据协作的机制。

露。但是，由于诚实信用原则和消费者合同法的规定等，关于谁应该以何种方式推进智能合同修改决定，或促使修改的问题，对于没有中央管理者的系统来说，还没有明确的处理方案。

155 (二) 通过 AI 签订合同的结果

根据之前的探讨，可以初步认为通过电脑签订合同的结果归于利用人。如此一来，在合同的签订人和效果的归属人一致的前提下，就可以认定合同的成立。但如果 AI 脱离利用人的控制，采取无法预测的行动时，很难认定 AI 是反映利用人的意愿而运作的。在此情形下，以 AI 利用者的默示意思为前提，承认合同成立是否妥当，的确是值得探讨的问题。

因此，在欧美学说中，对于 AI 为媒介的合同，出现了再次以代理法理为基础进行分析的尝试。[62] 另外，也有人主张，赋予 AI 法人资格，并以 AI 为主体缔结合同的理论明确合同的趋势，认定合同的成立。

1. 以 AI 为代理人引导合同成立的方法

在美国，代理制度被认为是“通过利用代理人，本人获得利益的制度”。AI 的利用人在履行合同的过程中谋求削减成本，期待能达到减少人的失误的效果，这正符合代理制度的目的。另外，在美国，代理关系是与合同关系不同的信用关系之一。[63] 代理人和第三方的交涉效果在一定范围内归属于本人，其归属效果也不会因合同而变更。代理关系的认定不是基于当事人的意思，而是法律上认定为代理的情况下，也发生代理效果的原则，便于说明 AI 独立签订合同的效果归属于人的机制。另外，代理中的“被隐藏的本人的法理(非显名代理)”，[64] 即使 AI 未向相
156 对人表示作为本人的利用者的存在，也可以将交易效果归属于本人，这一点也有利于第三人利益的保护。事实上，与 UETA 相反，UCITA 已经认识到 AI 的利用范围逐渐扩大，在第 215 条 a 项规定，电子数据的归属依照代理法理和其他法理规定。[65]

如上所述，将 AI 定位为代理人来引导合同成立的观点，为脱离 AI 权限的操作结果中限定 AI 利用者责任的操作提供了路径。[66] 但是，即

使 AI 利用者的责任能够被限定，AI 向第三人承担何种合同责任，学说未予以明确。由于代理法的对内关系(AI 与 AI 利用者的关系)和对外关系(AI 与第三人的关系)存在着密不可分的关系，因此也有学者反对适用经过修正解释的代理法理来认定合同成立。[67]

在 AI 合同的趋势还不明朗时，在传统的代理法框架下，将拟人化的 AI 作为代理人，成立合同的观点还没有得到很多人的支持。

2. 给予 AI 法人资格的方法

有一种观点认为，通过赋予 AI 法人资格，可以同时解决电子数据的归属和合同成立与否的问题。采用这种方法的好处在于，给予电脑这种机器以法人资格，作为直接合同的当事人，就不会使机器的同意表示和对本人记录的归属问题复杂化。

阿伦(Allen)和威尔迪逊(Widdison)列举了以下三个理由，说明向 AI 赋予法人资格的好处。[68]第一，AI 具有值得受到法律保护的事实上的资格；第二，它也可以被认为是社会实体；第三，可以很好地处理当事人之间的法律关系。他们指出如果 AI 被注册的话，对合同相对人也有好 157
处。如果知道 AI 的归属地，在签订合同之前可以确认 AI 的身份，确认其资力。但是，如果让 AI 承担人的责任，相当于让机器承担无限责任。如果对 AI 提起诉讼，则没有资产的 AI 的赔偿能力就成为问题。对此，也有人主张费用负担的问题可以通过人对 AI 投保来解决。[69]、[70]

确实，一直有对公司、船舶等非人类对象物赋予法人资格来解决法律问题的方法。但是无论在何种情况下，被赋予法人资格的对象都是不能自行决定意思的静态存在。正因为有这个前提，背后的人才需要负法律责任。如上所述，对自己作出意思决定的 AI 赋予法人资格，就缺少了人应该承担责任的前提。对于将以前的对物赋予法人资格的观点，直接套用在 AI 上的做法必须慎重。

3. 应当如何构思

基于代理法理以及法人格赋予的方式，认定 AI 为媒介的合同成立的观点，归根结底是基于以下认识：在 AI 的知识功能进化的背景下，

AI 可以视为与以往的电脑不同的存在。支持这一观点的人认为，基本
上 AI 已经不是能够被人控制的“工具”，被定位为超越“工具”的存
在。[71]AI 离开主电脑自由活动，并根据周围环境对自身进行复制或消灭
的功能，会让人怀疑 AI 利用者的可控性。确实，现在以金融界为首，
158 开始在互联网广告和市场营销等领域利用 AI 的情形越发普遍，在交换
合同的各种场合，人们在 AI 的预测和指令下被动行事的情况已经隐约
可见。另外，AI 通过多个电脑对各种各样的数据群进行分散处理，其运
作中的较高的不透明性，也成为对 AI 不可控的根据。

但是无论 AI 如何进化，AI 始终是人设计的。在此基础上，有必要考虑以下两个 AI 的本质性问题。[72]第一，无论是电脑程序，还是大数据分析，机器终究是以事先的逻辑处理和既定的数据规定而存在，不能采取随机应变的措施。第二，AI 即使能够解决问题，它也不能设定目标，在特定的情况下什么是重要的，这种价值观的问题，还是应委托于人。换言之，首先要认清，对于复杂的机器，AI 的利用者和管理者如何利用 AI、控制 AI 的问题。

既然 AI 是他律的机器，而且不能让 AI 承担独立的法律责任，那么传统的闭路网络和开放网络的合同成立的观点，也可以适用于以 AI 为媒介的合同。而且，无论是股票的自动买卖，还是利用机器人顾问进行的金融交易，AI 进行的行为都能联系到处理工具的人的意图，并以利用 AI 来缔结合同的人的意愿为前提，就能认定合同的成立。如同上述第二部分中，近期有关 HFT 的美国和日本的规制，就是采取对算法利用者进行登记，确保利用者财产为基础的规制方法，这也是基于上述的观点。

159

六、结　　语

AI 在其技术结构上可以被称为“代理”，AI 可以在法律世界中发挥

与“代理人”相同的功能，这一点是比较容易理解的。但是，如上所述，即使是通过 AI 的自动合同，应该说也是以操作机器的人的意思为前提，可以对意思表示进行拟制。此外，以此种方式成立的合同内容有错误的情况下该如何确定合同，将作为下一阶段，即合同解释的问题来处理。

另外，如果 AI 为媒介的合同发生债务不履行责任的问题，则应解释为工作物责任(《民法》第 717 条)和在合同不适用(《民法》第 562 条以下)问题的基础上，应探讨是否存在机器背后 AI 管理人的注意义务及其程度的问题。在 AI 用户符合消费者合同法所称的消费者的情况下，应探讨作为 AI 管理者的经营者的信息提供义务的问题。[73] 此外，对超出预测的 AI 操作结果，AI 利用者的责任可能成为侵权行为法上(《民法》第 709 条以下)的问题，但这些论点的详细讨论将在其他论著予以探讨。

注释

1. 大村敦志：《新基本民法 5：合同编》，有斐阁 2016 年版，第 32 页。

2. (D.M. Gallagher, More over Tickertape, Here Comes the Cyber-Exchange: The Rise of Internet-Based Securities Trading Systems. 47-3 Catholic University Law Review 1009(1998) at 1043-4. note 207).

3. 吉川真裕：《暗黑资本算法失控——超高速电脑的使用风险》，《证研报告》2012 年第 1674 号，第 14 页以下。

4. 关于其他揭发事例，参照金融期货交易业协会：《美欧市场操纵等规制制度与揭发事例》，《会报》2013 年第 99 号，第 61 页以下。另外，为提高监视的精确度，像英国一样，也有国家利用 AI，强化监管科技(RegTech)对抗高速算法交易。

5. 清水叶子：《HFT， PTS，暗池交易在各国的动向——关于欧美证券市场联盟的竞争和技术革新的考察》，《金融厅金融研究中心讨论报告书 DP2013-2》2013 年，第 30 页以下。

6. See Section 753 of the Dodd-Franck Wall Street Reform and Consumer Protection Act. amended section 6(c)(1) of the Commodity Exchange Act.

7. See Markets in Financial Instruments(MIFID II)-Directive 2014/65/EU, Article

17. 并且，作为 MIFID II 算法交易规制的解说，参照横山淳：《MFID II 的算法(HFT)限制和对日本金融商品交易法的印象(第 7 章)》，载证券经营研究会编：《资本市场的变化与证券业》，日本证券经济研究所 2015 年版，第 213 页以下。

8. 河上正二：《以事实合同关系为契机——从事实中能产生契约吗》，《法学教室》1994 年第 164 号，第 47 页。

9. 石田喜久夫：《现代合同法的各问题第 1 讲，问题考察的观点——从事实合同关系论出发》，《法学研讨会》1979 年第 290 号，第 45 页。

10. 关于基于事实合同关系论，处理包括自动售货机买卖在内的电车、公共汽车等交通机构的利用关系和电力、燃气等供给的法律关系时，很多观点从私法自治原则的关系及无行为能力人制度的关系予以否定。参照森孝三：《事实的合同关系》，远藤浩、林良平、水本浩校对：《现代合同法大系：第 1 卷 · 现代合同的法理》，有斐阁 1983 年版，第 229 页以下。

11. 松本恒雄：《电子社会的合同法》，谷口知平、五十岚清编：《新版注释民法(13)债权(4)修订版》，有斐阁 2006 年版，第 300、 302 页；内田贵：《民法 I》(第 4 版)，东京大学出版社 2008 年版，第 38 页等。

12. 大阪地判平成 15 · 7 · 30，金判 1181 号，第 40—41 页。

13. A. Cordes Form und Zugang von Willenserklärungen im lnternet im deutschen und US-amerikanischen Recht. Münster(2001), S.16ff.

14. 内田贵：《信息化时代的继续性交易》，星野英一先生古稀祝贺：《日本民法学的形成与课题(下)》，有斐阁 1996 年版，第 727 页。

15. 内田贵：《电子商务与民法》，《债权法修改课题与方向》别册，NBL 1998 年第 51 号，第 310 页。

16. 夏井高人：《以裁判实务、计算机法和技术的协调为目标》，日本评论社 1993 年版，第 63 页以下。

17. 中田裕康：《合同法》，有斐阁 2017 年版，第 99 页以下。

18. 参照平田健治：《电子交易与法》，大阪大学出版社 2001 年版，第 53 页。

19. 支持此观点的有吉田光硕：《基于 CD 的无权限人的支付与民法第 478 条》，判タ 1989 年 704 号，第 74—75 页。

20. 岩原神作：《电子结算与法》，有斐阁 2003 年版，第 160—162 页，第 187—188 页。同《资金移动交易的瑕疵与金融机关》，国家学会编：《国家学会百年记念：国家与市民第 3 卷》，有斐阁 1987 年版，第 223 页等。

21. 河上正二：《从自动取款机取款和银行的免责——考察现代合同法中“合同的结构”》，载铃木禄弥、德本伸一编：几代通先生献呈论集《财产法学的新展开》，有斐阁 1993 年版，第 360 页。

22. 从批判传统法理形骸化的立场来看，美国也存在将合同整体视为一种

“商品”的想法。但是，该理论适用于相对交易，并且是不需要关于合同条件进行复杂交涉的简单交易。这个理论框架的优点在于，在不符合当事人意愿表示的前提下，可以成立合同。(j.j. A. Burke, Contract as Commodity: A Notification Approach, 24 Seton Hall Legislative Journal 285(2000), at 294—303).

23. 山下友信：《银行交易与免责条款的效力》，石田、西原、高木三先生花甲记念论文集刊行委员会编：《石田喜久夫、西原道雄、高木多喜男先生花甲记念论文集(下)金融法课题与展望》，日本评论社 1990 年版，第 189 页。

24. 河上：前注 21，第 358—359 页。

25. 山本敬三：《民法讲义 IV-1 合同》，有斐阁 2005 年版，第 42 页。

26. 杉田元宜：《什么是控制论》，法政大学出版局 1973 年版，第 77 页。

27. 控制论的语源是希腊语的“掌舵人”，意思是人作为掌舵人结束主体性。

28. 西垣通：《大数据和人工智能》，中央公论新社 2016 年版，第 107—108 页。

29. 参照内田：前注 14，第 758 页。

30. 野村丰弘：《民法基本概念的变化与重构、信息信息—总论》，JURIST 1998 年第 1126 号，第 177 页。电子交易法制相关研究会(实体法小委员会)报告书，第 4 电子交易中民法上的问题点(2000 年)；平田健治：《基于电子方法的意思表示等》，载松本博之、西谷敏、守矢健一编：《互联网、信息社会与法：日德研讨会》，信山社 2002 年版，第 309 页以下等。

31. 在网络销售方面，可以要求主管大臣对经营者要求：在设置点击按钮时，明确提示收费申请(《特商法实施规则》第 16 条第 1 项第 1 号)，并可以将申请者的申请内容变更为可轻松确认、纠正的画面(同项第 2 号)。

32. 平井宜雄：《前注(S § 90 ~ 98) VI 法律行为的构造》，载川岛武宜编：《注释民法(3)总则(3)》，有斐阁 1973 年版，第 28 页以下；内田：前注 11，第 46 页等。

33. 参考山本：前注 25，第 120 页。

34. 我妻荣：《新订民法总则》，岩波书店 1965 年版，第 271—272 页；平井：前注 32，第 30 页，几代通，《民法总则》(第 2 版)，青林书院 1984 年版，第 237 页；四宫和夫、能见善久：《民法总则》(第 8 版)，弘文堂 2010 年版，第 197 页等。

35. 河上正二：《以合同的成立为中心(一)——现代合同论的考察》，判タ 655 号(1988 年)，第 14—15 页。

36. C. Süßenberger, Das Rechtsgeschäft im Internet(2000), S.55.

37. 主张表示意思的必要性的观点有：例如佐久间毅：《意思表示的存在与表示意识》，《冈山大学法学会杂志》1997 年第 46 卷第 3、4 号，第 321 页以下；矶村保：《意思表示》，载石田喜久夫编：《现代民法讲义 1》，法律文化社

1985 年版，第 120 页以下。

38. 也有人认为，如果事先从存储的意思中发出将意思作为表示的指示，就可以评价为有表示意思。另外，今天的学说倾向于认为，如果一方的意思表示不完全，那么合同马上就会作废。大村敦志：《新基本民法 1 总则编》，有斐阁 2017 年版，第 63 页。

39. 松本：前注 11，第 312—313 页。例如，心里保留和虚假表示，机器方面的恶意和过失是不成问题的，所以对此不适用民法。

40. State Farm Mutual Automobile Insurance Co. v. Bockhorst, 453 F. 2d 533(10th Cir. 1972). State Farm 事件是汽车保险销售公司争夺电脑错误的保险证书复权处理效果的案件。法院认为，在可以预计人做出相同决定的情况下，计算机系统作出的决定，视为可以约束本人的代理人的行为，因此将计算机发行的保险证书的复权通知认定有效。

41. See Restatement(Third) of Agency §1.04.

42. D.S. Kleinberger, Agency and Partnership: Examples and Explanations, Little Brown and Co., (1995), at 134—136.

43. The ETA Forum, Drafting Committee Meeting Report on February 19—21 (1999), S116. 关于美国法讨论的详细内容，参考了木村真生子：《关于合同自动化的考察——网络上的〈代理〉》，筑波大学博士学位审查请求论文 2006 年，第 46 页以下。

44. UCITA 表示，将进一步推进，用计算机发出同意声明，签订的合同将产生法律拘束力。(National Conference of Commissioners on Uniform State Laws (NCCUSL), Uniform Computer Information Transactions Act(1999), §107, at 73). 但是批准 UCITA 的州现在还只有弗吉尼亚和马里兰两个州。

45. NCCUSL, Uniform Electronic Transactions Act(1999). §2(6), at 5.

46. Id, at 8—9. See also T. Allen and R. Widdison, Can Computers Make Contracts?, 9 Harvard Journal of Law & Technology 25(1996), at 43—49.

47. See NCCUSL, supra note(45). §9, at 31—33.

48. See ld. §14, at 43.

49. 关于在互联网上进行电脑交易的德国法讨论，请参照木村：前注 43，第 93 页以下。

50. Vgl. z. B. R. Schmidt. Rationalisierung und Privatrecht, AcP 166(1966). S. 21, J. Mehrings, Vertragsabschluss im Internet, in Hoeren/Sieber, Handbuch Multimedia Recht, 2. Aufl.(2003). Rdnr. 111.

51. M. Kuhn, Rechtshandlungen mittels EDV und Telekommunikation: Zurechenbarkeit und Haftung(1991), S.66.

52. W. Susat/G. Stolzenburg. Gedanken zur Automation, MDR(1957). S.146ff.

53. H. Köhler, Problematik automatisierter Rechtsvorgänge, AcP 182(1982), S.132ff.

54. A. Wiebe, Die elektronische Willenserklärung: Kommunikationstheoretische und rechtsdogmatische Grundlagen des elektronischen Geschäftsverkehrs(2002), S.200ff.

55. C—W. Canaris, Die Vertrauenshaftung im deutschen Privatrechts(1971), S.190.

56. See UNCITRAL, United Nations Convention on the Use of Electronic Communications in International Contracts(2007), Article 8.

57. 中田：前注 17，第 101 页。

58. 以下代理通讯的记述参考了服部文夫、坂间保雄、森原一郎：《代理通信》，Ohm 社 1998 年版，第 59 页以下。

59. See e.g. E.A.R. Dahiyat, Intelligent Agents and Liability: ls It a Doctrinal Problem or Merly a Problem of Explanation?, 18 ARTIFICIAL INTELLIGENCE & LAW 103(2010). at 111.

60. 关于区块链的结构，请参照 NTTDATA 的以下网站。http://www.nttdata.com/jp/ja/services/sp/blockchain/mechanism/.

61. T.I. Kiviat, Beyond Bitcoin: Issues in Regulating Blockchain Transactions. 65 Duke LawJournal 569(2015). at 605.

62. See e.g. S. Chopra and L.F. White, A LEGAL THEORY FOR AUTONOMOUS ARTIFICIAL AGENTS(2011). at 43—61.

63. See Restatement(Third) of Agency §1.04.

64. See Restatement(Third) of Agency §6.03.

65. NCCUSL, supra note(44). §215(a), at 136, 138—39.

66. I.R. Kerr, Ensuring the Success of Contract Formation in Agent-Mediated Electronic Commerce, 1 Electronic Commerce Research 183(2001), at 196.

67. See e.g. A.J. Bellia, Contracting with Electronic Agents, 50 Emory Law Journal 1047(2001), at 1059—65.

68. Allen and Widdison, supra note(46). at 35—43. See also L.E. Wein, The Responsibility of Intelligent Artifacts: Toward an Automated Jurisprudence. 6 Harvard Journal & Technology 103(1992). at 114.

69. L.B. Solum, Legal Personhood for Artificial Intelligences, 70 North Carolina Law Review 1231(1992); S. Wettig and E. Zehendner, The Electronic Agent: A Legal Personality under German Law?, Workshop on the Law of Electronic Agents(LEA 2002) selected andrevised papers(2003), at 109.

70. 支持给予 AI 法人资格的想法的卡诺(Karnow)，以“Alef”这一电子航空交通系统的独立性所引起的问题为线索，为了让 AI 承担法律责任，提倡利用 AI 的登记制和保险制度构建补偿系统。(C.E.A. Karnow, FUTURE CODES: ESSAYS IN ADVANCED COMPUTER TECHNOLOGY AND THE LAW(1997), at 128).

71. Dahiyat, supra note(67), at 110—112.

72. 以下记述参照西垣：前注 28，第 146 页以下。

73. 持相同观点的有，森下哲朗：《FinTech 时代的金融法存在方式的序论性探讨》，载黑沼悦郎、藤田友敬编：江头宪治郎先生花甲纪念《企业法的进路》，有斐阁 2017 年版，第 818—819 页。

机器人、AI与竞争法
——以卡特尔为中心

市川芳治*

一、案　　例 161

首先，举一个例子来思考。这是以实际发生的案件为基础的。[1]

亚马逊公司提供了一个叫“市场”(Marketplace)的通过拍卖形成价格的电商平台(不仅是交易二手货，还可以交易很多新商品)。经营者可以销售各种各样的商品，并且可以决定价格、提供配送服务等。

在该平台，经营者可以使用商业性的基于算法设定价格的软件。该软件可以在市场平台上收集与特定竞争商品的经营者的价格信息，并以该经营者设定的价格进行销售。

在此前提下，本案例的经营者们使用自动调整算法，分别设定自己处理的、在市场平台上销售的美术海报的价格，采用算法的软件，各自将价格自动调整到保持非竞争性额外利润的状态，实际上这使价格保持在较高的水平。

对于此种事件，从竞争法的角度如何看待是本文的问题点。

---

* 市川芳治，庆应义塾大学大学院法务研究科、经济学部兼职讲师。

162

二、竞争法的思考框架和机器人、AI

在竞争法(日本的《禁止垄断法》)中，所谓的竞争是指在接受需求者选择的前提下，通过观察竞合经营者的态度来进行的，认可经营者(“人”)的创意和努力的结果在价格等竞争变量中体现的结构。在此前提下，一般是以一定的“行为”要件和对市场影响的弊端要件(也称为对市场效果要件)，及其因果关系来进行违法性评价。

例如，上述案例中涉及的，即所谓的卡特尔“竞争停止”的认定中，行为要件上要求该经营者之间进行“意思联系”，弊端要件上要求具备反竞争性，即要求“形成、维持、强化市场支配状态”。

机器人、AI 的发展有可能迫使人们重新审视这种“常识”。竞争经营者不是通过某种交流来进行价格固定，而是通过具有一定的算法程序，在没有经营者们的共同意思的情况下，自主地外形上达到与卡特尔同等评价的状态时，对此竞争法应如何应对？[2]

有观点认为，无论是怎样的形式，既然是“竞争”，就存在“意思”“人为性”的情况，认为以往的竞争法可以充分应对。实际上，上述案例中，经营者们事先就价格的固定和维持达成一致，软件就作为手段而使用，为了遵守合意，也进行了监控等措施，因此可以明确确认“人”的作用，可以推测“意思的联络”。

另外，有说服力的观点认为，如果只根据市场产生的弊端(结果)提出违法性的问题，那么偶然产生的竞争结果也将成为问题。因此，也有人主张利用机器人、AI 进行的创新竞争，只是提供了最佳效率的解决方案，是没有问题的。

三、 竞争主管部门等关心的问题 163

近年来，在这种案例、议论不断的情况下，世界竞争当局等主体，也倾向于进一步进行思考实验。

OECD 认为，如果每个经营者自主判断并使用此种软件，则在电脑自主控制的环境中，可能由于找不到交流等“人为性”，会出现竞争当局无法掌控的情况。[3]

作为欧盟竞争主管部门的欧洲委员会，进行了名为“各领域调查”的实际情况调查，确认了在电子商务领域中，同种算法软件利用率非常高。[4]美国联邦贸易委员会(FTC)的委员认为，在软件能够自主形成行为方式的机器学习时代，这的确是“值得探讨的前沿问题”。[5]

四、 基本理论回顾

实际上，这种围绕“人为性”的讨论在竞争法中也是经典的问题。

正如在统称为反托拉斯法的美国竞争法中，著名的波斯纳(Posner)法官提出：关于行为要件，不是通过交流等证明，而是应该采用基于市场效果的证明。虽然是经营者各自的意思决定，但是结果行为符合“有意识的并行行为”，则应与卡特尔同等对待。这种脱离“人为性”的结果主义观点也曾被提出过。[6] 164

由此，行为一致的合法的“有意识的并行行为”和违法的“默示合意”的区分，早已在竞争法界进行了多方面的讨论。现在，在论证这个存在时，须对强化的行为即“人为性”的观点达成共识。

这与该由谁负责、由谁来承担责任的法的根本讨论有关。随着 AI、机器人的发展，在各个法领域都能遇到此种现象，本书各章中也提出了研究观点。

五、执　　法

但实际上，如果发生竞争问题，该如何应对呢？ 对此，实务界也在进行讨论。迄今为止，竞争当局围绕如何探知“人为性”，如何根据情况证据对其进行认定的问题，不断采取措施，深化研究。

对此，并不是以“人为性”为标准，而是以市场产生的弊端(结果)为标准判断其违法性，并采取各种措施的研究也在进行着。[7]

英国竞争法特别规定，对于市场造成的危害，可以直接对市场结构进行检查并采取措施，这一机制备受瞩目。除此之外，与是否以价格固定等目的而编写的计算机代码，是否利用了软件等“行为”相比，更着眼于“目的”“意图”而执行的做法，也被作为讨论对象[欧盟区域内的
165 竞争法，设置了不仅对“效果”，而且对“目的”也可以单独追究违法性的条文(TFEU 第 101 条第 1 项)]。

实际的法律整备，将取决于今后的技术发展和案件的积累，美国 FTC 正进行技术方面强化知识吸收的组织变更，以备未来时代的到来。除此之外，欧洲委员会还仿效个人数据保护方面的“隐私设计”，提出了算法的“合规性设计”，以此作为比竞争法观点更为进步的规则。[8]

六、结　　语

思考实验的必要性正在进一步扩大。

最近，以通过灵活运用机器人、AI，对竞争经营者的活动作出精确反应的方式进行竞争(提高市场透明度)的情况逐渐推进；对消费者提供更为低廉的价格，改善市场的效率性的情况也逐渐普遍；在扩大酒店预

约、出租车调配等各种供求匹配网站等业务中适用的情形也逐渐增多。

在纯经济学上，竞争将最终达到无超额利润的平衡，与这种模型相对应的竞争法，确保了“竞争”的推进，是值得肯定的。

但是，如同上述事例，软件的介入对市场透明度的提高也起到了反作用。用户并不知道，价格的变动为何(几乎)同时发生，同类的财产和服务为何持续呈现(几乎)相同的价格。

从结果上看，价格能够控制在一定水平的情况，与供应商自由地控制竞争变量，确保超利润的情况相同。从消费者福利的角度来看，它会对市场造成弊端，损害竞争功能。因此，在经济模式的研究基础上，可以认为价格算法是能够达到“默示合意”效果的工具。[9]

应如何评价、判断这种差异呢。在这项研究中，不仅需要从单纯的 166
价格竞争的角度出发，还需要基于竞争法最终目的的宏观视野进行思考，例如质量等所谓的非价格竞争变量，消费者的选择确保，竞争经营者的加入壁垒等。

在日本，现在公正交易委员会等当局正在讨论机器人、AI 与竞争政策的关系。[10]阅读本书的各章时，如果能关注竞争法的话，笔者将感到非常荣幸。

注释

1. 笔者根据 Plea Agreement, United States of Americav. David Topkins(April 30, 2015)等概括。

2. 一般经济报纸等也将这样的讨论作为报道。Policing the Digital Cartels. Financial Times, January 9, 2017,《数字垄断联盟挑战书 AI 的价格调整，法律责任》,《日本经济新闻》2017 年 4 月 2 日。

3. 也有人指出这是“执行力和差距”(OECD, Competition Enforcement in Oligopolistic Markets: Issues Paper by the Secretariat, DAF/COMP(2015)2. p.5.)。

4. European Commission, Preliminary Report on the E-commerce Sector Inquiry. September 15, 2016. para. 123 以下。

5. Interview with Terrell McSweeny. Commissioner, Federal Trade Commission, the

Antitrust Source. August 2016.

6. Richard A. Posner, Oligopoly and the Antitrust Laws: A Suggested Approach. Stanford Law Review(21)(1968). p.1562.

7. 例如，Innovation Economics Conference for Antitrust Lawyers, King's College London, February, 3, 2017。

8. Margrethe Vestager, Algorithms and competition, Bundeskartellamt 18th Conference on Competition. Berlin, 16 March 2017.

9. Terrell McSweeny， Algorithms and Coordinated Effects. University of Oxford Center for Competition Law and Policy， Oxford， UK， May 22, 2017. 对一定的需求者群进行的，经济学上与市场效率提高相关的“价格差别”，通过算法，对各个需求者以最终形态进行(每个相同金额持续固定)的方式，也体现了对影响的问题意识。

10. 作为最新成果，公平交易委员会、竞争政策研究中心《关于数据和竞争政策的探讨会报告书》2017 年 6 月 6 日(但是本文中涉及的“电子卡特尔”“意思联络”等的处理，作为今后继续研究的课题)。另一方面，实务专家的分析有，池田毅：《电子卡特尔和竞争法—AI · 算法 · IOT 是否引起反垄断法的变革》，JURIST 2017 年第 1508 号，第 55 页。

第七章

自动驾驶汽车与民事责任*

后藤元**

一、引　　言 167

(一) 自动驾驶技术的发展

近几年来，自动驾驶技术的开发有了很大的进展。[1]一般市面上销售的车辆中，也搭载了测定前方车辆的距离而自动调整速度的自动巡航控制功能，以及为了在车道中央行驶而自动进行方向盘操作的车道保持、辅助功能。在高速公路等一定条件下，汽车在驾驶者无需操作方向
盘、油门、刹车的状态下行驶也成为了可能。另外，没有方向盘、油 168
门、刹车的完全自动驾驶汽车的实验也在国内外各地进行着。

通过这些自动驾驶技术，人们期待着各种各样的社会便利：人类错

---

* 本章的大部分内容反映了株式会社东京海上研究所主办的“保险制度、商品研究会”的自动驾驶车相关的讨论。关于本章，详细内容可参照该研究会的成果，藤田友静编：《自动驾驶和法律》，有斐阁 2018 年版。即，本章是(公财)损害保险事业综合研究所的研究资助成果的一部分。

** 后藤元，东京大学大学院法学政治学研究科副教授。

误导致的交通事故的减少；通过灵活的驾驶而缓解交通堵塞，减轻环境负荷；确保老年人等的和人口稀疏地区的移动工具等。[2]为了实现这种普及，各国正在进行政府层面的讨论。[3]

不过，即使普及了自动驾驶技术，也不可能阻断所有的交通事故。即使完全自动驾驶汽车开始实际投入使用，由于自动驾驶系统的错误而引发事故的可能性也是经常存在的。另外，对于未达到完全自动驾驶水平的自动驾驶汽车，驾驶者需要监控自动驾驶系统的运作情况，在一定情况下须从自动驾驶系统转到手动驾驶模式，此种监督或模式交接时，也可能因不注意而引发事故。2016年5月在佛罗里达州的高速公路上发生的“自动驾驶模式”下行驶中的特斯拉汽车型号S，与
169 前方通过中的卡车侧面相撞，导致型号S的驾驶员死亡的事故属于后者的实例。[4]

（二）自动驾驶汽车和民事责任

那么此类与自动驾驶汽车相关的交通事故，由何种主体承担何种民事责任呢?

以日本现行法为前提，关于交通事故的民事责任，有驾驶汽车的驾驶者[5]的一般侵权行为责任(《民法》第709条)；该驾驶者是受雇人时，有该雇主的雇主责任(《民法》第715条)。此外，关于因交通事故造成的人身损害，根据《机动车损害赔偿保障法》(以下简称《机赔法》)，以运行供用者责任(《机赔法》第3条)和强制签订机动车损害赔偿责任保险(《机赔法》第5条)为中心，完善了保护受害者的机制，此种法律框架下实务也得到了发展。[6]

不过，这些都是以作为自然人的驾驶者在机动车上乘坐后进行驾驶操作为前提的，[7]但如果自动驾驶技术进步，驾驶者控制车辆的程度就
170 会下降。因此，自动驾驶汽车相关的民法上的侵权行为责任和《机赔法》上的运行供用者责任构成的民事责任的结构是应该维持，还是把它作为政策判断，成为问题。[8]

另外，自动驾驶汽车的生产者处于可以控制自动驾驶技术性能、品质的地位，因此他作为代替驾驶者(或者与之相并列)、运行供用者的主体，应当如何定位自动驾驶汽车生产者的产品责任(《产品责任法》第3条)也是一个问题。

(三) 本章的构成

以下就自动驾驶汽车相关的交通事故中，对于驾驶者、运行供用者、自动驾驶汽车生产者的民事责任，[9]在现行法的基础上进行分析，并讨论面向自动驾驶技术的发展，作何种制度设计的问题。[10]

但需要注意的是，同样是自动驾驶技术，也有不同的级别，以此为基础驾驶者控制(或者必须控制)车辆的程度也是有差异的。因此，在下文第二部分确认自动驾驶技术的级别中一般采用的概念，在第三部分以现行法为前提进行讨论，此后在第四部分对制度设计的选项进行分析，第五部分进行简单的总结。

二、自动驾驶技术的水平 171

自动驾驶技术有不同的级别：从自然人驾驶员基本操作机动车的程度，到自动驾驶技术起到辅助功能的程度，再到自动驾驶系统在任何时候都完全控制机动车，乘坐的自然人并不需要操纵机动车的程度。对各种阶段如何定义就成为问题。2017年10月起，国际上通用并且日本政府所采用的依据是，称作 Society of Automotive Engineers(SAE) International 的技术者团体制作的标准 J3016。[11]、[12]这个标准没有一般性公开，因此在这里依据日本政府的“官民 ITS 构想、指引 2017”进行整理。

在自动驾驶技术相关的讨论中，表7-1中的 SAE Level 2 和 SAE Level 3 的边界，受到了不少重视。如同表格右侧所示的内容，SAE Level 2 以下的驾驶中，周围状况的监督及应对措施的相关任务需要由驾驶者承担；[13]SAE Level 3 以上的驾驶中，周围状况的监督以及应对措施(至少在一定范围内)，可以委托给自动驾驶系统。这个区分关系到是否允许驾驶者在机动车行走中实施读书、观看动画等其他活动的问题，[14]这从自动驾驶技术的运用、普及的观点来看，是具有重要意义的。

172 **表 7-1　自动驾驶水平的定义(SAE International. J3016)的概要**

SAE Level (等级)	概　　要	对于安全驾驶的监视、应对主体
SAE Level 0 无自动驾驶	驾驶者实施全部的驾驶任务。	驾驶者[15]
SAE Level 1 辅助驾驶	系统实施前后或者左右两侧控制相关的驾驶辅助任务。	驾驶者
SAE Level 2 部分自动驾驶	系统实施前后、左右两侧控制相关的驾驶辅助任务。	驾驶者
SAE Level 3 附条件自动驾驶	在限定范围内，系统承担全部的驾驶任务。 系统继续操作发生困难时，驾驶者按照系统的操作介入要求，需要采取适当的应对措施。	系统 (系统操作困难时由驾驶者操作)
SAE Level 4 高度自动驾驶	在限定范围内，系统承担全部的驾驶任务。 即使系统操作困难时，利用者也不必采取应对措施。	系统
SAE Level 5 完全自动驾驶	在全部领域，系统实施全部的驾驶任务。 即使系统继续操作发生困难时，利用者也不必采取应对措施。	系统

173 但是在民事责任的分析中，基于 SAE 标准的级别划分既非必要，也不是充分的。[16] SAE 标准是由如下三个观点而构成的。第一，对于机动车驾驶中必要的各种任务(比如油门、刹车的操作，方向盘的操作，周围状况的确认，照明系统启动等)，自动驾驶系统能承担到何种程度。第二，是否对自动驾驶系统能承担全部驾驶任务的状况、领域进行限制。第三，在自动驾驶系统承担全部任务的情况下，是否存在须驾驶者

介人的情形。这些观点对民事责任的讨论也是有必要的。[17]但是，影响民事责任的观点也要考虑刹车操作等特定任务，依赖自动驾驶系统的程度(根本上来说是限于辅助驾驶者，还是能够完全依赖自动驾驶系统的问题)、社会上自动驾驶汽车的普及程度(普通机动车和自动驾驶汽车同时存在，还是全部的车辆都是自动驾驶汽车的问题)。[18]、[19]另外，受害人救济的简便程度、对责任主体执法的实效性等观点，也对将来制度设计起到非常重要的作用(详细内容参照本章第四部分)。

三、以现行法为前提的讨论 174

本部分将在现行法律的前提下，讨论驾驶者、运行供用者和自动驾驶汽车制造商，对涉及自动驾驶汽车交通事故的民事责任。

(一) 驾驶者、运行供用者的民事责任

1. 机赔法上运行供用者责任：对于自动驾驶汽车的适用可能性

《机赔法》第 3 条规定："为了自己而运行机动车者，因其运行而对他人的生命或身体造成损害时，须赔偿因此发生的损害。但是自己及司机能够证明自己对于机动车的运行没有懈怠注意义务，受害人或司机以外的第三人存在故意或过失，同时能够证明机动车不存在结构欠缺或功能障碍时，不在此限。"这与一般的侵权行为责任(《民法》第 709 条)及雇主责任(《民法》第 715 条)相比较，有如下不同：运行供用者概念的采用，使责任主体扩张到驾驶员以及雇主以外的主体；受害人不需要举证侵权人的过失，对运行供用者课以比通常的无过失责任更加严格的免责事由的证明责任。这是为了保护因交通事故死亡或受伤的受害人，规定更加严格的民事责任的结果。

机赔法是以普通机动车为前提制定的。在方向盘、油门、刹车等完全自动驾驶车(相当于 SEA Level 5)的机动车中不存在驾驶相关的自然人，可以解释为不存在机赔法上的"司机"(同法第 2 条第 4 项)。[20]但完

全机动车也是同法上的“机动车”(同法第 2 条第 1 项)，[21]将其“用于运行供用者”(同法第 3 条)是可以存在的。[22]因此，机赔法上的运行供用
175 者责任适用于完全自动驾驶汽车(或搭载了自动驾驶技术且未达到该水平的车辆)引发的交通事故中，也是没有障碍的。[23]

但是运行供用者为了免责而需要证明的事由中有如下两点，因其为自动驾驶汽车而有可能受到影响。第一，运行供用者以及司机“对于机动车的运行没有懈怠注意义务”。第二，“机动车不存在结构上的缺陷以及功能上的障碍”。对此以下进行讨论。

2. 机赔法上运行供用者责任：自动驾驶汽车和免责要件

(1) 机动车运行相关的注意义务。

首先，机动车运行相关的注意义务是指，机动车运行相关的注意义
176 务和机动车检查维护相关的注意义务。[24]完全自动驾驶汽车并不需要乘坐者进行驾驶，所以不涉及前项义务；而自动驾驶系统的故障需要进行检查维护，而且需要及时升级软件，因此可能涉及后项义务。[25]

其次，没有达到完全自动驾驶程度的自动驾驶汽车，除了自动驾驶系统的检查维护以外，所搭载的自动驾驶系统的水平，是否允许驾驶者对特定任务依赖系统(此时与完全自动驾驶汽车相同看待)，还是驾驶者自身也需要承担注意义务，成为需要讨论的问题。[26]例如，以 2017 年 10 月为时间点，冲突损害减轻刹车功能等在市场销售的机动车上搭载的功能，根本上来说是辅助司机制动操作的功能，属于后者的分类。[27]此时，仍然涉及机动车驾驶相关的注意义务。另外，基于自动驾驶车生产者的设定，不得依赖机动车驾驶系统的情况下(例如雨天或拥挤的市区等)，仍然依赖自动驾驶系统，应该被认定为注意义务的违反。

(2) 机动车结构上的缺陷或功能的障碍。

机动车结构上的缺陷或者功能的损害，可能成为问题的情形有：因自动驾驶系统的故障而不起作用的情形和因设计上的限制而不起作用的情形。

完全自动驾驶汽车是以乘坐者不用驾驶机动车为前提而制作的，因

此单靠自动驾驶系统不能安全运行的话，就可以认定具有结构上的欠缺或功能上的障碍。[28]另外，在因事故等原因而导致自动驾驶系统发生异常时，需要安装自动停靠路边等防错设计。 177

此外，关于设计上的限制，任何机械或系统都有极限，不能百分之百防止事故发生，因此就此认定其具有结构上的缺陷或功能上的障碍是不现实的，归根结底确保何种程度的安全性才是问题所在。[29]目前来说，自动驾驶汽车的安全性比自然人驾驶的普通车辆高时，一般认为没有结构上的缺陷或功能上的障碍；但在具备一定水准的自动驾驶系统相当普及的情况下，设有比它低水平的自动驾驶系统的车辆(也包括普通车辆)，就有可能被认定为存在结构上的欠缺或功能上的障碍。[30]此外，自动驾驶系统的安全性整体大大提升，而在特定事故中成为事故原因的情况下(例如自动刹车系统，加载了高敏感传感器，可以大幅降低碰撞事故的总数，但低概率范围内仍然存在因失误启动而引发急刹车的情形)，在该事故中能否认定没有结构上的缺陷或者功能上的障碍也是一个问题。[31]

再者，没有达到完全自动驾驶程度的自动驾驶汽车，即使自动驾驶系统出现故障，驾驶者也可以代替系统操纵车辆，因此自动驾驶系统的故障并不直接意味着结构上的欠缺或功能上的损害。[32]但是，在一定条件下对周围状况的监督和应对措施，可以委托自动驾驶系统操作的 SAE Level 3 的情形，自动驾驶系统出现异常时，期望驾驶者进行及时应对，事实上可能是比较困难的。[33]关于设计上的制约，完全自动驾驶汽车也存在同样的问题。

3. 民法上的侵权责任 178

自动驾驶汽车之间发生冲突事故时，根据自动驾驶汽车的价格，车辆损害也可能是高额的，但是未发生人身损害时，不适用机赔法上的运行供用者责任，而适用一般的侵权行为责任(《民法》第 709 条、第 715 条)。此时，受害人需要主张并举证侵权人的“过失”。而在完全自动驾驶汽车因为在通常的检查维护中无法发现的故障而引发事故时，举证是比较困难的。[34]

(二) 自动驾驶汽车生产者的民事责任

1. 产品责任

在基于自动驾驶汽车的故障及设计上的缺陷而引发事故的情况下，该自动驾驶汽车的生产者是否要对受害人承担产品责任(《产品责任法》第 3 条)成为问题。

(1) 自动驾驶汽车和“产品”。

设想由计算机系统控制的自动驾驶汽车，因软件故障或不符规范而引起事故时，因作为产品责任法适用对象的“产品”仅限于有形物的动产(《产品责任法》2 条 1 项)，因此对于无形物的软件，产品责任并不成立。但是，搭载软件的自动驾驶汽车是“产品”，如果搭载软件有问
179 题，作为“产品”的自动驾驶汽车也可以认为有“缺陷”，可以让自动驾驶汽车的生产者承担产品责任。[35]

(2) 自动驾驶汽车和“缺陷”。

问题是在何种情形下认定“缺陷”。产品责任法将“缺陷”概括地定义为“该产品欠缺通常应该具备的安全性”(《产品责任法》第 2 条第 2 项)。参考美国法的讨论等，一般将“缺陷”分为三个类型进行讨论：①制造上的缺陷；②设计上的缺陷；③指示、警告上的缺陷。[36]

首先，制造上的缺陷，是指产品不符合设计要求。例如，刹车控制系统在生产者交付自动驾驶汽车时已经故障，[37]没有按照已有设计及时启动。另外，在一定情形该系统不能启动是不得不如此设计时，就不能认定为制造上的缺陷。此时，可能涉及的问题是设计上的欠缺。

其次，对于设计上的缺陷，对“该产品是否欠缺通常应该具备的安全性”的问题如何进行判断，有两个相互对立的观点：一是应将消费者的期待作为标准的观点，二是基于某个设计而产生的产品的危险性，是否超过了其效用的观点。[38]但即使采用第二种观点，也不能因为自动驾驶车的引入，达到了交通事故总数的减少等对社会全体产生效用，而直
180 接否定设计上的缺陷。应该在具体事例中，比较提升自动驾驶技术安全的成本和便利。[39]

最后，指示、警告上的缺陷是指，对于减少、避免可预见的损害发生所必要的产品的使用方法和规范，没有进行指示、警告时，可以认定的缺陷。例如在紧急情况下，司机对自动驾驶系统手动控制的自动驾驶汽车，自动驾驶中司机如果遇到紧急状态，就不能进行阅读、睡眠等其他活动的提示，如果没有在自动驾驶汽车的使用说明书中记载，则可以认定该项缺陷。也包括即使记载了，但销售者在销售时，没有对顾客进行说明的情形。[40]另外也包括，即使使用说明书中记载了相关内容，购买时进行了相关的说明，但是进行了诱发利用者期待的，在自动驾驶中可以进行阅读、睡眠等其他活动的广告或者销售方法时，也可能认定为没有进行充分的指示、警告。[41]

2. 侵权责任

自动驾驶汽车的缺陷而引发的交通事故中，该自动驾驶汽车发生了损害，产品责任也不包括有缺陷的产品自身的损害(《产品责任法》第 3 条但书)，该自动驾驶汽车的所有人，应该追究自动驾驶汽车生产者的民事责任。一般的侵权行为责任(《民法》第 709 条)的追究，需要证明自动驾驶汽车生产者的故意或者过失。[42]

此外，产品“缺陷”的存在与否，需要以交付时间为基准进行判 181
断，因此交付时并未发现的危险，在生产者交付后发现时，不成立产品责任。[43]但是，认识这种危险性的生产者，为防止损害的发生、扩大，有义务采取公示、通知警告、停止产品生产、召回等措施，有观点认为违反该义务，将承担侵权行为责任。[44]对于自动驾驶汽车，特别需要及时提供软件升级服务，督促实施该服务的义务也成为问题。[45]

四、将来制度设计的可能性

(一) 现行法为前提归纳的问题点

与 SAE Level 4、 5 相当的自动驾驶汽车投入使用时，驾驶者或者乘坐者对驾驶的注意将成为问题。所以，假设适当履行了自动驾驶系统的检查维护或软件的升级，此时事故的原因多是自动驾驶系统的故障或其设计上的限制。这些可能被认定为机动车的“结构上的欠缺或者功能上的障碍”(《机赔法》第3条但书)，因此在现行法下，在与SAE Level 4、5相当的自动驾驶车引发的事故中，该自动驾驶汽车的运行供用者多数要承担机赔法上的运行供用者责任。

182 存在机赔法的“结构上的缺陷或功能上的障碍”时，基本上也可以认定产品责任法上的“缺陷”的存在，此时也可以成立自动驾驶汽车生产者的产品责任(《产品责任法》第3条)。

但是，将自动驾驶系统的故障、设计上的界限认定为自动驾驶汽车的“缺陷”(《产品责任法》第2条第2项)的证明责任，须由请求人承担。而在机赔法上的运行供用者责任中，运行供用者负有不存在“结构上的欠缺或功能上的障碍”的举证责任。因此，从自动驾驶汽车引发的事故受害人的立场来说，追究运行供用者责任相对容易一些。[46]

对受害人进行赔偿的运行供用者及责任保险人，可能会向自动驾驶汽车的生产者要求承担产品责任。但是运行供用者以及责任保险人可能对自动驾驶系统并不是十分了解，出于对“缺陷”的举证困难以及诉讼费用方面的考虑，他们有可能放弃对自动驾驶生产者进行追偿。[47]

上述结构，能够使受害人容易得到救济的同时，使运行供用者实质上代替承担自动驾驶汽车生产者的产品责任。[48]此种以机赔法为中心的结构，是否会降低运行供用者的认同感，也是值得担忧的部分。[49]而且，作为侵权行为法目的的抑制事故、损害的发生，与受害人的救济相比较是同样重要的(可能更重要)。[50]那么，实际上控制自动驾驶系统品质的自动驾驶汽车生产者免于承担责任的结论，对于确保、改善安全性的激励效果的观点来看是并不可取的。[51]

183 (二) 制度设计的选项

基于上述思路，对自动驾驶汽车相关的事故中的民事责任，目前各方都在讨论将来如何进行制度设计的问题。

在主管机赔法的国土交通部主办的研究会上，维持已有的运行供用者责任的基础上，有效确保保险公司等的求偿权实效性的方案，得到了有力的支持。[52]确保求偿权实效性的方案具体是什么，目前并没有明确，但可以想到的是：让自动驾驶汽车的生产者承担自动驾驶技术或事故时的自动驾驶系统的运作情况等相关情报的提供义务；[53]或者对一定水平以上的自动驾驶汽车，推定存在产品责任法上的“欠缺”，将证明责任转移给自动驾驶汽车生产者一方，从而方便运行供用者或其责任保险者求偿等。[54]

但是，自动驾驶汽车引发的交通事故多数是因为“缺陷”导致的。如果每个事故都要向自动驾驶汽车的生产者进行求偿，则在纠纷解决成本的角度来说并不是有效率的。[55]在此，更直接赋予自动驾驶汽车的生产者确保安全性的激励机制的方法是，采用对一定水平以上的自动驾驶汽车，废除运行供用者责任，统筹为自动驾驶汽车生产者的产品责任(该责任是通过举证责任导致等方法而强化的产品责任)。[56、57]但是，针对与 SAE Level 4、5 相当的自动驾驶汽车，仍然有必要让运行供用者准确掌握自动驾驶系统的功能和界限，而且有必要使其对自动驾驶系统进行检查维护，适当履行软件升级义务。为了维持此种激励机制，免除运 184
行供用者一切责任的做法并不妥当。[58]

从此种观点来看，在维持现行的运行供用者责任及产品责任的基础上，也可以考虑向自动驾驶车生产者征收汽车损害赔偿责任保险的一部分保险费，但每个自动驾驶汽车生产者应负担比例的计算、保险费征收的结构等需要研究的课题仍有不少。[59]

另外，在美国，有学者认为排斥承担产品责任的机动车生产者，对自动驾驶技术的开发持消极态度，从而将延迟对全社会有益的自动驾驶汽车的推广。[60]基于此种观点，认为在限定自动驾驶汽车生产者
的责任的同时，[61]为了受害人的救济，提出由自动驾驶汽车的生产者 185
出资而设立无过失补偿基金的提案。[62]在日本也有构建类似机制的主张。[63]但是，无过失补偿基金如果不能控制对受害人的补偿金额和事

务处理费用，其成本则有可能高出责任保险型制度的成本，对此需要注意。[64]

五、结　　语

本章对自动驾驶汽车相关交通事故的驾驶者、运行供用者和自动驾驶车生产者的民事责任，在以现行法为前提总结的基础上，根据自动驾驶技术的发展，对制度进行重新审视后的选项进行了讨论。不过，本章仅仅提示了各种考虑因素，没有提出哪个选项是可取的。另外，虽然本章没有深入分析，但认为给予自动驾驶汽车生产者确保安全性的激励方
186 法并不局限于民事责任，有必要通过行政手段直接规制。[65]今后，随着自动驾驶汽车的开发加速，期待对民事责任和行政规制两方面的制度设计继续展开讨论。

注释

1. 详细内容请参照池田裕辅：《自动驾驶技术等现状》，JURIST 2017 年第 1501 号，第 16 页；河合英直：《关于自动驾驶技术的动向》，NBL 2017 年第 1099 号，第 15 页；杉浦孝明：《自动驾驶技术的现状》，载藤田友敬编：《自动驾驶与法律》，有斐阁 2018 年版。另外，在市区等复杂的环境中，为了实现完全自动驾驶，分析道路状况等相关的大量信息的人工智能的适用是不可缺少的。但，迄今为止开发的很多自动驾驶系统，除了图像识别等一部分领域之外，并没有运用人工智能，而是由以往的软件来控制的。(高度信息通信网络社会推进战略本部、官民数据活用推进战略会议：“官民 ITS 构想、指引 2017：面向各种高度自动驾驶系统的社会实践”(2017 年 5 月 30 日，available at http://www.kantei.go.jp/jp/singi/it2/kettei/pdf/20170530/roadmap.pdf， 48—49 页)。本章的标题中不包含“机器人和 AI”一词是为了表明，即使没有达到采用人工智能的完全驾驶阶段，也应该研究诸多民事责任问题。

2. 《官民 ITS 构想、指引 2017》，前注 1，第 10—11 页。大岛道雄：《自动驾驶和损害保险事业：关于汽车自动驾驶技术的实用化对损害保险事业的影

响》，《损害保险研究》2015 年第 77 卷第 1 号，第 79 页。

3. 作为日本政府探讨的现状，参照《官民 ITS 构想、指引 2017》，前注 1。另外，关于拥有大量致力于自动驾驶技术开发的企业的德国及美国的状况，请参照金冈京子：《关于自动驾驶的德国法的状况》及后藤元：《关于自动驾驶的美国法的状况》，均载藤田编，前注 1。

4. 事故的详细内容请参照 National Transportation Safety Board, Accident Report, Collision between a Car Operating with Automated Vehicle Control Systems and a Tractor-Semitrailer Truck Near Williston, Florida, May 7, 2016(available at https://www.ntsb.gov/investigations/AccidentReports/Reports/HAR1702.pdf)。作为事故的主要原因有：驾驶员对自动驾驶系统过于信赖，以及能够使过于信赖自动驾驶系统的驾驶员(违反生产者的指导和警告)长时间脱离驾驶任务的自动驾驶系统设计。

5. 本章为了区别《机动车损害赔偿保障法》第 2 条第 4 项的“司机”(为他人驾驶机动车或辅助驾驶者)，将乘坐驾驶席驾驶汽车的自然人称作“驾驶者”。

6. 作为强制保险的机动车损害赔偿责任保险的保险金额为，向每名死者支付 3 000 万日元(机动车损害赔偿保障法实施令第 2 条 1 号)，在此基础上的任意保险，由与强制保险相同的保险公司提供。详情请参照北河隆之：《交通事故损害赔偿法(第 2 版)》，弘文堂 2016 年版；以及潮见佳男：《侵权行为法 Ⅱ(第 2 版)》，信山社 2011 年版，第 305—364 页。

7. 民法上的侵权行为责任是以驾驶者开车时的“故意或过失”(《民法》第 709 条)作为基础。另外，《机赔法》第 3 条但书中列举了运行供用者免责的必要条件之一是，“自己及驾驶者在机动车运行方面没有懈怠注意义务”，由为运行供用者或为运行供用者而驾驶的人(参照《机赔法》第 2 条 4 项的“司机”的定义)，对机动车的运行负担注意义务为前提的。

8. 同样的问题也存在于适用自动驾驶汽车运行而造成死伤事故的刑事处罚(关于驾驶造成人员伤亡的行为等进行处罚的法律)，对此本章省略讨论。详细内容请参照今井猛嘉：《汽车的自动驾驶和刑事实体法：其序论的考察》，山口厚等编：《西田典之老师献呈论文集》，有斐阁 2017 年版，第 519 页，以及本书第九章。

9. 驾驶者、运行供用者、生产者以外的责任主体有，其他自动驾驶车的销售店和道路的管理主体等，但为了避免问题的复杂化，本章将省略讨论。对于这些主体的责任请参照：窪田充见：《自动驾驶和销售店、生产者的责任——以减轻碰撞损害刹车为素材的现有法律状态的分析和讨论课题》，JURIST 2017 年第 1501 号，第 30 页；以及潮见佳男：《道路基础设施方面的瑕疵和道路管理者的损害赔偿责任》，载山下友信编：《高度道路交通系统(ITS)与法律——法律责任与保险制度》，有斐阁 2005 年，第 141 页。

10. 关于自动驾驶的民事责任的先行研究，请参照山下编：前注 9。

11. SAE International, J3016, Taxonomy and Definitions for Terms Related to

Driving Automation Systems for On-Road Motor Vehicles. 此标准没有一般性地公开(请参考 http://standards.sae.org/j3016_201609/)。

12.《官民 ITS 构想、指引 2017》，前注 1，第 5 页。日本在 2017 年以前的讨论中，多采用美国联邦运输部下属的国家道路交通安全局(National Highway Traffic Safety Administration: NHTSA)所规定的五个等级(级别 0—4)，因此根据文献发表时期，“级别〇”的意思可能有所不同。另外，NHTSA 自身也在 2016 年 9 月以后采用了 SAE 的标准。(U.S. Department of Transportation/National Highway Traffic Safety Administration, Federal Automated Vehicles Policy: Accelerating the Next Revolution in Roadway Safety (September 2016), at 9 (available at https://www.transportation.gov/AV/federal-automated-vehicles-policy-september-2016)).

13. 2017 年 10 月为基准，市面上销售的车辆上所搭载的自动驾驶技术相当于 SAE Level 2 以下(参照大羽宏一：《围绕自动驾驶的产业界动向和今后的社会现状》，《损害保险研究》2017 年第 79 卷第 1 号，第 105、 121 页)。因此，即使可以利用自动巡航控制功能和车道保持、辅助功能，将驾驶操作实际委托给自动驾驶系统，车辆的驾驶者也必须监视周围的情况。另外，据报道 2018 年德国奥迪，打算在即将上市的汽车上加载 SAE Level 3 相当的技术(日本经济新闻：《奥迪成为自动驾驶的先驱，实现“Level 3”》，2017 年 9 月 21 日 6: 30, https://www.nikkei.com/article/DGXMZO20321210U7A820C 1000000/)。

14. 但是，在 SAE Level 3 中，驾驶者在自动驾驶系统难以继续工作时，必须介入操作，因此必须做好可能的准备。请参照后注 33 和与其对应的正文内容。

15.《官民 ITS 构想、指引 2017》，前注 1，第 5 页的表格中使用了“驾驶者”(driver)一词，本章为了避免与机赔法上的概念混淆，将其作为“司机”(日语：運転者)。

16. 参照藤田友敬：《特集》，JURIST 2017 年第 1501 号，第 14 页，第 15 页注 5 及注 7。

17. 例如，具备 SAE Level 5(以及限定范围内 SAE Level 4)自动驾驶技术的车辆的乘坐者，不需介入车辆操作的层面上，与出租车乘坐者没有区别。这具有否定乘坐者责任的倾向(但是实际上是否否定，取决于适用法律的内容。详情请参照本章第三部分)。

18. 自动驾驶汽车的普及程度，可能会影响对他人行动的预测合理性的评价，以及影响事故相关的过失比例的计算等。详细内容请参照佐野诚：《多数当事人之间的责任承担方式》，藤田编，前注 1。

19. 藤田：前注 16，第 15 页注 7。也可参照藤田友敬：《自动驾驶与运行共享者的责任》，载藤田编，前注 1。

20. 藤田友敬：《自动驾驶与运行共享者的责任》，JURIST 2017 年第 1501 号，第 23、 24 页。

21. 关于《机赔法》第 2 条第 1 项的“机动车”的定义，作为依据的《道路运输车辆法》第 2 条第 2 项，将机动车界定为：“基于发动机，在陆上移动为目的而制作的工具，不使用轨道或架线；或者以此牵引，并在路上移动为目的而制作的用具，但排除下列规定的附发动机的汽车。”完全自动驾驶汽车毫无疑问是“基于发动机，在陆上移动为目的而制作的工具”。

22. “运行供用者”被认为是，运行控制和运行利益的归属主体(最高裁判所昭和 43 · 9 · 24 判时 539 号 40 页等)。例如汽车的所有人，雇用驾驶者来驾驶的情况下，认定所有者的运行控制没有争议。从这个观点来看，完全自动驾驶汽车的所有人，在自动驾驶系统“运行”的情况下，也可以认定运行控制和运行利益。另外，也有主张认为，“在实现完全自动驾驶的阶段，由于事故的发生，已经没有了对驾驶者责任的观念，因此有必要重新考虑机动车赔偿责任制度”。(中山幸二：《自动驾驶的进展和交通事故的赔偿责任》，《共济和保险》2016 年第 697 号，第 4、 8 页)此时，如何认定与上述判例法理的关系，尚不明确。

23. 藤田：前注 20，第 23—24 页；浦川道太郎：《自动行驶和民事责任》，NBL 2017 年第 1099 号，第 30 页、第 31—32 页。另外，为了让自动驾驶汽车在道路上运行，必须符合根据道路运输车辆法第 40 条，由国土交通省令规定的“道路运输车辆的安全保障标准”。根据现在的安全保障标准，司机必须操作油门和刹车，从而控制刹车(第 10 条)。因此对没有方向盘、油门、刹车的完全自动驾驶汽车，需要修改安全保障标准，这与机赔法上运行供用人责任的适用是完全不同的问题。“车辆等的司机，必须切实操作该车辆等的方向盘、刹车及其他装置。而且，应根据道路、交通及该车辆等情况，以不伤害他人的速度和方法驾驶”的《道路交通法》第 70 条也存在同样的问题。请参照户嶋浩二：《实现自动驾驶者(自动驾驶)的法律制度的现状和课题(上)》，NBL 2016 年第 1073 号，第 28、 31—35 页。

24. 北河隆之、中西茂、小贺野晶一、八岛宏平：《逐条解说机动车损害赔偿保障法(第 2 版)》，弘文堂 2017 年版，第 62 页。

25. 藤田：前注 20，第 24—25 页，第 24 页注 7。户嶋浩二：《实现自动驾驶者(自动驾驶)的法律制度的现状与课题(下)》，NBL 2016 年第 1074 号，第 49、51 页也有同样内容。

26. 藤田：前注 20， 24 页，第 26—27 页。

27. 藤田：前注 20， 27 页。也参照同页注 13。

28. 藤田：前注 20， 28 页。

29. 本章的以下论述涉及《机赔法》第 3 条但书中的“结构上的缺陷或功能上的障碍”，但是对于自动驾驶汽车生产者责任相关的问题和《产品责任法》第 2 条第 2 项的“缺陷”也基本是适用的。户嶋：前注 25，第 52 页。同时也参照窪田：前注 9， 34—35 页。

30. 藤田：前注20，第25页。对于没有加载一般普及水平的自动驾驶系统的车辆，对于此类车辆如何适用道路运输车辆法上的安全保障标准，也是一个问题。理论上，可以分开考虑行政规制手段和民事责任的成立问题。

31. 藤田：前注20，第29页。

32. 藤田：前注20，第25、28页。

33. 小塚荘一郎：《汽车软件化与民事责任》，JURIST 2017年第1501号，第38、40—41页，是对自动驾驶系统的故障造成的产品责任的内容。根据该内容，为了使“负责驾驶控制的驾驶者，在适当的时机采取切实的行动”，“必须警告驾驶者从自动驾驶切换到手动模式”。其警告是“自动驾驶汽车的驾驶者并不是接受职业训练的专家，而是取得(如果维持现行制度，已经取得驾驶许可时，只需通过更新手续继续取得驾驶资格)驾驶执照的一般用户为前提的话，如果不能及时反应，则有可能被系统认为是欠缺‘通常应有的安全性’”。

34. 浦川：前注23，第33页。该第36页认为，为了保护产品损失事故的受害者，将机赔法上的运行供用者责任扩大到物品损失，并简化对产品责任的追究。也参照近内京太：《关于自动驾驶汽车引起的交通事故的法律责任——基于美国的讨论的日本法框架及其评价(下)》，《国际商事法务》2016年第44卷第11号，第1609、1615页。

35. 潮见：前注6，第379—380页；小塚：前注33，第39页；浦川：前注23，第33页。也参照户嶋：前注25，第52页，第53页注32。另外，即使采用了本文的解释，在自动驾驶车上加载的软件，是由自动驾驶车生产者以外的经营者制作的情况下，该经营者不承担产品责任。此种情况下，自动驾驶车生产者可以在该软件的采购合同中规定，如果由于该软件的缺陷，导致自动驾驶汽车生产者承担损害赔偿责任时，可以对软件的制作者进行追偿。

36. 土库澄子：《逐条讲义产品责任法——基本的想法与审判例》，劲草书房2014年版，第51—52页；潮见：前注6，第384—385页。关于美国的产品责任法的整体情况，参照佐藤智晶：《美国产品责任法》，弘文堂2011年版；美国关于自动驾驶汽车生产者的产品责任的讨论，参照后藤元：《关于自动驾驶和民事责任的美国法的状况》，JURIST 2017年第1501号，第50页、第52—54页。

37. 产品的“缺陷”在产品交付时必须存在(潮见：前注6，第390页)，因此自动驾驶系统在生产者交付时是正常运转的，但由于经年老化和维护不当等原因发生故障时，就不得认定存在缺陷。

38. 潮见：前注6，第386—389页。也参照土库：前注36，第80—93页。

39. 参照后藤：前注36，第53页。也参照前注31和与其对应的正文。

40. 参照小塚：前注33，第41页注14。

41. 例如，对于特斯拉公司，在旧NHTSA标准中，相当于Level 2的驾驶支援功能的使用中，虽然表示“驾驶者必须经常控制该汽车”，但该公司对此功能以“自动驾驶”的名称进行宣传，使消费者误认为，驾驶者可以放手方向盘而利用该功能行驶。对此遭到了消费者团体的批判。(Consumer Reports, Tesla's Autopilot: Too Much Autonomy Too Soon(July 14, 2016). http://www.consumerreports.org/tesla/tesla-autopilot-too-much-autonomy-too-soon/). 同时参照宫木由贵子：《社会和消费者对于自动行驶的期待和担忧》，NBL 2017 年第 1099 号，第 37、 41 页。

42. 窪田：前注 9，第 35 页。

43. 但是，浦川：前注 23，第 35 页，主张产品责任的“缺陷”的判断时间点，应认定为是软件的最终版本升级的时间点。

44. 潮见：前注 6，第 390—391 页。

45. 小塚：前注 33，第 41—42 页。

46. 户嶋：前注 25，第 52—53 页；浦川：前注 23，第 35—36 页。

47. 山下友信：《ITS 与民事责任制度的应有状态——讨论的总结》，载山下编：前注 9，第 245、 246 页。保险人对汽车生产者的追偿，目前来说几乎没有实施过。(木岛秀明：《ITS 与机动车损害赔偿保障制度》，载山下编：前注 9，第 53 页、第 109—110 页)。

48. 以前也有人指出，以运行供用人责任替代了产品责任，但随着自动驾驶技术的进展，问题更加凸显了(户嶋：前注 25， 53 页)。

49. 下野德弘、东条圭太、山根洋史：《对预期的新事故形态和保险实务的影响》，山下编：前注 9，第 37 页、第 50 页；浦川：前注 23，第 36 页。

50. 参照森田果、小塚庄一郎：《侵权行为法的目的——“损害补偿”是主要的制度目的吗？》，NBL 2008 年第 874 号，第 10 页。

51. 山下：前注 47，第 246 页注 3，第 254 页。

52. 参照自动驾驶中的损害赔偿责任的研究会“第 4 回资料 1：关于自动驾驶中的损害赔偿责任的研究会汇编(概要)”第 1 页，以及“第 4 回会议要旨”第 1 页。 available athttp://www.mlit.go.jp/jidosha/jidosha_tk2_000063.html)。户嶋：前注 25，第 53 页，亦是相同观点。

53. 近内：前注 34，第 1616 页。

54. 近内：前注 34，第 1616—1617 页。另外，在国土交通省的研究会上，关于汽车生产者的责任的无过失责任化，以及关于“缺陷”的证明责任的转换，被定位为与求偿权行使的实效性相独立的方案(参照关于自动驾驶中的损害赔偿责任的研究会“第 4 回资料 1”，前注 52，第 2 页)。

55. 参照自动驾驶中的损害赔偿责任相关研究会“第 4 回资料 1”，前注 52，第 1 页。

56. 自动驾驶汽车相关事故的受害者，很难证明自动驾驶汽车的“缺陷”的存在(近内：前注 34，第 1613—1614 页)。如果废除运行供用者责任，则为了维持受害人救济水平，需要通过证明责任的转换等，强化自动驾驶汽车生产者的产品责任。另外，自动驾驶汽车是由外国生产者制造，则事故受害者将该生产者作为被告提起诉讼并不容易(户嶋：前注 25，第 53 页)。如果国内有该自动驾驶汽车的进口商，该进口商属于“生产者等”(《制造品责任法》第 2 条第 3 项第 1 号)，由其承担产品责任。但，同时也要注意消费者也可能从外国生产者直接进口自动驾驶汽车。

57. 山下：前注 47，第 257—258 页。参照自动驾驶中的损害赔偿责任相关研究会“第 4 回会议要旨”，前注 52，第 2 页。

58. 森田果：《关于 AI 的法律调整的基本想法》，RIETI Discussion Paper Series 17-J-011， 2017 年，第 14—15 页提出如下观点。“AI 利用而引发的事故，不是单方面注意的事件，而应该是双方注意的事件”。因此 AI 的开发者，AI 搭载设备、服务的生产者和销售者，AI 的使用者，“这三方都要设定激励机制，严格责任的规则是并不可取的”。考虑到对于过失水平、损害额的设定、计算相关的裁判所失误的危险性，在 AI 使用者的过失有无的判断基础上，如果 AI 使用者没有过失，则让 AI 的开发者，搭载 AI 设备、服务的生产者和销售者承担责任。将这种贡献与过失相应的严格责任，作为损害赔偿法规则是比较理想的选择。

59. 自动驾驶损害赔偿责任研究会“第 4 回资料 1”，前注 52，第 1 页。近内：前注 34，第 1617 页。浦川：前注 23，第 36 页中认为，运行供用者及其责任保险人，在每一次事故中都进行追偿是不现实的。因此，在分析集成 EDR(黑匣)数据的基础上，计算出对全部事故中机动车生产者(产品赔偿责任保险)一方应承担的比例，将一定的支付金额由运行供用者(机动车保险)来承担，也是可以考虑的处理方法。

60. 在美国，不存在与我国的运行供用者责任类似的严格责任，只有因司机的过失造成的通常的侵权责任的问题。因此，在美国随着自动驾驶技术的发展，司机不承担民事责任，而是由自动驾驶汽车生产者承担第一责任的可能性较大。可以看出，美国的讨论前提与日本大不相同。参照后藤，前注 36，第 55 页。

61. 也有人以阻碍自动驾驶汽车生产者的安全确保激励机制为由，反对这种限定责任(参照后藤：前注 36，第 54 页，注 31—35，以及相对应的正文内容)。同时参照森田：前注 58，第 17 页。

62. 参照后藤：前注 36，第 54 页。

63. 中山：前注 22，第 10 页中指出“对自动驾驶汽车，附加责任财产进行认可登记，发生事故时，可以从责任财产中简易赔偿损失。该责任财产，是由参与 ITS 系统的汽车生产者、零部件生产者、道路基础设施管理者、数码地图公司、信息通信运营商等共同出资购买保险而构成”。从自动驾驶汽车自身责任的角度来看，似乎是以否定自动驾驶车厂商的责任为宗旨的(佐藤昌之：《关于自动驾驶的法律课题》，《交通法研究》2017 年第 45 号，第 85、 98 页)。在这个新机制下，被害者能得到的补偿额是否设定了限额还不明确(从“简易”用词来看，可能是设定了限额)。

64. F. Patrick Hubbard, "Sophisticated Robots": Balancing Liability. Regulation, and Innovation, 66 FLORIDA LAW REVIEW 1803, 1859—1860. 1867(2014).

65. 参照森田：前注 58，第 10、12 页。关于自动驾驶相关的行政规制的详细内容，请参照绪方延泰、嶋寺基：《关于自动驾驶的规制问题》，载藤田编：前注 1。

第八章

机器人辅助下实施的手术与法律责任

弥永真生*

187 美国医疗器械制造商研发出的内视镜手术辅助机器人“达芬奇”目前正在推广应用。2009 年 11 月，日本厚生劳动省药事食品卫生审议会许可国内生产和交易该“达芬奇”手术辅助机器人。2012 年 4 月 1 日开始，日本将前列腺癌全切手术纳入保险，此后，2016 年起，腹腔镜下肾部分切除手术也被纳入保险，并于同年九月末引进该手术机器人 237 台。[1]手术辅助机器人的应用也提高了远程手术的可能性。

然而，在美国早已经存在因在机器人辅助参与下实施手术而引起的
诉讼案件。[2]在日本也报道过如下案例：主刀医生利用辅助机器人机械
臂接触脏器和腹壁，因无法获知真实的触感，从而导致机械臂压迫胰脏
188 引发损伤令患者死亡。[3]医疗器械所引发的医疗纠纷业已屡见不鲜。[4]

可以预想到，如何在日本的法律范畴内权衡这类事情会在不久的某一天成为突出问题。从理论上来说，手术辅助机器人制造商可能承担以下两种责任：一是对于受害者即患者一方，制造商或将承担产品责任及

---

* 弥永真生，筑波大学大学院商业科学研究科教授。

因其不法行为导致的损害赔偿责任；二是对于(因实施了手术从而对患者等人负有损害赔偿责任的)医生或医院一方，制造商或将承担产品责任、债务不履行责任、瑕疵担保责任[5]及因其不法行为导致的损害赔偿责任。

一、 机器人制造商的产品责任

《产品责任法》第 3 条规定："制造商所生产……的产品，出现因其交付的产品的缺陷对他人生命、身体、财产造成损害时，制造商负责赔偿因此而造成的损害。"因手术辅助机器人的"缺陷"而使得患者的生命、身体等受到损害时，机器人的制造商等原则上应承担产品责任。此处，制造商意为"以生产、加工或进口该产品为业之人"(第 2 条第 3 款第 1 项)。如果不是"以之为业"而生产的产品，机器人的制造商将不承担产品责任。若要判定其是"以之为业"，则制造商必须反复地、持续性地生产、加工或进口该产品，但在制造商是否必须以获得利益(营利性)为目的的问题上则有观点上的分歧。[6]

那么，问题是"缺陷"指的是什么？ 一般而言，以下情况可认定 189
该产品具有缺陷：(1)在产品的设计上，该产品并未确保具有合理的安全性(设计缺陷)；(2)产品的制造过程有缺陷，因而该产品无法确保必需的、合理的安全性(制造缺陷)；(3)没有合理地标出、告知使用者该产品可能具有的危险性及规避方法(标识、警示缺陷)。《产品责任法》第 2 条第 2 款规定，该法所称"缺陷"是指：(1)该产品的特性；(2)其通常可预见的使用形态；(3)考虑制造商等交付该产品时其他与该产品有关的事情，该产品欠缺通常该有的安全性。参考第 14 次国民生活审议会消费者政策部会报告《关于以产品责任制度为中心的消费者权益保障救济的综合性措施》，其考虑的要素是：(1)作为产品的特性应包含以下所需要被考虑的要素：产品的功效(可用性)、产品的使用(耐用期限)、产品的经济性、发生故障而造成伤害的概率和程度，与产品的标识说明；(2)从通常可预见的使用形态出发，产品按照合理的预期被使用的可能性以及产品使用者防止损害发生的可能性；(3)从交付时点考量，不仅要考虑产品交付的时间，还要考虑在交付时以合理之成本防止事故发生的技术上的可能性(技术实现的可行性)。

手术辅助机器人是计划为医生等专家所使用，而并非为一般消费者使用，在此前提下，方可判断其是否具有缺陷。也就是说，医疗器械乃专业器械，未经过良好的培训不应被允许使用(也即，制造商可以期待使用人群为具有足够技术的人才)。可以认定，以此为前提设计产品是没有问题的。期待医疗相关从业人员详细深入地阅读说明书(操作指南)，将此作为医疗从业者理应承担的注意义务内容，制造商有这种想法是非常合理的。

换言之，若以“医生在使用药品时没有遵守其说明上记载的使用注
190 意事项并因此而引发医疗事故时，对于其不遵守注意事项的行为只要没有特殊的合理理由，则应推定为该医生存在过失”，[7]以及“该医生有义务在其现有的条件下尽可能收集最新信息，如必须核对最新发布的公文、根据必要参考相关文献等”[8]为依据，那么操作手术辅助机器人的医生具有详细阅读操作指南，收集包括注意事项公文的最新信息的义务。然后，接受过良好的培训、有经验的医生按照上述顺序进行实践、使用手术辅助机器人，这便可以被认为属于“通常预见的使用形态”。综上所述，是否构成医疗器械相关的产品责任，与面向一般消费者的产品相关的产品责任的判断基准可能不同。

话虽如此，在裁判案例中，制造商在制造销售 Jackson Rees(人工呼吸器)时,虽然明确告知了使用者，与气管切开软管等呼吸辅助用具组合使用时会在连接处形成阻塞的现象，但是只要没有采取当存在这样的组合装置就不要使用 Jackson Rees 的指示(警告措施)的话，便认定其存在指示(警告)上的缺陷，[9]或认定存在导管强度不够的缺陷。[10]

然而，制造商证明了“该产品制造商交付该产品时，根据当时的相

关科学或技术知识，无法认识到该产品存在缺陷”(研发风险的抗辩)时，制造商不必承担损害赔偿责任(《产品责任法》第4条第1款)，对于手术辅助机器人，这一点也是可能被认可的。此处提到的交付时的“相关科学或技术知识”指的是能够对判断是否存在缺陷产生影响的知识，并且不是指制造商等特定人群所具有的知识，而是指客观存在
于社会上的知识总体。[11]但迄今为止，在日本还未有承认研发风险的 191
抗辩从而使制造商能够免责的审判案例，可以说，承认该抗辩是极为例外的情况。[12]

二、机器人制造商的不法行为责任

在应用手术辅助机器人进行手术从而对患者的生命、身体造成不正当损伤的情况下，如果判定从事手术的医疗人员存在过失，[13]那么该医疗人员及医院方应当基于其不法行为[14](《民法》第709条、第715条)或债务不履行[15]对受害者承担损害赔偿责任[16](《民法》第415条)。

以东京高等法院平成14·2·7等案例(判时第1789号第78页)为例，可以推断手术辅助机器人制造商也应当因其不法行为对受害者负有损害赔偿责任。在此案例中，在一般情况下，人工心肺装置及其内置泵如果不存在操作人员操作的过失或错误便不会出现软管龟裂等事故，且能经受多次使用。故法院无法判定人工心肺装置及其内置泵存在《产品
责任法》中“该产品欠缺通常应有的安全性”的缺陷。另外，“医疗器 192
械制造商不只具有向操作者说明该器械性能的义务，还有充分地检验器械的安全操作方法、潜在危险，并将上述内容向操作者进行具体且充分地说明，以及将有关事故的危险性对实际使用者进行具体警告的义务”，违反此项义务的制造商应依法承担不法行为责任。

即便在手术辅助机器人制造商应当对患者承担产品责任或不法行为责任的情况下，在绝大多数的手术过程中，医疗器械故障与手术医师等

的过失可能同时存在。此外，假设手术中手术辅助机器人存在着某种故障，仍需要注意的是，若此时医生等医护人员进行正确合理的处置，在大多数情况下能够有效预防损害的发生以及防止损害的进一步扩大。在这样的具体情形中，制造商同医疗人员、医院方应当对受害者承担不真正连带债务责任。[17]

三、知情同意

通常理论下，应用手术辅助机器人进行的手术对身体造成的伤害(比如手术应当切割的范围）远比未应用机器人辅助的手术带来的伤害小得多，因此能够缩短患者手术后所需的恢复时间，对患者大有裨益。但是，也能设想，不仅手术辅助机器人有一定的概率会出现事故，操作机器人的医疗工作者本身可能存在经验与能力不足的问题。[18]因此，知情同意(在医生向患者提供充分的信息说明前提下，患者根据信息自主地作出同意手术的决定)显得格外重要。

193 20 世纪 70 年代初期，日本有如下法院判决案例，[19]“作为征求患者承诺的前提，医生有必要向患者方说明其病状及手术的必要性，这一点是毫无疑问的”。根据 1997 年修正后的《医疗法》第 1 条第 4 款第 2 项：“医生、牙科医生、药剂师、护士等其他医护人员在向患者提供医疗服务时，必须致力于对患者进行确切的说明并征得接受医疗服务的患者的理解。”[20]以此为依据，原则上来讲知情同意是必需的。在过去，若要构成侵袭行为的违法阻却事由需要有被侵权人本人的承诺，日本最高法院曾据此解释知情同意原则的必要性，[21]但近年来，则以保障自我决定权和人格权为根据来进行解释。[22]

日本最高法院判决医院方具有向患者说明该患者的疾病诊断(病名和病状)、治疗方案、手术的危险性的义务，以及若存在其他可供选择的治疗方案时向患者说明该方案的内容、利弊以及预后的义务。[23]作为

让患者得以充分理解且医生可以确认患者是否已经充分理解的方法，知
情同意是有必要执行的。并且，医院方只向患者提供记载说明内容的书 194
面材料是不够的。医院方在向患者提供书面材料的基础之上，应当与患者进行直接沟通对话，当获悉患者对内容未充分理解时应当作进一步说明阐述，在患者充分理解并同意之后，相关重要内容应当以书面的形式进行确认。

关于应用手术辅助机器人进行的手术，名古屋大学医疗事故调查委员会报告书表明，[24]当前阶段，“因为应用手术辅助机器人进行的内视镜手术在临床研究阶段上是开创性的手术治疗方法”，因此，在知情同意方面，“更加谨慎地说明之后再征得患者同意的流程是十分必需的”。[25]

另外，最高法院认为，如果有一种疗法(手术方法)被较为多数的医疗机构采用，有一定数量的临床治疗案例，实践过这种疗法的医生都对其有正面的评价，患者也有可能适用这种疗法(手术方法)，而且，医生知道患者本人对自己是否适用这种疗法、这种疗法实施在自己身上的可能性抱有强烈的兴趣。在这种情况下，即使医生本人对这种疗法(手术方法)抱有负面评价，且医生本人没有实施这种疗法的意愿，医生也有义务在自己所知范围内对患者说明这种疗法的具体内容，告诉患者本人是否适合接受这种疗法，如果接受这种疗法会有什么利害得失，并告知采用这种疗法的医疗机构的名称与地址。[26]如此一来，伴随着手术辅助机器人的普及应用，在不久的将来，没有选择应用手术辅助机器人来进
行手术的医生在一定的情况下也具有对此进行说明的义务。 195

此外，因手术等伴随着一定的风险，知情同意现实发挥着使患者一方“承担风险”[27]的又一机能。《产品责任法》第 4 条第 1 项表明，手术辅助机器人制造商负有基于当下的科学技术、生产技术、医学等水平开展合理的安全设计的义务。然而，仅在安全设计方面，手术辅助机器人存在无可避免的固有风险，使用者，即医疗从事人员，应当履行将这一情况准确传达给患者的义务。另外，医疗从事者在进行手术之前，必须向患者充分告知并说明手术将应用带有一定风险的手术辅助机器人，由

患者本人自主地进行选择。必须在向患者充分说明之后，由患者作出同意或不同意的选择(知情同意)。

四、 债务不履行责任与瑕疵担保责任

手术辅助机器人的销售商对(实施需要对患者方承担损害赔偿责任
的手术的） 医生或医院方可能负产品责任，或负以不法行为为基础的
损害赔偿责任，除此之外，也可能负下文将叙述的债务不履行与瑕疵担
196 保责任带来的损害赔偿责任。[28]

首先，手术辅助机器人存在瑕疵(从交易通识来看，不具备通常情况下同种物品具有的品质、性能，即存在缺陷)，且即使尽到执行交易所要求的通常注意义务也无法注意到该瑕疵时，买方(比如医院)从知道存在瑕疵开始，可在一年内向销售商提出损害赔偿请求(《民法》第 570 条、566 条)。[29]话虽如此，但如果说手术辅助机器一般多少都会有机器故障问题的话，这是不是意味着这些手术辅助机器并没有达到“交易通识里的通常同类物品都具备的品质和性能标准”；但如果只有一个企业在生产手术辅助机器的话，就没有同类物品可以比较了，也就无从定义“通常应达到的品质和性能标准”，以上这些都有可能成为问题。

其次，在手术辅助机器人交易中，经销商向购买者交付正常运行的产品可以视为遵从债务本意的给付。因此，经销商仅提供了无法正常运行的机器人这一点足以构成不完全履行，必须向购买者赔偿由此产生的损失(《民法》第 415 条)。[30]

特定物[31]交易中，如果卖方认为其不具备交付无瑕疵产品的义务，
鉴于买卖交易的有偿性，为保障对瑕疵不知情的买方的利益，将瑕疵担
保责任作为法律上特别承认的责任形式的观点在过去属于有力的见解，
2017 年修订前的《民法》规定的瑕疵担保责任属于债务不履行责任的一
197 种，近来的学术主流观点认为，与修订前的《民法》第 415 条中以卖方

故意或过失为必要条件的规定不同，瑕疵担保责任也适用于卖方无过失的情况。于是，作为买方，不管采取何种路径，只要满足此要件，就可以向卖方就损害赔偿[32]提起请求。[33]当然，假设手术辅助机器人有设计缺陷、制造缺陷或者指示、警告上的缺陷，基于已经讨论过的产品责任向机器人制造商提出损害赔偿要求，通常对医院等也有利。

五、能否允许根据合同限制责任

在手术辅助机器人制造商或经销商同购买方(医院等)之间，是否可以在买卖合同等形式中增加免除卖方一部分责任的条款。关于瑕疵担保责任，《民法》第572条明确规定，“即使双方特别约定了卖方不承担从第560条至上一条所规定的担保责任，对于知情不报的事实……卖方的责任也无法免除”。[34]所以，如果没有存在上述“知情不报”，且只要没有违反公序良俗(《民法》第90条)或诚实信用原则(在各式各样的具体事件中，其行动必须互相不辜负对方的信赖的原则。《民法》第1条第 198
2款)，免除责任的条款(免责条款)和限定责任范围及大小的条款就是有效的。

关于债务不履行责任、不法行为责任以及产品责任，在产品制造商仅仅是轻微过失[35]的情况下(适用《消费者合同法》时另当别论)，基于私人自治或是合同自由的原则，只要未违反公序良俗及诚实信用原则，一般认为免责条款和责任限制条款是有效的。话虽如此，有观点认为只要是与人身损害和医疗过失相关，即使是轻微过失的情况下，上述规定也违反了公序良俗及诚实信用原则，并且也因属于《消费者合同法》第10条的不当条款而无效。[36]

并且，因为患者与手术辅助机器人制造商或经销商之间没有合同关系，制造商及经销商原则上无法对被害者(即患者)主张制造商与医院等之间的合同中约定的免责条款及责任限制条款。但是，在患者和医院等之间的合意中，如果包含关于手术辅助机器人的制造商以及经销商的损害赔偿责任的免责条款以及责任限制条款的话，因为《民法》认可为第三人利益的合同，所以如果规定没有违反公序良俗和诚实守信的原则，可以认定其有效。[37]

（一）针对医院等方——格式条款

2017 年修订后的《民法》规定：对格式交易(指当事人以不特定多
199 数人为对象进行的交易，其全部或部分内容是统一的且对双方都合情合理的交易)达成合意(格式交易合意)者，协议商定合同内容以格式条款(指格式交易时，当事人以合同内容为目的所准备的条款总体)为主旨时，或准备格式条款者(格式条款准备者)预先向对方表示了合同内容以格式条款为主旨的情况下，就格式条款的个别条款而言也视为达成了协议(第 548 条之 2 第 1 款)，但该法律条款中也规定了，因“限制对方的权利、或加重对方义务的条款，从格式交易的方式、实际情况及交易上的社会共识来看违反了第 1 款第 2 项规定的基本原则”(诚实信用原则)“造成对方单方利益损失的条款视为未达成协议”(第 548 条之 2 第 2 款)。因此，手术辅助机器人的制造商或经销商与医院等方之间的合同若是根据包含了免责条款和限制责任条款的格式条款而签订，依照第 548 条第 2 款第 2 项，这样的条款有可能被判定为未达成协议。

（二）针对患者方——《消费者合同法》

对于患者与医院方之间的合同，作为自然人的患者也是消费者，适用《消费者合同法》。在《消费者合同法》中，以下条款均属于无效：(1)由于经营者的债务不履行而给消费者带来损害，免除其全部损害赔偿责任；(2)由于该经营者、法定代表人或其实际运营者的故意或重大过失造成的债务不履行而给消费者带来损害，免除其部分损害赔偿责任；(3)经营者履行债务期间，由该经营者的不法行为而给消费者带来损害时，在消费者合同中免除其《民法》规定的全部损害赔偿责任；(4)经营者履行债务期间，因该经营者、法定代表人或其实际运营者的不法行为而给消费者带来损害时，在消费者合同中免除其《民法》规定的部分损害赔偿责任(第8条第1款第1—4项)。以上事项适用于因医院方的债务不履行或不法行为造成的损害赔偿责任，包括患者与医院之间的合意，不涉及有关手术辅助机器人制造商及经销商的损害赔偿责任的免责条款和限制责任条款。此外，免除全部或部分的产品责任的条款在书面上并 200
非无效。

但是，从第8条第1款的大意上来看，手术辅助机器人的制造商以及经销商存在故意或重大过失的情况下，免除全部或部分因其债务不履行或不法行为造成的损害赔偿责任或产品责任；仅仅是轻微过失的情况下，免除全部因其不法行为或债务不履行造成的损害赔偿责任或产品责任，上述两项条款违反了“与适用《民法》《商法》及其他公共秩序无关的规定的情形相比，存在制约消费者的权利、加重消费者义务的消费者合同的条款，违反《民法》第1条第2项规定的基本原则”(诚实信用原则)，严重损害消费者的利益，被认定是无效的(《消费者合同法》第10条)。

六、远程手术有关的法律问题

(一) 远程医疗、远程手术的开展

日本《关于利用通信设备实施诊疗(即远程诊疗)》(1997年12月24日健政发第1075号厚生省健康政策局长通知)中有如下声明：“在《医师法》第20条等法律规定中，无论利用问诊、视诊、触诊、听诊以及其他何种手段，只要从现代医学角度而言能够对患者的疾病予以一定的诊断的过程都可视作‘诊查’。因此，即使不等同于直接的面对面诊疗，但能够代替面对面诊疗从而获知有关患者的生理、心理情况的有效信息的情况下，实施远程诊疗并未直接与《医师法》第20条等相冲突。”并且规定：“对于初诊及处于急性期的患者，原则上应采取直接面对面诊疗的方式”，“能够开展直接的面对面诊疗时以及能够与其他医疗机构合

作从而开展直接的面对面诊疗时，应采用直接的面对面的诊疗方法”。在难以开展直接的面对面诊疗的情况下(例如，对于身处本土以外的岛
201 屿及偏远地区的患者，本人前来就诊或医师前往问诊都需要大量时间，或有一定的危险，或不借助远程诊疗进行必要的当面诊疗存在困难的情况)，根据患者方面提出要求，在充分斟酌患者方利益的基础上，妥当合理地与面对面诊疗相配合，开展远程治疗的也是可以的。[38]

日本似乎尚未有过实施远程手术的案例。2001 年 9 月 7 日，纽约市的医师利用 Computer Motion 公司[39]开发的 ZEUS 为位于法国斯特拉斯堡的患者完成了腹腔镜下胆囊的切除。[40]

不过，此后虽然屡次开展了依靠通信线路达成图像、语音并存的远程手术指导，但并未有实施远程手术的案例。[41]因为，实施远程手术在确保通讯过程的稳定以及防止传达延时[42]方面是十分困难的。此外，也有人指出远程诊疗存在的法律风险不仅仅是如前文所述的应用手术辅助机器人时发生事故所引起的损害赔偿责任的问题，同时也会将电信运营
202 商的责任纳入考虑，故存在很高的法律风险。但是，Intuitive Surgical 公司宣称已完成借助通信卫星将远程操作纳入考虑范围的系统。此外，远程手术或可应用于发生灾害时的手术及由身在各处的专业医师所组成的医疗团队，[43]例如在日本，庆应义塾大学与东京医疗中心于 2004 年利用商业线路操作内视镜外科手术用摄像机，合作实施了远程手术。[44]

(二) 能够向哪里的法院提起诉讼——裁判管辖

在请求损害赔偿没有进展的情况下，人们通常会诉诸法院。日本法院是否能予以裁断、提供帮助取决于其是否具有管辖权。

考虑到被卷入诉讼一方的利益，原则上由被指控方(被告)(本章中指手术辅助机器人的制造商、经销商、医院等以及电信运营商)住所所在地的法院管辖。因此，在被告是自然人且其住所位于日本国内的情况下，若被告没有住所或住所不明，但其居所(暂时居住的场所)位于日本国内；或被告没有居所或居所不明，但在提起诉讼之前拥有位于日本国内的住所，以上两种情况均由日本国内的法院管辖(《民事诉讼法》第 3

条之2第1款)。此外，被告是公司等法人的情况下，其主要的事务所或营业场所位于日本国内；或被告没有事务所或营业所，事务所或营业所的所处地不明，但其法定代表人或其他主要的业务负责人的住所位于日本国内时，由日本国内的法院管辖(《民事诉讼法》第3条之2第3款)。 203

对于不法行为提起的相关诉讼，若不法行为发生地位于日本国内则由日本国内法院管辖(《民事诉讼法》第3条之3第8款)。因此，原则上在日本国内接受远程手术的患者起诉日本国外的医院方等及手术辅助机器人的制造商，基于其不法行为(包括产品责任)请求损害赔偿时可以向日本的法院提起诉讼。但是，若加害行为发生地位于国外，仅加害行为结果在日本发生，因在日本发生其加害结果通常无法预见，故无法在日本提起诉讼。诚然，对于国外的制造商，虽然加害行为发生地是外国，然而对于给患者带来伤害的远程手术本身，加害行为的一部分还是发生在患者接受手术的地方。

由消费者对经营者提起的诉讼，若提起诉讼时消费者的住所地位于日本国内，或签订合同时消费者的住所位于日本，应当由日本的法院管辖(《民事诉讼法》第3条之4第1项)。接受远程手术的患者为消费者，医生、医院等为经营者。

此外，比如，对在日本国内拥有事务所或营业场所的人提起的诉讼，其事务所或营业场所开展的业务相关事项；或者对在日本开展事业的人提起诉讼，且起诉的内容为其在日本开展的业务相关事项，应由日本的法院管辖(《民事诉讼法》第3条之3第4、5款)。

然而，在当事者之间对管辖达成合意的情况下，原则上管辖将遵照其合意进行(《民事诉讼法》第3条之7第1款)。经营者和消费者达成合意之时，同意双方可以向签订消费者合同时消费者拥有住所地的国家的法院提起诉讼的情况下；或者消费者在基于国际管辖协议的基础上，向达成协议的国家的法院提起诉讼的场合；或者是经营者提起诉讼时，消费者引用国际管辖协议的情况，除了以上情况或者场合之外，消费者合同中的管辖协议将被视为无效(《民事诉讼法》第3条之7第5款)。也就是说，日本保障消费者在签订合同时拥有向消费者拥有住所的国家的法院提起诉讼的权利。

204 （三）能够适用哪个国家的法律——准据法

涉及两个或两个以上国家(正确地来说应为法域，“实施特定法律的领域，也可以是国家的一部分”)之间的纠纷时，在适用哪个国家的法律的问题中被选择适用的法律就是准据法。日本的法院在决定将哪个国家的法律作为准据法时所依据的是《法律适用通则法》(以下称为《法通则法》)。

根据《法通则法》，在追究手术辅助机器人制造商的不法行为责任时，将依据加害行为结果发生地的法律来判决因不法行为所生的债权是否成立及其效力。因此，对于患者来说，从原则上应适用接受手术地的法律。诚然，《法通则法》第 18 条将产品责任作为特例，规定被害者应遵从接受产品交付时所在地的法律，然而，患者并非接受了手术辅助机器人的交付，因此第 18 条规定是无法适用的。但当日本的法院具有管辖权时，关于是否构成产品责任以及该责任的效力，日本的法院会将产品责任视作不法行为的一种，[45]从而适用加害行为结果发生地的法律。

另外，医院方在追究制造商的产品责任时适用《法通则法》第 18 条，即适用手术辅助机器人交付地的法律。若主张构成不法行为责任时，既然第 18 条为第 17 条的特别条款，则对于应该被适用的法(准据法)而言也并无错误。[46]医院方在追究制造商或经销商的债务不履行责
205 任或瑕疵担保责任时，原则上将遵从医院方同制造商或经销商等签订买卖或租赁合同时双方所选择之地的法律(《法通则法》第 7 条)。如果双方没有明确选择确定的地方的话，判定法律行为是否成立及其效力将遵从与该法律行为关系最密切之地的法律(《法通则法》第 8 条第 1 款)。对于后一种情况，与适用第 18 条的情况相同，也可能适用手术辅助人交付地的法律。

再有，患者和医院之间的合同(诊疗合同)在《法通则法》上也可以

认定为消费者合同[个人(并非作为经营事业或为了经营事业而缔结合同)和经营者(法人、社团或财团，以及作为经营事业或为了经营事业而缔结合同的个人)之间订立的合同]。因此，在诊疗合同中，即使约定将遵从患者常住地以外的地方的法律时，如果消费者向经营者表示要适用常住地的法律中的特定强行规定，且该强行规定确定的事项有关于该消费者合同的成立及其效力时，日本的法院应适用该强行规定。比如，患者在日本拥有常住地的情况下，如果患者表明了上述意思，则应适用《消费者合同法》。另外，如果没有在诊疗合同中约定关于判断诊疗合同是否成立及其效力的准据法，将依照患者常住地的法律来判定(《法通则法》第 11 条 2 款)。诊疗合同中包含有关手术辅助机器人制造商及经销商的损害赔偿责任的免责规定和限制责任规定的情况下，患者是否达成了如上合意，如上条款的效力能够在多大的范围内被认可，应根据上述规则参照既定的法律进行判断。

七、今后课题

(一) 许可证制度的可行性

虽然应用手术辅助机器人进行的手术数目在逐渐增多，然而从比例
上来看依旧占少数，医学专业的教育课程中也没要求开展应用手术辅助 206
机器人进行手术的培训。自然而然地，国家医师资格考试也未曾将其列入考试范围。然而，制造“达芬奇”的 Intuitive Surgical 公司建立了认定资格制度，[47]医师在获得操作资格后至少要参观学习 10 例病例才可开展手术。[48]

在欧洲，使用像手术机器人这样极为复杂的器械进行手术时，对外科医生规定了最低职业要求，对于欧盟来说，引入培训和最终测验是必需的，该培训和最终测验旨在获得能够利用手术辅助机器人做手术的资格。有提议认为关于此项资格应要求继续教育，且为了能够适应总在更

新的器械，有必要采取资格更新制度。[49]欧洲议会认为，为保障患者的健康，对医生和医护人员等医疗从业者进行合理的教育、培训和准备至关重要，还应确保专家的能力有机会达到最高水准，会议还决定，为了许可外科医生操作、使用外科手术机器人，有必要制定职业上的最低要求事项。[50]然而，在此会议后，欧洲委员会虽然为落实此决议公开发表了一系列规则与政策，[51]但对于职业上的要求事项并未直接提及。

207 (二)“缺陷”、“瑕疵”、“过失”的取证困难程度

有人指出，在美国，即使是民事诉讼也引入了陪审团且要求有专家证人，在当下只有一家手术辅助机器人制造商的情况下，存在着请求损害赔偿的原告无法找到合适的专家证人的问题。[52]在日本的自由心证主义(译者注：在我国又称为内心确信制度)和职业法官制度的背景下，或许有人会认为不会出现严重的问题，但在过去的医疗过失诉讼案中，存在过患者方无法取得合适的专家的证词的问题，从这一点来看，可能出现对手术辅助机器人的缺陷、瑕疵以及主刀医师等人的过失取证困难的情况，反过来看，研发风险的抗辩能够在多大的范围内得到许可也可能成为问题。

另外，经常可能存在无法明确区分应用手术辅助机器人进行手术的医疗从业人员的过失(或者不熟练)与手术辅助机器人的缺陷和瑕疵的问题，在美国也有人认为由手术辅助机器人引起的事故或许被过少地认定了。[53]

(三)保险和补偿制度的可能性

手术辅助机器人瑕疵和缺陷的取证是困难的，对主刀医生过失的取证也并不容易。使用手术辅助机器人进行的手术与患者是否受损害息息相关，为了应对这一情况，应像汽车赔偿责任保险一样强制投保，根据情况不同，无论医生等有无过失，都需要给予赔偿。这一规定或许值得在立法的层面来探讨。以现代的技术水平与医疗水平为前提来看，确实
208 存在一定的风险，但手术辅助机器人的应用，从超长期、中长期来看将与患者的利益乃至全体国民的利益有关，从这一点来看，认为其与汽车

的驾驶有共通之处也无可厚非。另外，鉴于医疗事故中因果关系的取证屡屡受困，可为被害人建立与覆盖医药品副作用致人损害的医药品副作用被害救济制度相同的救济制度，或者将其也纳入医药品副作用被害救济制度之中，这些观点或许都不失为好方法。

另外，手术辅助机器人可减轻患者的身体负担，还可因此缩短住院的时间从而减少需要支付的医疗费用，缩小医生之间的技术差距，因而可能对患者大有裨益。从以上几点来看，手术辅助机器人的生产商得以为应对产品责任而缴纳保险是十分必要的。假设交纳合理的保险费用进行投保在市场调控下难以实现的话，可以在立法的层面考虑像核能损害赔偿制度一样，在国家政策上对超过一定限度的份额给予补偿。

注释

1. http://j-robo.or.jp/da-vinci/nounyu.html.

2. 例如，Mracek v. Bryn Mawr Hospital, 363 F. Appendix 925. 926(3d Cir. 2010)。此外，Cooper. MA. et al., Underreporting of robotic surgery complications, Journal for Healthcare Quality, vol. 37, no. 2, pp. 133—138(2015); Kartikay. M., Maker of $1.5 million surgical robot hid more than 700 injury claims, Insurer says.(26 May 2016)〈http://www. bloomberg. com/news/articles/2016-05-26/da-vinci-surgical-robot-maker-fights-insurers-over-hidden-claims〉参照。

3. http://www. med. nagoya-u. ac. jp/hospital/departments/file/authoura1fe4/2017/pdf/20110607houkkokusyo.pdf.

4. 除参考妹尾安子对护士进行的问卷调查以外，还参照了《机器人手术——排除团队合作故障：全国问卷调查结果》，Japanese Journal of Endourology, vol.27, no.2, p.243(2014)。

5. 依照 2017 年修订(2017 年法律第 44 号)后(2020 年 4 月 1 日施行)的民法，以合同不合理为由的债务不履行责任。

6. 根据国会政府参考人的答辩和众多学说，即使是非营利性的场合也被认为是“以之为业”。

7. 最判平成 8 · 1 · 23 民集第 50 卷第 1 号第 1 页。

8. 最判平成 14 · 11 · 8 判时 1809 号第 30 页。

9. 东京地判平成 15 · 3 · 20 判时 1846 号第 62 页。

10. 东京地判平成 15 · 9 · 19 判时 1843 号第 118 页。

11. 第 129 次国会众议院商工委员会议录第 5 号(1994 年 6 月 3 日)第 8 页“坂本政府委员”，通商产业省产业政策局消费经济科编：《产品责任法解释》，第 142 页(通商产业调查会，1994 年)，川口康裕：《关于产品责任法的成立》，《法学家》1994 年第 1051 号，第 50 页。

12. 东京地判平成 14 · 12 · 3 判时 1805 号第 14 页，大阪地判 23 · 2 · 25(平成 16 年(ワ)第 7990 号)等判决认为，以下的理解是恰当的，即制造商在交付产品时，其产品的制造判断标准应该为当时世界上最先进的科学技术水准。

13. 行为人应该预见并认识到会造成违法的结果，但因为疏忽对此并未预见从而实施了行为，或者没有实施行为的心理状态。

14. 违法行为者有义务对因违法行为所引起之损害进行赔偿的制度。

15. 债务人(在约定中有义务交付物品、有义务应做某事的人)无正当理由未履行债务本意上承诺的事项称为债务不履行。粗略而言，指不遵守约定、未履行义务。在此指代只完成了部分的约定(不完全履行)。

16. 此外，国家、公共团体所设立运营的医院引入并使用的手术辅助机器人属于《国家赔偿法》第 2 条规定的“公共设施”，如果在“安装或管理中有瑕疵”，作为该医院设立管理者的国家、公共团体承担无过失的损害赔偿责任。

17. 在此所说的负损害赔偿责任之人，负受害者遭受的全部损害的赔偿责任(受害者可对其中一人请求全额赔偿)，若责任承担者中的某一个人支付了赔偿的全部或一部分(偿还)，则责任承担者中的某一个人的事由不会影响到其他人。

18. 群马大学医学部附属医院虽未引用手术辅助机器人，但其进行腹腔镜手术发生的医疗事故(2010—2014 年。参照 http://hospital.med.gunma-u.ac.jp/? p= 4117)可以证明新的手术方法具有风险。

19. 东京地判昭和 46 · 5 · 19 判时 660 号第 62 页。

20. 卫生部事务次官“关于医疗法的部分修正”(1997 年 12 月 26 日)(http://www.mhlw.go.jp/topics/bukyoku/isei/igyou/igyoukeiei/tuchi/091226.pdf)中，“第二修正的要点”的“1 医疗提供服务说明”指出：“医疗需要医生等医疗工作者十分尊重患者的状况和立场，是基于和患者的信赖关系而提供的服务，近年患者的健康意识增强，患者的医疗需求也随之增多且复杂。随着医疗内容的专业化、复杂化，要求医疗工作者向患者详尽地说明医疗内容。基于此，医疗工作者提供医疗服务时，必须进行合适的说明，努力得到接受医疗服务的人的理解。”

21. 最判昭和 56 · 6 · 19 判时 1011 号第 54 页(开颅手术十分危险，是对患者的身体的严重医疗性“侵袭”行为，想要进行开颅手术的医生，有义务对患者详细说明“侵袭”内容及伴有的危险性)。

22. 最判平成 12 · 2 · 29 民集第 54 卷第 2 号第 582 页(疏于说明时，不得不说是剥夺了患者是否接受可能要输血的手术的决定权，在这一点上侵害了患者的人格权)。

23. 最判平成 13 · 11 · 17 民集第 55 卷第 6 号第 1154 页。

24. 前注 3 中(患者在接受利用“达芬奇”进行的部分胃部切除手术五天后死亡的事件)。

25. 关于该案例，“知情同意书是为了参加机器人辅助下的内视镜手术相关的临床研究而准备的。鉴于该手术为利用开创性的临床研究的手术技术对未知领域进行的医疗行为，可能有伴发并发症的风险，因而特别是在不利益方面能够得到患者的理解是重要的”，在“接受说明并理解的手术项目”中，“参与研究时能想到的利益与不利益”一栏有“确认之前进行过详尽说明，并获得患者的首肯”。再者，“临床研究说明书的内容中，虽然记载了‘本次手术的危险性’、‘除上述内容外，实际手术中还可能引发不可预测的并发症’，但这只是对胃癌手术及腹腔镜手术的一般说明，关于参与机器人辅助手术研究的内视镜手术所特有的副作用只记载了‘手术时长可能会很长’。然而，机器人辅助的内视镜手术还在临床研究阶段，属于未知领域的手术技术，鉴于此，说明书也应该记载‘给样品提供者带来的利益与不利益’，在其中也应该包括临床研究中机器人辅助的内视镜手术中可能会发生无法预测的危险”。

26. 前述最判平成 13 · 11 · 17 判例。其结果是大多数情况下，医院对患者(及其家属)的说明十分详细，用来说明的文件数目也将增多。但是，对患者而言其说明内容难以理解，而且通常患者更关注健康的恢复。对不关心的事情作过多的说明于患者而言不仅会成为负担，还很有可能造成损害患者作出同意的任意性的问题。

27. 自身知晓该行为具有危险仍旧实施该行为(虽然典型例子为高危运动项目，但在美国因棒球场上的界外球而受伤时一般需要自己承担危险责任)。虽然其与刑法之间的关联被广泛讨论过，但能否提出损害赔偿请求，日本一直以来几乎没有讨论过。

28. 根据 2017 年修正后的《民法》，以合同不适合为理由的债务不履行责任。

29. 根据 2017 年修正后的《民法》，购买者(比如医院)发现交付到手的手术辅助机器人的品质与合同的内容所规定的不相匹配的话，从发现不匹配开始算起的一年之内(购买者接受卖方交付产品时发现其与合同不相匹配，或者由于重大的过失而没有发现其不相匹配时没有此时间限制)将其告知卖方的话，购买方可以以其与合同不相匹配为由请求损害赔偿。

30. 根据 2017 年修正后的《民法》，以合同不适合(第 562 条第 1 款原文)为理由构成的债务不履行(第 415 条第 1 款)。

31. 在具体交易时，当事人聚焦于该物的特征从而指定的交易物。在手术辅助机器人之中特定物则指代二手的手术辅助机器人。非特定物指在具体交易时，当事人不论特征而只指定该物的种类，如果是手术辅助机器人的情况下则指代全新的手术辅助机器人。

32. 有如下的下级审判案例：瑕疵担保责任包括由具有瑕疵的物品给买主的生命、身体、财产带来伤害的情况(比如，福冈地久留米支判昭和 45 · 3 · 16 判时 612 号第 76 页)。也有有力的观点认为：这些损害应该被包含在债务不履行责任和不法行为责任中。

33. 法院认为：在不特定物交易(译者注：种类物交易)中，原本只规定了债务不履行的问题，但除此之外，当购买方把有瑕疵的目的物当作履行交易行为而接收后，不能排斥瑕疵担保责任的适用(大判大正 14 · 3 · 113 民集 4 卷第 217 页)，不能行使以债务不履行责任为由的完全履行请求权(大判昭和 3 · 12 · 12 民集 7 卷第 1071 页)。然而，在此处所谈论的接受指的是购买方虽然知道瑕疵的存在但是为了履行其义务而带有容忍性质的接受，只要不是购买方处于履行目的物的交付而接受时，可以追究卖方的债务不履行责任。(最判昭和 36 · 12 · 15 民集 15 卷第 11 号第 2852 页)

34. 2017 年修订后的《民法》第 572 条规定：“卖方在第 562 条第一款本文……规定的情况，即使特殊规定其不必承担担保的责任，关于知情不报的事实，也无法免除其责任。”

35. 在过失行为中，疏忽或者违反注意义务的程度比较低。是否为重大过失还是轻微过失，根据其具体的事项比如参照承担责任的责任人的职业、地位、事故发生的状况等进行裁断。

36. 星野英一：《民法概论 4(修订版)》，良书普及会 1986 年版，第 61 页，加藤一郎：《关于免责条款》，载加藤一郎编：《民法学的历史与课题》，东京大学出版会 1982 年版，第 234 页。关于《消费者合同法》第 10 条，北川善太郎、潮见佳男：《注释第 415 条)，载奥田昌道编：《新版注释民法(10) Ⅱ》，有斐阁 2011 年版，第 245 页。

37. 参照户田修三、中村真澄编：《注解国际海上物品运送法》，青林书院 1997 年版，第 436 页；户田修三、西岛梅治编：《保险法、海商法》，青林书院 1993 年版，第 204 页等。

38. 同时参照《利用信息通信设备进行诊疗(即远程医疗)》(2015 年 8 月 10 日厚生劳动省医政局长事务联络)。然而，《关于提供利用网络等信息通信设备进行诊疗(远程医疗)的事业》(2016 年 3 月 18 日医政医发 0318 第 6 号厚生劳动省医政局医事课长通知)中，对于以下问题：“仅仅利用由电子邮件、社交网络服务等的文字以及照片获得的信息进行诊查时……可以认为会无法得到‘直接的面对面诊疗那种程度上的关于患者心身状况的有效信息’”，“不实行面对面诊疗而仅仅靠远程治疗完成本次医疗的话，本次治疗……并非‘作为直接面对面治疗的辅助手段’……也不是‘与直接面对面治疗适当地相配合’的诊疗。在这种情况下，进行此项操作的人，可以看作违反了严禁无诊查治疗的《医师法》(1948 年法律第 201 号)第 20 条吗？”(2016 年 3 月 14 日 27 福保医人第 2663 号东京都福祉保健局医疗政策部医疗人才课长咨询会)，相关的回答是“这是宝贵的意见”。

39. 2003 年，Computer Motion 公司被制造了“达芬奇”的 Intuitive Surgical 公司吸收合并。

40. Institute for Research into Cancer of the Digestive System, “Operation Lindbergh”: A World First in TeleSurgery: The Surgical Act Crosses the Atlanticl! (http://www.ircad.fr/wp-content/uploads/2014/06/lindbergh-presse-en.pdf). 此手术被称为“林德伯格手术”，以首位成功完成单人不着陆飞行横跨大西洋的查尔斯·林德伯格命名。

41. 在总务省《关于应用 8K 技术的医疗智能化研讨会》上，金光幸秀会员指出“位于远方的医师所做的手术可能利用达芬奇机器人技术而成为无线手术，却并没有实现如同林德伯格手术那样跨越大陆的远程手术”(第三次 2016 年 5 月 30 日，议事概要，http://www.soumu.go.jp/main-content/000430500.pdf)。

42. 有评论说：进行林德伯格手术时(一次远程手术)，利用通信卫星进行通信会有 600 毫秒的延迟，实际上利用光纤电缆传送信号的话，图像信息延迟会控制在 150 毫秒以下。参照日本和泰国之间进行的用猪来实验的远程手术报告。参照光石卫、荒田纯平：《医疗中的遥控机器人》，《日本机器人学会志》2012 年第 30 卷 6 号，第 568 页—570 页。

43. 光石卫：《对 21 世纪机器人技术的期待》，《日本机器人学会志》2000 年第 18 卷 1 号，第 2—7 页。

44. http://www.olympus.co.jp/jp/news/2004a/nr040512opej.jsp.

45. 因《法通则法》第 18 条规定“与上一条规定无关”，第 18 条所表明的产品责任(与国际私法有关)应当作为一种不法行为责任，并没有有关产品责任的明文规定。在过去的判例中，产品责任(与国际私法有关)也是作为不法行为责任的前提而加以判决(东京地判平成 10 · 5 · 27 判时 1668 号第 89 页)。

46. 此外，离开《法通则法》第 17 条、第 18 条，当存在“明显地……具有密切关系的其他地方”时，该地的法可以适用(第 20 条)。在第 20 条中，可以举例说明的是，违反基于当事人之间合同中的义务从而构成不法行为时，医院等追究制造商的产品责任或不法行为责任的情况指的是“违反了基于当事人之间的合同中的义务而产生了不法行为”的情况。然而，比起接受手术辅助机器人交付的地方，几乎无法设想存在“明显地……具有密切关系的其他地方”。

47. 关于获取资格所必需的训练，例如：岩手县立胆泽医院的广报志的介绍(http://www.isawa-hp.com/media/2/20170510-kuro31.pdf)通俗易懂。

48. 比如，《日本内视镜外科学会(JSES)的关于导入内视镜手术辅助机器人手术的提议》(2011 年 7 月 19 日)中提到，原则上来说满足原文所说的条件是满足期待达成的七项条件之一，并列举了以下例子：主刀医生及助手参与了 da Vinci Surgical System 制造经销商及经销公司主办的训练课程并取得了关于使用内视镜手术辅助机器人进行手术的证书。

49. D6.2 Guidelines on Regulating Robotics(http://www.robolaw.eu/RoboLaw_files/documents/robolaw_d6.2_guidelinesregulatingrobotics_20140922.pdf), p.94. 100—101 (2014).

50. European parliament resolution of 16 February 2017 with recommendations to the Commission on Civil Law Rules on Robotics(2015/2013(INL)), para. 33.

51. European Commission, Follow up to the European Parliament resolution of 16 February 2017 on civil law rules on robotics(http://www.europarl.europa.eu_/oeil/spdoc.do? i= 28110&j= 0&l= en).

52. Goldberg. M., The Robotic Arm Went Crazy: The Problem of Establishing Liability in a Monopolized Field, Rutgers Computer & Tech. Law Journal, Vol. 38, pp.225—253(2012).

53. Cooper et al., supra note2: Dubeck, D., Robotic-assisted surgery: focus on training and credentialing, *Pennsylvania Patient Safety Advisory*, Vol. 11, p. 93—101 (2014); Kaushik, D, et al., Malfunction of the Da Vinci robotic system during robot-assisted laparoscopic prostatectomy: an international survey, *Journal of Endourology*, vol.24 no.4, pp.571—575(2010).

第九章

机器人、AI与刑事责任

深町晋也[*]

一、引　　言

209

随着技术的发展，围绕机器人、AI所可能形成的问题内容在不断变化。同样，相关的刑法问题也变得多种多样。比如，怀有恶意的人类在程序中加入可以造成机器人、AI暴走的漏洞，或者实施黑客攻击等行为，在(有时候甚至是超越国家层面的)大范围内产生了极其深刻的影响。虽然这些问题已经引发了国际上的重点关注，[1]但从影响力的程度来看，当前国际协调之下的规制还是有必要的，而对此所进行的刑法讨论自然也无法回避。

但是，本章所要讨论的并非有意图并且是不正当的黑客行为问题。 210
对于该类问题，现行法的规定能在何种程度进行规制、是否需要设置新的刑罚规定、如果需要的话该如何立法等非常多样化的考虑是必要的，

* 深町晋也，立教大学大学院法务研究科教授。

因此理应另外单独讨论。

本章所讨论的对象在于：第一，机器人、AI并非由于这些人类的有意图攻击，而是自己实施了一定动作造成法益侵害结果的事例，换言之，也就是当机器人、AI处于“加害者”立场的情况。不仅如此，随着技术越来越进步，如果机器人、AI变为越来越接近于人类一样的存在的话，那么就很有可能不仅仅处于加害者的立场。因此，第二，当机器人、AI与人类具有了某种类家族化或者伙伴关系的时候，那么对于人类来说，其就超越了物的意义并具有了精神层面的内涵。在这种场合，就需要讨论此时处于“被害者”立场下机器人、AI受损毁的问题。这两类事例，往往会上升到机器人、AI是否存在“人格”这一问题的层面，虽然相互之间的问题确实会有紧密联系的地方，但在理论上也可以进行区别讨论(当然也存在区别讨论的理由)。因此，下文将针对这两类问题设置相应的范例，并以此为基础展开进一步的讨论。[2]

二、范　　例

(一) 事例1

211 X购买了汽车制造商Y所制造销售的自动驾驶汽车(level 3级别)，在某个雨天利用自动驾驶模式以40公里每小时的速度行驶于一般道路上。X没有注视到原本前方道路左侧人行道上行走的儿童A放开父母的手进入了车道。自动驾驶汽车判断此时需要紧急应对因此转化为驾驶员对应模式，但由于X没有注视前方而迟于瞬间的对应，造成来不及急刹车的状况。在此时，X向右边猛打方向盘企图回避撞向A，却不幸撞到了后方驶来的超速行驶的摩托车，并导致摩托车上的人员B死亡。

(二) 事例2

X购买了汽车制造商Y所制造销售的自动驾驶汽车(level 4或者5的级别)，以40公里每小时的速度行驶于一般道路上。在这辆自动驾驶汽车中，安装了冲撞回避系统。该系统被设计为可以通过紧急制动来回避冲撞，或者在判断为来不及紧急制动的场合通过左右打方向盘来回避冲撞。但是，当紧急制动之后依然没办法回避冲撞的时候，比如当紧急制动情况下会导致与后方车辆冲撞，而当向左打方向盘的话会造成与左方行为人冲撞、向右打方向盘的话会与后方行驶的摩托车冲撞的时候，系统被设计为选择冲撞损失最少的方式。X当时正行驶在单行道上，前方突然驶来一辆车导致X所乘坐的自动驾驶汽车不得不向左或向右打方向盘，左边的人行道上有行人A，右边的人行道上有站着正在聊天的一堆人，自动驾驶汽车为了避免与对面驶来的车辆冲撞选择了向左打方向盘，导致A被碾压致死。

(三) 事例3

X购买了搭载有AI系统的游玩机器人A。机器人A被制造成柴犬的外观，并具有自动收集记录主人语言、体温心率等健康数据的功能，
通过综合分析主人所登录的个人信息，给予主人最合适的回应。A长年 212
以来一直在收集关于X的信息并向X提供最合适的应对，对于X来说不可或缺，而X对A十分溺爱。X的配偶Y对此长年忍受。某日，Y终于无法继续忍受并在X的面前把A彻底毁坏。

然后，X为了报复Y便把Y长年以来所重视的与A具有同样概念的人形机器人B在Y的面前彻底毁坏。

三、自动驾驶汽车与过失犯的成立与否

(一) 自动驾驶汽车的意义与种类

所谓的自动驾驶汽车，是指不借由驾驶人员的操作而是通过自动驾驶机能以安全到达一定目的地的车辆。这种自动驾驶是通过AI软件实现，而自动驾驶汽车便是装备有这种AI软件的车辆。九成以上的交通事故(死伤)与驾驶人员的人为失误有关，自动驾驶汽车的导入可以减少由

驾驶人员的人为失误所造成的事故可能性，[3]也可以基于最合适路线的选择而减少对环境的负担，[4]因此有益于社会。此外，在像日本这样不断严重的老龄化社会中，对于与青年、中年期相比在认知判断能力上有所低下的高龄者而言，从安全舒适地享受移动自由的角度出发，这种自
213 动驾驶汽车的出现具有很大的意义。[5]

依据 2014 年 SAE(Society of Automotive Engineers)提出[6]并于 2016 年被美国国家公路交通安全管理局(NHTSA)采用[7]的标准，自动驾驶汽车根据自动驾驶所能实现的程度被划分为从 level 0 到 level 5 这 6 个等级。装备驾驶环境自动监测系统的情况属于 level 3 以上的级别，level 3 级别(附条件自动驾驶)的自动驾驶系统的监测机能在一定情况下(比如恶劣天气)存在局限性，需要转托人类驾驶员进行妥善的判断(这被称为转成手动控制)。与之相对，到了 level 4(高度自动驾驶)或者 level 5(完全自动驾驶)[8]的级别就没有了人类驾驶员手动控制的必要性，可以将相关的应对委托给自动驾驶系统。所以，level 3 级别的自动驾驶汽车与 level 4 级别以上的自动驾驶汽车，在关键时刻是否需要人类驾驶员进行正确应对这一点的必要性上，存在很大的差异。

（二）level 3 级别的自动驾驶汽车与死伤事故

针对事例 1 中被害人 B 的死亡，谁需要承担刑事上的责任？ 在事
214 例 1 中(与后文也要论及的事例 2 不同)，一般而言首先讨论的会是人类驾驶员自身的过失责任问题。

事例 1 中，车辆的操作控制权限是由自动驾驶系统移交到了驾驶者 X 身上。要是 X 自己操纵车辆导致了 B 的死亡，那么 X 便当然地成立过失驾驶致死罪(《汽车驾驶致死伤法》第 5 条)。但是，这里存在疑问的是，X 究竟是在哪一点上存在过失？ 如果成立刑法上的过失犯需要以注意义务的违反为必要的话，[9]X 违反了什么样的注意义务呢？

汽车驾驶者在驾驶汽车过程中所承担的义务当中，最基本的是前方注视义务。也就是说，为了对不断处于变化当中的道路状况进行及时且正确地应对，需要注视前方以取得道路状况各种各样的信息。使用 level

3 级别的自动驾驶汽车并依赖自动驾驶系统进行驾驶，这一过程不代表免除了驾驶者前方注视的这项基本义务。换言之，即便车辆处于自动驾驶系统控制，由于无法确定何时需要转为驾驶员进行手动控制，所以始终要求驾驶员时刻自己注视前方的情况并准备着在必要的时候接手控制权限。概言之，处于自动驾驶模式期间的 X 依然需要注视前方。

但是，这种观点依然存在疑问。直截了当地说，对驾驶员而言，如果一直要求在自动驾驶系统控制车辆的时候与驾驶员自己驾驶车辆的情况要有同等程度的集中力的话，这样合适吗？ level 3 级别的自动驾驶汽车在手动控制之前，所有的行驶任务均由自动驾驶系统处理。驾驶员也以此为前提，信赖这种处理才乘坐车辆。我们是否忽视了从法的角度对这种信赖进行评价？

刑法当中存在考虑这种信赖的法律原则。即，当行为人可以信赖他人实施恰当举止的时候，如果因为他人的不恰当举止导致了法益侵害的结果发生，也不能因此追究行为人的责任(信赖原则)。[10]这种信赖原则
基本上是针对人类的行动而言，但像在事例 1 里面，如果可以期待汽车 215
制造商 Y 设计制造出能够得当运行的 AI 系统的话，假设即便 AI 系统因为不正确的运行导致了法益侵害的结果发生，也不能够对行为人进行追责。但是，事例 1 并非那种手动控制本身得当，更并非驾驶员可以固执于信赖自动驾驶系统能够得当运行而自己可以不实施恰当举动的场合。换言之，由于 level 3 级别的自动驾驶汽车本身是以某些情况下需要转成手动驾驶为前提而设计的，所以在应该进行手动驾驶的时候如果没有特殊的理由导致并未实施手动驾驶，那么 X 理应承担刑事责任。

但是，即便在这种场合不适用信赖原则，上文所提到的能否期待驾驶员不论在何时都需要达到像自己驾驶一样的前方注视程度这一问题依然没有解决。驾驶员自己驾驶的时候，意识本身开始变得散漫或者漫不经心驾驶的情形并非罕见。不是自己驾驶的场合更会如此，为了打发无聊而看手机可以说是一种当然可以预料的情形。鉴于这些考虑，如果对非自己驾驶的驾驶员科以同样的前方注意义务，并对相关的违法行为进

行扣分或者科处交通反则金等行政制裁甚至(当事故发生之后)科处刑罚的话，这些对策是否妥当存在一定疑问。如果科以那样的前方注意义务的话，level 3 级别的自动驾驶汽车的用户界面里，也许重要的是可以提前设计并设置提醒驾驶员即便在非自己驾驶的时候依然时刻注意前方的装置。[11]

此外，需要转为手动控制的时候，驾驶员在紧急状态当时是否进行了正确应对这一点属于其他问题。转为手动控制的必要最低时间是 4
216 秒，[12]即便注视了前方，也很有可能存在没办法通过紧急制动以回避事故的情况。在这种场合，可以进一步讨论是否存在紧急制动以外的手段以达到回避事故的目的。为了避免与 A 发生冲撞，(除了紧急制动以外)只能向右打方向盘，同时也由于 B 超速事实的存在，引发了案例中冲撞事故的发生，由于驾驶员 X 存在可以期待 B 遵守交通规则以正常速度行驶的信赖，所以可以适用前文提到的信赖原则。最终结果，应该得出否定事例 1 当中 X 存在过失责任的结论。

四、 level 4 级别以上的自动驾驶汽车与过失犯的成立与否

（一）前提：level 4 级别以上的自动驾驶汽车能行驶在公共道路上吗?

在事例 2 中所提到的关于 level 4 级别以上自动驾驶汽车的问题，已经与人类驾驶无关，几乎只涉及自动驾驶系统造成本案事故的情形。[13]但是，原本日本所批准的相关道路交通条约(即所谓的《日内瓦条约》)当中，第 8 条第 1 款明文规定了车辆中必须存在驾驶员，而从第 4 条的定义规定来看，所谓驾驶员则是指在道路中驾驶车辆的人员。[14]

从这些规定出发，不涉及人类驾驶的 level 4 级别以上的自动驾驶汽车是否满足了这些条件的要求会有疑问。[15]起码从现状来看，一般只能解释认为车辆的驾驶员需要是人类，[16]如果以此解释为前提，且条约本身也没有进行修正的话，[17]那么 level 4 级别以上的自动驾驶汽车原本便
217 不应该被允许行驶在公共道路上。[18]

(二) level 4 级别以上的自动驾驶汽车与刑事责任：AI 的刑事责任?

如果《维也纳条约》经过修订，也允许 level 4 级别以上的自动驾驶汽车进入公共道路之后，那么便会引申出对设计这种自动驾驶汽车的设计者，甚至是对构成自动驾驶汽车系统(程序)核心的 AI 是否可以追究刑事责任的理论可能性问题。在这里首先来了解一下最近被讨论得火热的 AI 刑事责任问题。[19]

从传统的刑法学立场出发，刑罚只能适用于像自然人[20]那样被设想成为具有一定人格的对象。如果从这种观点来看的话，要追究 AI 刑事责任的前提便会涉及是否可能承认 AI 具有人格的问题。比如在德国，便正面讨论了是否应该承认 AI 具有电子化人格这个问题。[21]除此之外，在日本也有学者从传统的刑法学立场出发，讨论了是否可以肯定 AI 218
具有行为性与责任能力这一点。[22]

为了解决是否应该肯定 AI 存在人格侧面这一问题，可以划分为两个具体路径：一是将其认为与自然人具有同样性质，即从与自然人具有类似性的观点出发，赋予其人格基础的路径；二是脱离自然人的类似性，讨论是否可以赋予 AI 以人格并且对其适用刑罚是否妥当的路径。

路径一所探讨的是，AI 需要具备何种性质才能类似于人类。比如，如果具备了与人类一样的认识能力、判断能力(等责任能力)的话，便可能作为与人类类似的存在而被追究刑事责任。[23]依照这样的解决路径，其实是假想了类似于人类的机器人 AI(典型的就像是“铁臂阿童木”“终结者”)，并肯定其中存在着人格。虽然如此，如果越来越强调与人类的类似性，而超过了作为追问刑事责任前提的“人格”这一基础的话，那么这更像是在强调探讨的是基于人类类似性所产生的保护必要性这一点。这种理解最终将导致，破坏与人类具有相似性的 AI 并删除其程序的做法就好像等同于科处“死刑”一样，(像在德国等废除了死刑的国家的话)进一步必然会讨论到是否允许这种处分的行使权限的问题。[24]但是，在讨论法人的人格(法人格)的时候，其实并不会产生这样的争议，因此基于人类类似性所产生的保护必要性意义上的“与人类的类似性”属于一种过度的要求。所以，人类类似性这一解决进路容易导致纠结于“人何以为人”的(无休止)争论，[25]故而需要谨慎对待。

路径二并非通过与人类的类似性展开，而是直接追问赋予 AI 以人
219 格是否可能的问题。[26]但这种路径需要面对如下问题：不拘泥于人类类似性，直接肯定 AI 的人格并对其科处刑罚的刑法上的意义何在？ 在比较 AI 的刑事责任的时候，多可以援引法人处罚的例子，但针对自然人之外的法人科处罚金刑等刑罚的意义在于，可以发挥刑罚所具有的抑制效果[27]这一点。[28]然而，对 AI 科处罚金刑会得到怎样的抑制效果呢？如果 AI 自身存在独自的经济利益归属，并且 AI 具有以这种利益的增值为目的去实施行动的性质的话，那么罚金刑作为一种“打击手段”的确能起到作用。但通常来说，这种经济利益只是归属于那些制造、销售 AI 的自然人或者企业(法人)而已，另对 AI 科处罚金刑并没有什么意义。[29]不仅如此，对于 AI 科处与自然人同样的自由刑(惩役、禁锢)也不会有什么意义，更难以说将 AI 进行破坏、消除其程序这种看起来像对 AI 科处“死刑”的做法会有生命刑所具有的意义。总而言之，脱离与自然人的关联性而另行肯定 AI 人格并对其科处刑罚的意义，基本上很难想象。

所谓的刑罚，原本是指针对被判处刑罚的对象而言是一种能够被感知的存在，并且国家通过刑罚赋予该对象以一定的耻辱。[30]从这种刑罚性质出发，赋予 AI 以耻辱的这种做法，或者朝着 AI 说“你做了 × × 坏事，是一个应该被非难的 AI”这种传递国家非难的做法，[31]究竟会有什么意义呢？ 原本，即便同属于人类，比如像幼儿实施了某种违法行为
220 的场合，国家并不会通过传递法的非难这种形式来赋予其耻辱。[32]这是因为，这种法非难的传递必然是指向我等社会中对等的成员。概言之，这就变成了是否有必要承认 AI 属于我等社会中对等成员的人格化主体这一问题。

此外，对 AI 实施不利益处分，比如将 AI 破坏、消除程序等做法，即使不通过刑罚这种形式也是可以的。[33]也就是说，原本对于人类，其实也可以基于危险性的理由而科处不以责任能力为前提的处分(保安处

分)。即便不讨论AI是否属于人格化主体、是否具有责任能力等问题，在理论上通过AI具有的危险性这一理由也能够实施相关的处罚。根据这样的思考路径，其实讨论“AI能否成为处罚对象”的问题已经没有了太大的意义。[34]如果对AI不属于真正意义上我等社会的对等成员的观点具有共识的话，那么就应该否认对其追究独立刑事责任的路径选择。

(三) level 4级别以上的自动驾驶汽车与刑事责任:设计者的责任?

如果没办法追问AI自身的刑事责任的话，那么随后的便是该AI的设计者、制造者的责任问题。在AI的判断存在瑕疵的场合，针对设计或者制造出具有这种瑕疵AI的人员，可以讨论刑事制造物责任的问题。此外，明知该瑕疵的存在，而不将该AI(比如本章所关注的自动驾驶汽车)从市场进行召回的人员，可以另外追究不作为犯的责任。关于这一点，刑法学上已经有过相当多的讨论，大家可以参见这些成果。[35]

与此相对，事例2中出现的问题的是，汽车制造商Y[36]是否需要对
该自动驾驶汽车承担设计、制造上的一定过失责任？ 更准确地说，产 221
生该案事故的自动驾驶系统判断是源于瑕疵吗？ 为了讨论这一点，那么就需要讨论以下的问题：当面对一定的不可避免的冲撞事故的时候，选择最小限度伤害的自动驾驶系统的程序设计本身应该如何评价？ 这里会涉及“生命法益的冲突状况”这一单独的问题，需要对此加以讨论。[37]

五、 自动驾驶汽车与生命法益的冲突状况

(一) 何为生命法益的冲突状况

所谓生命法益的冲突，常见的例子便是最近经常被提到的“火车问题”所描述的状况，在德国刑法学里也有将其称之为“驾驶员事件”。[38]典型的情况如下：铁轨上正在行驶的火车发生失控，如果依然这么行驶的话，那么在行进线路上的5个人因为没有逃跑的时间会面临

被碾压致死的局面，驾驶员甲看到了这种状况并且为了拯救者 5 个人的生命而选择将火车变道，导致处于火车变道后行进路线上的乙被碾压致死。甲考虑到了此时的乙不得不牺牲这一情况。

在该事件中，甲由于自己的碾压行为导致了乙死亡的结果因此成立
222 杀人罪。但是，在假如不论是处于哪条线路的人都无法避免死亡的情形下，将为了拯救 5 人生命而选择牺牲 1 人生命的行为以杀人罪进行处罚是否合适呢?

在这种生命法益发生冲突的状况中存在着是否可以成立紧急避险的问题。所谓的紧急避险，是指在谁都没有过错的情况下发生了危险，在一定的条件下允许将这种危险转嫁给他人的场合。尤其是为了保全更大利益，选择侵害相对而言较小利益这一点，往往属于紧急避险成立的必要条件。

那么，在前文所提到的“驾驶员事件”里，能否将甲的行为定性为紧急避险而实现正当化呢？ 在这一点上，牵涉到紧急避险制度的基本问题，日本刑法学经常参考的德国刑法学里面对这个问题已经有相当多的讨论。首先来简要了解一下德国刑法学对这个问题是怎么讨论的，然后再继续介绍日本对这个问题所进行的讨论。

(二) 德国刑法学当中对生命法益冲突状况的解决

1. 条文的确认

为了参考德国刑法学对这个问题所进行的讨论，需要具备德国刑法中关于紧急避险规定的相关基础知识。先来看看德国刑法条文是怎么规定的。

(正当化的紧急避险)

第 34 条　当生命、身体、自由、名誉、财产或者其他利益存在现时的、用其他方式无法回避的危险的时候，为了使自己或者他人回避这种危险而实施的行为非属违法行为，但以在诸多对立利益之中，尤其是衡量过相关利益以及这些利益所承受危险程度之后，所保全之利益显著优越于所

侵害之利益的场合为限。并且，在这一场合，该行为必须属于与所回避之危险具有相当性的手段。

(免责的紧急避险)

第 35 条第 1 款　当生命、身体或者自由存在现时的、用其他方式无法回避的危险的时候，为了使自己、亲属或者其他与自己存在亲密关系的 223
人回避这种危险而实施违法行为者，行为非属有责。根据情况，特别是当行为人自己引起了该危险或者行为人基于特别的法律关系而被期待需要忍受该危险的时候，不适用本规定。但是，如果不考虑特别的法律关系，行为人必须承受该危险的时候，可以根据第 49 条第 1 款的规定，减轻刑罚。

第 2 款　行为人在实施以上行为时，如果错误地认为本条第 1 款所规定的行为人免责事由的存在，并且仅限于这种错误可以避免的场合，该行为者属于可罚。应该根据第 49 条第 1 款减轻其刑。

2. 生命的衡量与正当化的紧急避险[39]

首先，在生命法益发生冲突状况的时候，为了拯救 5 人生命而牺牲 1 人生命的做法，不构成正当化的紧急避险。这是因为，德国《刑法典》第 34 条所要求的是，保全利益需要“显著优越”于侵害利益。其次，对于为了拯救 1 人生命而选择牺牲其他 1 人生命的做法，也很难会认为保全利益“显著优越”于侵害利益，因此无法通过本条实现正当化。

那么，为了拯救 5 人生命而牺牲 1 人生命的场合应该如何处理呢？这种场合看起来虽然是 5 个人生命这一保全利益“显著优越”于 1 个人生命这一侵害利益，但是基于德国的通说见解，否定了这种生命对生命进行衡量的做法，也否定了将其正当化的余地。[40]另外，德国联邦普通法院的判例也认为，在所谓的家庭暴力反击杀人案件里，[41]即便家暴被 224
害人是为了拯救自己的生命(以及自己女儿的生命)，侵害家暴加害人生命的行为无法成立正当化的紧急避险。[42]从这样的德国判例、通说出发，为了拯救多数人生命而选择牺牲少数人生命的做法其实得不到允许。

3. 生命的衡量与免责的紧急避险

与之相对，德国《刑法典》第 35 条第 1 款所规定的免责的紧急避险，即便在侵害法益与保全法益同属于生命的场合也可以成立。[43]但是，该条只能在为了保全行为人本人以及其亲属、近亲者的利益而侵害他人利益的场合才能成立。因此，在“驾驶员事件”那样的为了拯救与自己无关的第三人生命而选择侵害其他第三人生命的案件中，不能适用该条规定成立免责的紧急避险。

因此，为了避免这种结论的不当，在学说上有主张可以成立超法规的免责的紧急避险的观点。[44]至于何种场合可以成立这种紧急避险，在学说上存在对立，[45]但比较有力的观点认为，只要使危害最小化即可。如果根据这种立场的话，那么像在“驾驶员事件”当中为了拯救 5 人生命而选择牺牲 1 人生命的场合，符合危害的最小化，所以可以成立超法规的免责的紧急避险。

225 (三) 日本对于生命法益冲突状况的解决

1. 条文的确认

在这里也首先来确认一下日本的紧急避险规定条文。与德国刑法中的紧急避险存在不同的是：(1)日本并没有明确区分正当化的紧急避险与免责的紧急避险；(2)没有保全利益需要“显著优越”于侵害利益的要求；(3)成立针对他人的紧急避险的空间更大。

(紧急避险)

第 37 条　为了使自己或者他人的生命、身体、自由或者财产免受正在发生的危害，不得已而为之的行为，仅在造成的损害不超过所欲回避的损害程度时，不可罚。针对超过程度的行为，依据情形，可以减轻或者免除刑罚。

2　前项规定不适用于在业务上负有特定义务的人员。

2. 生命的衡量与紧急避险

上述《刑法》第 37 条所规定的紧急避险，与德国《刑法典》第 34

条不同，在损害的衡量上并没有“显著优越”的基准，而是只要满足因避险行为所“造成的损害不超过所欲回避的损害程度”即可。因此，从条文的描述来看，即便是为了保全同等的利益而选择侵害其他同等利益的时候，可以认为是旨在实现损害最小化，依然可以成立紧急避险。[46]

如果这么考虑的话，剩下的问题与德国的场合一样，都是是否容许对生命进行比较衡量的问题。德国的压倒性通说认为不应该允许对生命
进行比较衡量，而日本在这一点上却相对缓和，甚至可以说主张容许进 226
行相关衡量的见解处于有力的地位。[47]此外，日本的下级审裁判例当中，并没有完全否定这种生命对生命的衡量。[48]

从以上的观点来看，在“驾驶员事件”中那样为了拯救5人生命而侵害1人生命的场合，当危难的现在性与补充性等其他要件都满足的情况下，可以成立紧急避险。

（四）自动驾驶汽车程序设计阶段的问题

上文的讨论已经指明，针对“驾驶员事件”，德国的通说见解否定一切的正当化，与此相对在日本则存在成立正当化的余地。那么，针对自动驾驶汽车的程序设计问题是否应该与“驾驶员事件”一样进行思考呢?

实际上，包括德国在内，有力见解所主张的是，针对自动驾驶汽车的程序设计问题的分析采用的应该是和“驾驶员事件”不同的路径。这些观点主要分为两种。第一种观点依据的是“被允许的危险”理论。根据这种理论的观点，对实际发生的生命侵害通过事后的视角评价能否对其实现正当化的问题，与事前是否可以采取回避死亡事故措施的问题，这两者属于不同问题。针对前者，不应该允许将生命侵害的结果通过事后进行正当化；而针对后者，由于在事前致力于实现损害的最小化属于一项义务，因此为了实现这种损害的最小化而采取的手段属于“被允许的危险”。[49]

与之相对，第二种观点所依据的是“义务冲突”理论。根据这种理论的观点，在“驾驶员事件”当中处于对立法益其中的一方(5人的生命)已经存在现实化危险的情况下，将这种危险转嫁于另外一方法益

227 (1人的生命)的做法，依据作为德国《刑法典》第34条理论基础的“命运自承原则”而不能被允许。与此相对，在程序设计的阶段，无法确定对立法益当中哪一方到时候会面临危险，所以不同的利益状况是对等的(不存在危险“转嫁”的状况)。因此，在这个场合根据“义务冲突”理论，行为人被科以救助更大法益(或者同等法益)的义务，即便因为履行义务而发生了法益侵害的结果，行为人的行为也属于被容许的。[50]

针对生命法益的冲突状况，假如日本也采用和德国一样的立场，即都认为此时旨在实现损害最小化的紧急避险也不能成立正当化的话，那么便会产生和德国同样的问题，因此上文对德国理论中有力观点的介绍值得参考。即，在通过AI的最优化自动驾驶最小化了事故发生可能性的前提下，依然发生事故的场合，根据“被允许的危险”“义务冲突”等理论，应该否定这种将被害进行最小化处理的程序设计行为成立杀人罪或者过失驾驶致死伤罪。[51]

基于以上的分析，针对事例2中的Y，可以根据紧急避险(《刑法》第37条第1项)讨论其存在不可罚的余地，而即便不成立紧急避险，也可以通过“被允许的危险”“义务冲突”等理由得出不可罚的结论。

228 六、 当机器人、AI处于被害者立场的时候

(一) 总论

事例3当中，Y将X所有的柴犬形机器人A破坏的行为，以及X将Y所有的人类形机器人B破坏的行为，成立何种犯罪呢？ 起码从现行法来看，A以及B仅仅是刑法上(他人所有)的物而已，将其破坏只能构成器物损坏罪(《刑法》第261条)。[52]

但是，X、Y分别对待B、A已经超越了简单的“物”，而是寄托了极为强烈的心理情感。这种感情是否存在独立于对物所有权的保护价值？ 此外，在未来如果机器人、AI获得了与动物或者人类相近的属

性，对于人类而言具有更加密切的关系的话，是否依然只能被当作“物”对待？ 鉴于此，下文将对这些问题进行简要讨论。

(二) 人类的感情

刑法上，通过独立于人的所有权而对物施加一定保护的例子并非罕见。比如，将猫狗等宠物(即“受爱护动物”)胡乱杀伤的情形，根据《动物爱护管理法》第 44 条第 1 款可以对其处以 2 年以下的惩役或者 200 万日元以下的罚金。但是，这一规定并非对猫狗等动物的生命、身
体的直接保护，而是如该法第 1 条的目的规定所示，保护的其实是“爱 229
护动物的风气”“生命尊重、友爱以及和平的情操涵养”这些抽象法益。

此外，破坏尸体、遗骨等情形，根据《刑法》第 190 条可以处 3 年以下惩役，这一规定与其说是为了保护尸体、遗骨这些对象的物理性存续本身，毋宁说是为了保护对死者的尊敬、尊崇感情。[53]

当人类对某物(某客体)存在一定特别“感情”的时候，像这样将这种“感情”区别于物进行独立保护的做法，在刑法上也是可能的。也可以说，存在值得通过刑罚进行保护的价值。但在另一方面，将所有感情作为保护法益进行承认的做法并不妥当。[54]比如，对玩偶、玩具、模型等存在强烈感情或者依恋的人并不少见，但针对这种感情是否应该超越器物损坏罪进行保护，存在疑问的余地。不仅如此，《动物爱护管理法》所保护的对象也仅仅是限定在“受爱护动物”(《动物爱护管理法》第 44 条第 4 款)这一范围内而已，比如像是《堤中纳言物语》里出现过的“虫姬”，不论她对虫类如何喜爱，[55]也很难将这种感情一般化变为社会所共有，更难以实现对此进行社会的特别保护。

综上所述，对于一定的物所存在的人类“感情”进行刑法保护的做法是可能的，但是什么样的感情才值得刑法进行保护，这一问题需要另外讨论。

(三) 与人类的密切关系 230

那么，当人类对物存在一定感情的时候，什么样的感情才值得通过

刑法进行特别保护呢？ 针对“受爱护动物”“尸体、遗骨、遗发”等“物”，已经存在区别于所有权的特别保护，从这一点来看，“与人类的接近程度”会为问题的阐明提供一定的方针轮廓。

根据《动物爱护管理法》第 44 条第 4 款，作为“受爱护动物”而被保护的是“牛、马、猪、绵羊、山羊、狗、猫、家兔、鸡、家鸽、鸭”以及除此之外的“人类所占有的哺乳类、鸟类、爬虫类动物”。一目了然，这些与人类长期共存、生活的动物或者是人类“占有”的动物才是受保护的对象，所以可以认为，与人类的接近程度才是这些动物值得被特别保护的地方。[56]

同理，《刑法》第 190 条对于尸体、遗骨等实施特别保护的理由在于，这些物体曾经作为人类(或人类的一部分)存在过。正因为曾经作为人类(或人类的一部分)存在过，所以包括遗族在内的社会看到这些物体会产生一定的尊崇感情，并且这些感情具有被保护的价值。[57]

只有从与人类的密切关联性出发，才能得到是否应该将人类对于物
231 所具有的感情通过刑法进行保护问题的解决方针，当机器人、AI 被当作与人类具有密切关联性的对象被制造而出，并且实际上也具备了这样的密切性的时候，才能构成值得被特别保护的充分理由。如果在未来要制定机器人、AI 保护法的话，那么应该考虑这样的视点。

此外，在事例 3 当中，A 属于柴犬形机器人，B 属于人类形机器人。如果认为人类形机器人具有尤其强烈的人类密切性的话，那与其之外的机器人相比，是否应该获得更为强烈的保护呢？ 如果我们的社会在未来会出现像“铁臂阿童木”“终结者”那样具有人类思想的人类形机器人，或许有观点会主张对其进行更为强烈的保护，但是不能因为只是外观上与人类相似就认为存在相关的保护价值。[58]

七、结　　语

围绕机器人、AI 处于加害者立场以及处于被害者立场的时候所出

现的问题，本章分别展开了论述。在现在的时间点，这依然不过是一些极为概括的讨论而已。随着机器人、AI 技术的进步，超越我们想象的事物时常会出现，也很有可能导致我们现在所进行的讨论变得没什么意义。

但是，针对新事物，法学理论需要不断发展旧有的讨论并摸索相关的解决办法，这种努力在未来也应该不断坚持。在这一意义层面，围绕机器人、AI 所出现的刑事法问题，属于刑法理论当中“温故知新”的问题领域。

注释

1. 比如，德国 2016 年网络犯罪的相关报告书就在与所谓的物联网关联的地方详细讨论了该问题(Cybercrime Bundeslagebild 2016, S.25)。

2. 下文的论述是在笔者《AI 网络时代的刑事法制》(载福田雅树、林秀弥、成原慧编著：《与 AI 相连的社会》，弘文堂 2017 年版)一文的基础上进一步修改而成。

3. 可以参见今井猛嘉：《汽车的自动行驶与刑事实体法》(载山口厚等编：《西田典之先生献呈论文集》，有斐阁 2017 年版，第 519 页以下)一文以及该文所引用的桥本裕树、金子正洋、松本幸司：《基于驾驶人员人为失误的交通事故发生原因的分析》(http://library.jsce.or.jp/jsce/open/00039/20086_no37/pdf/88.pdf)。

4. 前注 3，今井猛嘉文，第 519 页以下。

5. 关于高龄者正常化(normalization)这一点，可以参见 AI 网络化检讨会议：《报告书：2016 AI 网络化的影响与风险》，http://www.soumu.go.jp/main_content/000425289.pdf，第 21 页以下。

6. Summary of Levels of Driving Automation for On-Road Vehicles (https://cyberlaw.stanford.edu/files/blogimages/LevelsofDrivingAutomation.pdf).

7. Federal Automated Vehicles Policy(2016), p.9(https://www.transportation.gov/AV/federal-automated-vehicles-policy-september-2016).

8. 两者的不同在于所谓的“驾驶设计领域”的差异。比如说，level 4 级别系统所能胜任的驾驶任务往往被限制在高速公路等一定的条件下，而 level 5 级别则可以在所有条件下实现自动驾驶。参见内阁官房 IT 综合战略室：《自动驾驶等级定义的动向与今后的应对(案)》，http://www.kantei.go.jp/jp/singi/it2/senmon_bunka/detakatsuyokiban/dorokotsu_dai1/siryou3.pdf，第 3 页以下。

9. 参见樋口亮介：《注意义务的内容确定基准》，载高山佳奈子、岛田聪一郎编：《山口厚先生献呈论文集》，成文堂 2014 年版，第 195 页以下。

10. 承认信赖原则的判例可以参见如最判昭 42 · 10 · 13 刑集 21 卷 8 号，第 1097 页。另外，也可以参见深町晋也：《关于信赖原则》，载斋藤丰治等编：《神山敏雄先生古稀祝贺论文集第 1 卷》，成文堂 2006 年版，第 117 页以下。

11. 如果没有设计这种装置的话，那么针对能诱发驾驶员的过失(以及因过失导致的死伤事故)的自动驾驶汽车的设计、销售行为，存在讨论成立汽车制造商设计部门负责人等相关人员过失责任的余地。

12. 今井猛嘉：前注 3，第 521 页。

13. 但是，即便在 level 4 以上的自动驾驶汽车的场合，也有将利用者实际上启动该自动驾驶汽车的行为(即，为了使汽车跑动而打开自动驾驶汽车系统的行为)作为构成要件该当行为进行把握的观点。参见 Armin Engländer, Das selbstfahrende Kraftfahrzeug und die Bewältigung dilemmatischer Situationen, ZIS 9/2016, S.611(介绍该论文的文章可以参见富川雅满：《阿尔敏 · 恩古兰塔：〈自动驾驶汽车与困境状况的克服〉》，载《千叶大学法学论集》2017 年第 32 卷 1、2 号，第 157 页以下)。

14. 此外，以德国为首的欧洲诸国于 1968 年批准的《维也纳条约》第 1 条第 1 款也有同样规定。但是，根据 2016 年 3 月开始生效的 2014 年修订的第 8 条第 5 款之 2 第 2 项的规定，如果可以通过手动控制或者通过模式转换使得自动驾驶系统无效的话，那么就允许装载有自动驾驶系统的汽车进入公共道路。关于这一点，可以参见中川由贺：《与驾驶自动化系统的导入相伴随的法律完善现状——从实验阶段到实用阶段》，CHUKYO LAWYER 2017 年第 26 号，第 52 页以下；以及，山下裕树：《斯温 · 霍蒂奇、艾丽萨 · 梅：与道路交通中自动化系统的导入相关的法律问题》，载《千叶大学法学论集》2017 年第 32 卷 1、2 号，第 112 页以下。

15. 今井猛嘉：《汽车的自动驾驶、驾驶以及驾驶员的概念》，《研修》2016 年第 822 号，第 4 页。

16. 今井猛嘉：前注 15，第 4 页；山下裕树：前注 14，第 116 页。

17. 另外，根据《日内瓦公约》2015 年的修订，加入了与《维也纳条约法公约》2014 年修订的第 8 条第 5 款之 2 的第 2 项同样宗旨的规定(《日内瓦公约》第 8 条第 6 款第 2 项)，但该修订还未发生效力。参见前注 14，中川由贺文，第 53 页以下；以及前注 14，山下裕树文，第 123 页以下。但是，即便根据这一修订，依然无法明确在何种程度上容许 level 4 级别以上的自动驾驶汽车进入公共道路。中川由贺：前注 14，第 55 页。

18. 与此相对，驾驶员虽然必须是人类，但也有观点主张并非一定要求驾驶员处于“车内”，远距离操作也可以。山下裕树：前注 14，第 129 页以下。

19. 关于这一点的详细讨论可以参见今井猛嘉：前注 3，第 524 页以下。

20. 在日本，除了自然人之外，针对法人也可以通过两罚的规定科处刑罚。

但与此相对，比如在德国，则否定了对法人可以适用刑罚(不过，可以对法人科处秩序罚)。

21. 苏珊涅 · 贝克：《智能主体与刑法——过失、答责、电子化人格》，根津洸希译，载《千叶大学法学论集》2017年第31卷3、4号，第111页。也可以参见苏珊涅 · 贝克：《机器人与法》，富川雅满译，《比较法杂志》2016年第50卷2号，第110页以下。

22. 今井猛嘉：前注3，第524页以下。

23. 也可以参见今井猛嘉：前注3，第526页以下。

24. 苏珊涅 · 贝克：前注21，根津洸希译，第111页。

25. 对这一问题的一系列追问进行过认真讨论的文章可以参见大屋雄裕：《内在的他者、外在的他者——动物与AI的权利》，《论究ジュリスト》2017年第22号，第48页以下，特别是第51页以下。

26. 苏珊涅 · 贝克文：前注21，根津洸希译，第111页。但在德国这些否定法人处罚的法域内，这种分析路径能延伸到何种地步存在相当大的疑问余地。

27. 通常而言，刑罚所具有的效果可以区分为，对行为人以外的人具有的抑制效果(一般预防效果)与针对行为人的抑制效果(特别预防效果)。

28. 樋口亮介：《法人处罚与刑法理论》，东京大学出版会2009年版，第151页。

29. 今井猛嘉：前注3，第529页。

30. 佐伯仁志：《制裁论》，有斐阁2009年版，第128页以下。

31. 关于这种非难传递的程序可以参见深町晋也：《路上吸烟条例、乱扔烟蒂禁止条例与刑罚论》，《立教法学》2010年第79号，第76页以下。

32. 比如，《刑法》第41条便规定，对于刑事未成年人(未满14岁者)不追究刑事责任。

33. 大家可以联想，像法人的解散命令便不属于日本刑法所规定的刑罚(《刑法》第9条)内容。

34. 与此相对，如果肯定了AI具有独立人格的话，那么AI之外的相关人员(设计者、制造者、销售者、利用者等)便不存在法益侵害结果的归属，这种答责领域分配的观点具有一定意义。但是，关于这一点，只要分别具体考察各个相关人员的过失责任即可。

35. 比如，镇目征树：《刑事制造物责任中不作为犯论的意义与展开》，《本乡法政纪要》1999年第8号，第343页以下。最近的文献有，稻垣悠一：《缺陷制品相关的刑事过失责任与不作为犯论》，《刑法杂志》2016年第55卷2号，第206页以下。

36. 准确地说，需要承担刑事责任的是Y企业中负责设计等职能的特定部门的自然人，但是，虽然具体是由谁来承担过失责任属于非常重要的问题，但本章并不准备对此进行讨论。详细可以参见前注9，樋口亮介文，第195页以下。

37. 从民事责任的观点出发如何处理这一问题的文章可以参见平野晋：《AI网络时代的制造物责任法》，载福田雅树、林秀弥、成原慧编著：前注 2，第 260 页以下。

38. Hans Welzel, Zum Notstandsproblem, ZStW 63(1951), S.51.

39. 严格地说，事例 2 与“驾驶员事件”存在差别，在事故的危险还未现实化的阶段程序设计的问题已经存在，并不满足紧急避险规定所要求的危险“现在性”要件。不过，就结论而言，可以肯定德国《刑法典》第 34 条、第 35 条的危险现在性。关于这一点，参见深町晋也：《刑法中的冲突状况与自动驾驶——德国刑法学的桎梏》(http://www.soumu.go.jp/iicp/chousakenkyu/shinryoiki_siryou/01_02.pdf(2017 年 9 月 8 日访问))第 2 页以下。

40. Perron, in: Schönke/Schröder, Strafgesetzbuch Kommentar 29. Aufl.(2014), § 34 Rn. 24.

41. 关于家暴反击杀人案件可以参见深町晋也：《家庭内暴力的反击杀人在刑法上的诸问题——以紧急避险为中心》，载高山佳奈子、岛田聪一郎编：前注 9，第 95 页以下。

42. BGHSt 48, 255。此外也可以参见如下判例，即：根据《德国航空安全法》原第 14 条第 3 款规定，当恐怖组织劫持航空器欲朝着住宅地自杀式坠毁杀害多数人的现实危险性存在，并且不击落该航空器就无法回避这一危险的场合可以将此时的航空器击落，但是这一立法被德国联邦宪法法院认定为无效(1 BvR 357/05(Urteil vom 15, Februar 2006))。

43. 但是，在保全利益与侵害利益显著不均衡的场合，一般也难以成立免责的紧急避险，即为了拯救 1 人生命而选择牺牲 5 人生命的话，由于“显著不均衡”这一点所以难以免责。

44. 但是，判例本身并没有从正面肯定超法规的免责的紧急避险的存在(vgl. Lenckner/Sternberg-Lieben, in: Schönke/Schröder, Strafgesetzbuch Kommentar 29. Aufl.(2014), Vor § § 32ff, Rn. 115)。

45. Engländer. a.a. O.(Anm. 13), S.610.

46. 参见西田典之等编：《注释刑法第 1 卷》，有斐阁 2010 年版，第 473 页以下(深町晋也执笔)。

47. 参见西田典之：《刑法总论(第 2 版)》，弘文堂 2010 年版，第 143 页以下。

48. 比如，东京地裁平成 8 · 6 · 26 判时 1578 号 39 页认为，“生命对抗生命的紧急避险场合，在成立要件上需要有更为严格的解释”。这么看来。并没有否定紧急避险成立的余地。

49. Eric Hilgendorf, Recht und autonome Maschinen—ein Problemaufriß, in: Das Recht vor den Herausforderungen der modernen Technik(2015), S.11ff. 介绍文可以参

见富川雅满：《埃里克·希尔根多夫：〈法与自律的机械——问题概述〉》，《千叶大学法学论集》2016年第31卷2号，第135页以下；ders, Automatisiertes Fahren und Recht(2015), S 55ff.此外，松尾刚行：《自动驾驶汽车与刑事责任想过的考察》，Law & Practice 2017年第11号，第108页。对此基于批判立场展开讨论的论文有稻谷龙彦：《技术的道德化与刑事法规制》，载松尾阳编著：《架构与法》，弘文堂2017年版，第110页以下。

50. Thomas Weigend, Notstandsrecht für selbstfahrende Autos? ZIS 10/2017, S.599ff.

51. 参见富川雅满：前注13，第72页以下。

52. 另外，X或者Y将原本属于自己配偶所有的财物B或者A盗窃后进行毁坏的场合，(在具有不法领得意思的前提下)成立盗窃罪，而器物损坏属于所谓的事后不可罚行为不另外构成犯罪。此时的盗窃罪可以适用亲族相盗例(《刑法》第244条第1款)，必须(即常常)免除刑罚。如果这么思考的话，事例3中存在的仅仅是成立器物损坏罪的问题，如果X、Y提起告诉(《刑法》第264条器物损坏罪属于亲告罪)，即便是配偶也可以处罚(即不适用、准用亲族相盗例)。

53. 山口厚：《刑法各论(第2版)》，有斐阁2010年版，第522页。

54. 针对将感情作为保护法益的问题可以参见高山佳奈子：《“感情”法益的问题性——从动物实验规制出发》，载高山佳奈子、岛田聪一郎编：前注9，第1页以下。

55. “人们对于蝴蝶、对于花的欣赏愚蠢可笑。对事物本质的探究才是伟大的。请看看这虫子成长的样子吧”，虫姬一边这么说一边欣赏着毛虫。我们可以充分理解这种想法本身，但即便如此，并不代表要对毛虫进行特别的保护。

56. 并且，从《动物爱护管理法》的前后文逻辑出发，有观点认为，杀伤受爱护动物的人也具有杀伤人类的危险性，即便无法从科学上证明这种危险性，对于杀伤受爱护动物的人类所具有的厌恶感情本身也具有被保护的价值(小林宪太郎：《关于“法益”》，《立教法学》2012年第85号，第471页)。如果将这种论断放到机器人、AI语境中的话，也许有人会主张“对外观上类似于人类的机器人不当回事地破坏的人类，终究会变得对人也实施杀伤行为”。但是，作为这种观点前提的“厌恶感情”本身为什么值得保护这一点依然并不明了。“焚书伊始，焚人以终”(海因里希·海涅)这句名言，虽然表明了对焚书行为(以及焚书人)的厌恶感并具有警句意义，但不能直接成为将书作为特别保护客体的理由。

57. 反过来说，如果采取了保障这种尊崇感情的措施的话，即便造成尸体、遗骨的物理变化，也不一定构成本罪。只要是遵守了《墓地埋葬法》，那么火葬并不会成立尸体损坏罪，将遗骨加工成垂饰的行为如果是基于凭吊死者目的的话也不构成本罪(参见荻野贵史：《尸体遗弃罪中“遗弃”概念的相关纪要》，载《名古屋学院大学论集社会科学篇》2017年第53卷4号，第194页以下；原田保：《个人主义丧葬法的犯罪性的有无》，《月刊住持》2017 年第 511 号，第 114 页以下)。

58. 如果接受了该论断的话，那么应该说，即便在现在的时间点，也应该从正面肯定将精巧的玩偶进行破坏的行为具有(独立于器物损坏罪的)当罚性。

第十章

AI与刑事司法

笹仓宏纪[*]

一、引　　言 233

“刑事司法，可以作为一个系统进行把握。其由复数的要素——搜查、起诉、审判、上诉等——所构成，各个要素发挥着各自的机能并且相互衔接，服从于时间的流逝，服务于全体共通的目的。驱动这一系统的有警察、检察官、律师、法官等形形色色的专门职业人，在与犯罪现象的相关关系中，多数的事件遵循着‘输入’‘处理’‘输出’的过程。面对这种巨大且复杂，并且其中也包含了不可视的部分的系统，如果要阐明其全貌以及各要素间的相互作用实属不易，但是这种研究的必要性在近年来得到了广泛的认同。”[1]

以上这一段话来源于平成初期(1990年)出版的刑事诉讼法最高水平教科书当中的一节。其中不仅阐述了“事件”的处理问题，以上这段话也

---

* 笹仓宏纪，庆应义塾大学大学院法务研究科教授。

234 可以原原本本适用于“事件”处理过程中的必要“情报”如何处理的问题。

刑事司法[2]的运行，需要收集与犯罪相关的情报(证据)，然后将其“输入”刑事司法系统进行“处理”，以获得“输出”。这一过程至今为止主要是由具备专门知识、经验知识以及专业直觉等这些模拟化特殊技能的“专门职业人”所承担。机器人、AI 能在何种程度将其取代，此外“包含了不可视部分”“巨大且复杂”的“系统”将遭遇怎样的可能变革，本章的目的在于对这些问题进行讨论。本章将在阐明刑事司法是如何运作的基础上，分析 AI 可能在何种程度代替专门职业人(以及哪些工作必须被代替)的问题，最后讨论是否应该接受这种代替。

二、 刑事司法中 AI 的可能性总论

在法的世界里面当前 AI 所可能带来的变化问题属于本书整体所要讨论的课题，本章将在必要的限度内对相关问题进行简要论述。

法，属于使用权利(权限)义务等概念对社会现象进行区分并将其单纯化之后实施规制的，社会统制技术的一种。于是，当满足事前所制定
235 的一定要件之后便会发生预期的效果，而如果缺少了任何一个要件的话这种效果便不会发生，法就是采用了这种形式的规则。比如，“持有杀意”(故意)对被害人实施了“具有侵害他人生命现实危险性的行为”(实行行为)，“因此”(因果关系)导致“该人”(客体)“发生死亡”(结果)“者”(主体)——只有满足以上所有要件的场合——成立杀人罪，处“死刑、无期徒刑或者 5 年以上 20 年以下惩役”——这一项属于(“国家刑罚权”的发动)效果(《刑法》第 199 条、第 38 条第 1 款、第 12 条第 1 款)。只有当诸要件逐一满足“1”的时候才能出现“1”的效果，而如果其中任何一个要件是“0”的话，那么最终的输出效果只能是“0”。

显而易见，法这种规则的基本构造也呈现出了数字化的特征。舍去要件之外的表面情形并进行抽象化，基于此以得到统一解答，从而实现

平等这一目标。如此一来，电脑化的处理方式原本便可以渗透到法的世界当中。

话虽如此，实际上却并非那么简单。

第一，在很多场合，要件属于一定的事实。因此，在法的世界里如果要寻求结论，必然要对事实进行认定。事实的认定基于证据。换言之，从诸多最原初的证据当中，必先需要提取出法适用所要求的必要信息。这一步骤不容易通过数字化实现。实际上，事实认定一直以来是从属于职业技能的领域。在事实认定的时候，活用语言学、心理学、社会学等知识进行科学分析的做法，在日本属于相对而言最近的事情。

第二，对于所认定的事实，司法要通过法的适用才能导出结论。其中所使用的要件—结果模式，如上文所述，基本上属于一种数字化的思考，但在实际当中，这种数字性并没有被贯彻。

首先，法需要根据事实的前后文进行解释。有一种根深蒂固的理解认为，法的(正确)解释存在于与事实相分离之处，但实际上，法的解释会受到事实的性质所左右，所以并不存在超越于事实的普遍化不变原理。正因如此，在法学院与法科大学院的课堂授业当中，在阅读判例时会非常强调要充分意识到法解释与事实之间的关系。

其次，事实的认定不是单纯的有或者无的判断，对其进行轻重权衡 236
方能正确适用法律。例如，经常使用的对诸多事实进行“综合考虑”以得出结论的做法，其中便是从法的观点出发对复数事实进行轻重权衡，然后通过与其重要程度相对应的考量才能得出结论。另外，如果是有必要遵循个别事实的特性以进行正确判断的时候，那么放弃一直以来所坚持的规律，直接从正面进行“裁量”的情况也存在。所谓“裁量”便是在法所允许的框架内进行自由判断，只要判断内容没有逾越该框架并且没有滥用判断权，那么便不属于法所规制的对象(参见《行政事件诉讼法》第 30 条)。这种场合只会产生“妥当还是不妥当”的问题(参见《行政不服审查法》第 1 条第 1 款)，而不会产生“适法还是违法的问题”(换言之，此时法院没有介入的权力)。这种综合性的考察以及裁量权的行使无疑隶属于模拟化的世界。

在原本理应可以通过数字化措施进行建构的法的世界里，由于人类终究是一种不合理的生物这一原因，所以会留有模拟化要素的存在。如果无法反映这种不合理性的话，那么法的机能就无法实现。也就是说，有必要有意识地允许一定的振幅偏差存在。正因这些偏差的存在，通过数字化来实现平等化的时候，才能考虑被抽象化之后每个案件的个性，除此之外，在将来社会经济等方面的事情发生变化或者发生预想之外事态的时候，可以在维持既存法的基础上(通过法的发展)进行应对。

这样一来，面对基于数字化所形成的统一性与平等性，以及因模拟化要素的残存所导致的需要利用幅度偏差来确保个别具体案件的妥当性，法需要保持这两者的对立统一。“专门职业人”则成为司法的担当者，特别是其中的主要群体为了取得法律专家的资格需要通过艰难的国家考试，而国家也为他们设置了公费养成制度(司法修习)，这些举措不仅仅是要求他们获得庞大的法令判例等“专门知识”，更在于让他们获得将数字性与模拟性进行合理配合的技能。通过大量的模式化学习，能进行非语言化思考的 AI 也很有可能取代这种经验知识甚至是职业人的直觉。

原本，人们在刑事司法当中所寻求的不仅仅是案件的正确处理。换言之，这不单纯是用 AI 取代专门职业人的做法在技术上是否可行的问
237 题，而是在对照过刑事司法的目的与其应该实现的机能之后，“专门职业人”被 AI 所取代的事态本身到底在多大程度上能被人们所接受的问题。前者主要是技术层面的问题，而后者则属于“法”的问题，本章所关心的是后者。

三、 AI 与事实认定

(一) 事实认定的构造

刑事程序，是一种“基于证据”(《刑事诉讼法》第 317 条)，以“阐

明事实真相，正确且迅速适用刑罚法令”为目的(《刑事诉讼法》第1条)，由国家所设置的刑事案件的处理过程。刑事司法，要对犯罪者科处刑罚这种严峻制裁(有时甚至是“剥夺生命”。《宪法》第31条)。因此，正确地进行事实认定是刑事司法的本命所在(“冤案”的出现代表了将无辜者进行处罚以及有罪人逃脱制裁的双重不正义。即便犯人身份本身并不存疑，但对与其实际实施相异的事实进行认定并科处刑罚的做法本身也属不正义)。在该过程中，AI究竟有多大的活用余地呢? 此外，虽然事实认定在程序的所有阶段都会出现，但在此仅讨论裁判(判决)阶段的事实认定问题，

犯罪事实作为一种已经发生过的事实，法院不可能亲自直接进行实验后获得。因此，只能通过犯罪事实所留下的痕迹进行逆向推定。推定的根据资料便是“证据”。其中包括：基于对外界事物的感知并在记忆的基础上以语言形式所再现的人的供述(供述证据)，记录了这种供述的书面材料(书证)，以及凶器、赃物等物证。所谓的事实认定，便是从这些证据(虽然属于不容易理解的术语，但在此将其称为“证据方法”)中提取(裁判官或者裁判员通过感知获取)出被具像化了的事实痕迹等信息(即“证据资料”)。

自白与犯罪目击者供述等这些可以从中直接推定出犯罪事实的证据，被称为直接证据。但只通过直接证据来证明犯罪事实的情况很少见，更经常采用的方法是：先通过证据(间接证据)推定间接事实，再从间接事实中通过推理认定主要事实(很多场合，需要通过综合判断直接证据和间接事实来认定主要事实)。例如在杀人案件中，从被害者体内所发现的子弹与符合该子弹弹道线的手枪便可以推定这把手枪属于凶器，从具有硝烟反应的衣服可以推定被告人开枪的事实，从相关人员的供述可以推定被告人憎恶被害者的事实，从犯罪现场附近设置的防盗监控的影像可以推测被告人在犯罪后在犯罪现场附近出现过的事实。当然，这些证据中的任何单独一项都无法充分证明被告人将被害人杀害的事实，但通过综合这些证据可以不断接近犯罪事实。“法院通过反向探 238

究众多直接证据与间接证据所编织的网络，最终明了犯罪事实。”[3]

最后，证据的事实证明力(证明力、证据价值)包含两个侧面：一是证据与事实之间的关联强度(狭义的证明力)；二是该证据可以在何种程度上被相信的信用度。比如，犯罪目击的证言具有充足的关联性，所以可以讨论的往往只有信用度问题。与此相对，如果有几十个证人可以证明被告人在犯罪发生2小时后出现在了离犯罪现场500米远的地方，这种证言的信用度虽然非常高，但几乎不具有狭义的证明力。此外，物证的情况几乎不存在信用度的问题，但会存在狭义证明力的问题。法院将这两个侧面合并起来进行评价便是对证明力的判断过程。[4]

239 (二) AI的代替可能性

1. 证据资料的领会与评价——证言的评价

在证据当中，刑诉法会特别关注人的供述。话虽如此，当行为加工于物并通过物具像化产生信息，只要人们对这种信息不存在误读便不会有谎言，但供述毕竟是经过人的精神作用所形成，因此即便本人没有说谎意图，事实上也会有说谎的时候。

人的供述，是一种将外界所发生的事件进行感知、记忆并对此通过语言进行叙述的一系列表现过程(供述过程)，在每个阶段都存在发生错误的可能(看错、听错、记错、记忆混同、记忆模糊、缺乏诚实性的供述、说错，等等)。因此，如果对各阶段所可能发生的错误不加以确认就无保留接受的话，就会产生事实认定错误的危险。在刑诉法上，针对人的供述，原则上采用的是证人询问的方法。

证人有宣誓的义务(《刑事诉讼法》第154条。即，“严肃地”“发誓”“遵从良心，叙述真实不对任何事实加以隐瞒，也不添油加醋”。《刑事诉讼规则》第118条第2款、第4款)。如果在宣誓的前提下作出虚假的证言，会被追究伪证罪(《刑法》第169条)。也就是通过刑罚来施加压力以达到阐述真实的目的(询问之前要施加相应警告。《刑事诉讼规则》第120条)。随后，证人将接受对方质证。所谓对方质证，是指由对方当事人(请求对证人实施调查取证的另外一方当事人)所实施的询问

(《刑事诉讼法》第 304 条第 3 款、第 2 款，《刑事诉讼规则》第 199 条之 2 第 1 款第 2 项)，旨在阐明主询问当中未被供述的事实，以及辨明供述的信用度。通常而言，当事人一方会为了获得有利于己方的证言而请求实施证人询问。因此，如果将这样的证言毫无保留接受的话，会对对方当事人造成不利。于是，正因为对方当事人具有驳斥主询问当中证人回答这一极强的激励动机，所以由其所实施的质证存在着进一步阐明事实的效果。不仅如此，裁判官以及裁判员等对事实进行认定，而证人需要在这些人面前发表证言。在日常生活中判断一个人所说的话是真是假的时候，不仅仅是通过语言，还会利用表情、态度、声色、语调等诸多信息进行综合评价。由于证人是在法庭上作证，所以裁判官、裁判员可以把供述态度作为事实认定的判断材料。反之，如果在证人询问等措施当中所存在的这三种安全装置没有发挥机能的时候，也就是证人不能在法庭上进行供述的场合，便不该将此供述作为认定其人所体验过事实之证 240
据加以采用。就条文规定而言，“代替公审日期的供述而提交的书面证言，或者以公审日期外他人的供述为内容的供述，不能作为证据”(《刑事诉讼规则》第 320 条第 1 款。传闻法则)。

那么，这种通过证人询问所进行的针对供述证据的评价，可以在何种程度上被 AI 所代替呢?

辨别表达错误或者谎言的能力需要有脑科学与心理科学等方面的知识积累，在这些知识的基础上进行过机械学习的 AI 或许在很大程度上可以胜任这项工作。通过对供述态度进行观察以达到辨别个中真伪的判断属于一种很难被语言化的微妙判断，这类工作属于 AI 所擅长的领域。

但是，在叙述错误当中，对说错或者听者的理解错误进行检查的工作可能很难立马通过 AI 代替实施。并且，这其中也存在着 AI 是否具备审查感知错误、记忆错误的能力问题。比如在进行证人询问的时候，提出其他证据以及证人证言中的其他部分所存在的矛盾并让证人反省的做法可以帮助其修正感知错误、记忆错误。也就是说，在瞬间对其他证据以及证人证言的其他部分的整合性进行判断，AI 如果要完成这项工作，必然需要以之为前提进行事实判断，在这一基础上，然后才能不断进行有效的质问。让 AI 学会这些能力并能对各种情况加以应对，虽然并非不可能，却也并非易事。

2. 证据资料的领会与评价——其他证据的评价

与证人证言相对，在针对笔录的评价上，可以说 AI 能发挥作用的可能性更大。上文已经提到，在法庭外将他人的供述进行记录之后带到法庭的做法原则上是被禁止的，但在实际运用中，原则与例外(适用最多的是《刑事诉讼法》第 326 条，其他还有第 321 条到第 324 条)发生了逆转，导致大量的书面证言被带到了法庭上。

在针对笔录的信用度评价上，一直以来，需要对供述的一贯性与前后变化进行缜密的分析。将其中可能存在矛盾的地方提取出来的工作属于 AI 所擅长的领域。由于笔录本身是通过文字实现语言化，所以与直
241 接证言相比，让 AI 对其中存在一贯性的情形与存在矛盾的情形进行模式化学习，这应该是相对容易实现的(当存在更改的时候，这种更改是否能够被合理说明，是否具有不合理、不自然等，会产生更多问题。如果可以合理说明的话，那么矛盾便不会导致笔录信用度的降低，反之如果无法说明的话，那么信用度便会发生动摇。这种判定时常会通过对比不同时候的调查状况与其他证据之间的关系进行。这与后文即将讨论到的问题一样)。

原本，不论是通过笔录所固定的供述还是在法庭上所作的供述，尤其是在针对自白的评价上，首先需要通过其他证据将所认定的客观事实在一定程度进行固定，在此基础上与自白的内容进行比照。[5]如果相一致的话那么自白的信用度就高，反之，如果不相一致的话则判断该自白难以信用。不仅如此，刑诉法上将自白笔录作为证据的时候，需要以优先调查其他证据为前提(《刑事诉讼法》第 301 条)。这种判断方式以及调查取证顺序上的规制，旨在排除因自白证据的高度价值所引发的先入为主，以及过于强调自白而忽视其他证据的评价导致陷入事实认定错误

的这些危险。这种工作无法仅仅通过对自白进行分析来完成。

对于物证，由于其形式并非人的表述，所以不存在与供述证据一样的危险性，对其进行解读的工作往往是专属于裁判官、裁判员以及AI的任务。但是，对实际证据进行观察并解读其中含义的工作对AI而言并不容易。因此，为了让AI理解证据所具有的含义，目前需要人工将其中所具有的含义实现语言化并进行输入。这一步骤实际上与供述的情况并无二致。这是因为，证人就自己的经验所作的陈述，实际上交织着法律适用上必要的事实与其他不必要的事实。在进行法适用的时候，人们需要做的工作是从中抽取出有意义的事实并且舍弃其他不必要的事实(笔录具有已经加工后的优势，但笔录毕竟是经过调查取证人员取舍后的产物，所以也有可能忽视某些在证明力评价上有用的材料)。只是，供述是已经被语言化之后的产物，与物证相比更容易被AI处理，并且 242
AI可以通过模式化学习区分出在法律上有意义的信息与无意义的信息。

3. 在证据资料、间接事实基础上的事实推论——事实认定

像这样，当结束了从证据(证据方法)当中抽取出对获取裁判结论有用的信息(证据资料)之后，需要做的便是“综合”这些信息并对犯罪事实的有无进行认定。这一过程通过适用经验规则、逻辑规则、实验规则进行。比如，闯空门的被害案件发生的时候，如果可以证明被告人在案件发生的接近时间、接近场所持有赃物的事实，并且该事实无法进行合理说明的话，那么(不论是自己实施了入室盗窃，还是在门外帮助看守)被告人和闯空门案件存在关联的推论可以暂且成立。与通过证据资料获得相关信息的过程不同，这属于裁判官、裁判员在自己的脑海中形成的推论。与证据资料的获得相比，通过模式化学习以实现自动化的可能性更大。实际上，当前也已经有一些尝试，旨在以不同事例为对象通过分析过往的裁判例将这种推论进行类型化，以及将其中的着眼点、注意点进行语言化。[6]让AI通过模式化学习达到相应的精度并作出不存在矛盾的判断，甚至有可能发现尚不为人知的推论模式也未可知。

4. 上诉审中对事实认定错误的审查

当对第一审判决不服的时候，可以以事实认定错误为理由进行控诉。刑事诉讼的控诉审并非对事实认定从头开始一一判断，而是针对第一审的事实认定中比照经验规则、逻辑规则可能存在不合理的地方进行事后的审查。因此，该过程与建立在证据资料以及间接事实基础上的推论过程一样，也存在被 AI 代替的可能性。

243 (三) 学习的界限与事实认定过程的复杂性

AI 可以对过去的大量事例进行学习并发现其中所潜在的模式。但是，根据最原初的证据本身来实现事实组建的这一过程如果全部通过学习获得的话，那起码在当前依然存在很大困难。因为，学习的素材虽然大量存在，但禁止在法庭上录音录像的现状导致无法获取最原初的证言，不仅如此，即便是那些谁都可以阅览的确定记录(判决所确定的事件记录)，还是需要赴保管这些记录的检察厅才能看得到，所以对材料进行大量收集的工作存在困难。不过，裁判员裁判制度已经可以实现公审全过程的录音，并且也可以通过自动声音识别装置实现数据化(其目的在于，方便评议时对相关供述进行必要的确认，与此相对，职业裁判官会不停地做记录，他们将其称作“备忘录”，如果有必要回想起公审时的证言等场合，往往会参照“备忘录”)。这些文字以及录音当中所呈现的语调、声色等可以有助 AI 进行学习，这自然离不开法院的协助。当然，正如上文所述，对表情等进行观察也很重要，但当前这些还未能被资料化。

也许有人会认为，作为代替手段，只要能让 AI 可以阅读判决文的话就足够了。但正如后文将提到的，在法的适用过程中会要求相当高程度的有效性，也如上文所述，从证据资料到事实的认定过程能够在一定程度上确保这种有效性。但是，判决文原本便是通过从最原初的证据中提取出证据资料，经由裁判官、裁判员评价被认为在法律上具有意义之后所整理记载而成。也就是说，判决文是属于经过加工之后呈现的“料理”，而并非记录最原始证据资料以及事实等这些最初的“食材”。在食用“料理”时，往往很难还原知晓其中所用的材料究竟为何，更无法知晓在加工的过程中舍弃了哪些部分。

此外，事实认定一般需要通过分析的视角与综合的视角进行。严密的分析自然必要，但如果深陷于此会造成“只见树木，不见森林”的局面，所以也不能忽视“综合”的视角，通过这一视角可以帮助发现分析上的错误。然而，姑且不谈“分析”的问题，单是将“综合”的过程实现有形化、语言化也未必容易。实际上，对司法修习生以及新人法律从业者进行评价的时候，往往会听到他们精于“分析”而苦于“综合”的
声音。旧刑诉法对于有罪判决要求“就所依据以及认定的证据，对其理 244
由进行说明”(旧《刑事诉讼法》第 360 条第 1 款)，但现行法将此认为是对于判决书作成而言无用的劳作从而不作要求。从这里也可以看出，将事实认定进行语言化的工作未必容易(话虽如此，实际上在认定争议事件以及情况证据等情形，一般会进行十分详细地说明。但能否将这种心证形成过程直接实现语言化还尚有疑问)。

即便过往的判例对于适用逻辑规则、经验规则而形成的模式化学习有所帮助，但作为证据资料提取、评价的学习材料而言依然存在不足之处。

更为重要的是，应该留意到，其实并不存在所谓的可以确认判决当中的事实认定是否正确的方法。比如，AI 学习过医学杂志上刊登的相关论文之后提出了新的治疗方法，要判断这种治疗方法是否正确只需要实际运用即可。又比如，要判断围棋或者将棋之后的一步是不是最优的选择，只要观看对局在这之后的展开即可。但在裁判的场合，没有方法能够确认 AI 通过遵循过去的模式然后针对某个特定事件得出的结论是否正确(最知道有罪还是无罪的是被告人本人，但被告人却未必一定说真话)。

可以肯定的是，事实认定过程中供述的信用度评价，以及从证据资料与间接事实出发对事实所进行的认定过程等这些领域内，AI 在不远的未来依然很难立即全面取代专门职业人的工作。因此，从现实所能达

到的目标来看，目前只能将这些作为事实认定的辅助手段或者学习的方式。比如，最高裁判所对于一些案件，目前是通过最高裁判所调查官来对事件的记录进行评价，再由其区分出哪些案件属于最高裁判所应该处理的案件而哪些不是，这些工作的部分内容可以考虑通过 AI 完成。最高裁判所的审理几乎都是书面审理，是比照经验规则、逻辑规则对事实认定的合理性以及(后文将提到的)法律适用的正确与否所进行的判断，因此容易通过 AI 进行处理。

245 （四）证据能力

当通过 AI 进行事实认定的构想成为可能之后(即便只是部分地实现)，证据规则或许会变得不必要。日本的刑事诉讼法在第二次世界大战后经过了全面修改，导入了很多英美法上影响证据能否被采用的许多规则(证据能力的限制)。

英美法所采取的陪审裁判是指，从一般市民中挑选出陪审员，令其对事实进行认定。当陪审员进行讨论的时候，外人不可进入评议室，并且陪审员只陈述结果。也就是说，陪审的事实认定程序本身属于一种无法受到制约的黑匣子。

因此，英美法系是通过严选向陪审所输入的信息，来确保判决这一输出的正当性。日本刑事诉讼法也导入了这种模式。比如，“非自愿而作出的具有怀疑余地的自白”因为含有虚伪的可能性，所以其证据能力受到否定(《宪法》第 38 条第 2 款，《刑事诉讼法》第 319 条第 1 款)。此外，如上文所述，当对供述的正确性无法通过曾经提到的三种方法进行斟酌的场合，那么基于传闻法则，原则上便应该否定该供述证据的证据能力。不仅如此，在被告人是不是犯人的问题存在争议的案件中，原则上也不允许将被告人的同种前科作为证据提出。借用稍微近期的最高裁判所判例的描述来说，因为被告人的“前科，尤其是同种前科，容易被联系到被告人的犯罪性格倾向，而后者属于一种缺乏实质性根据的人格评价，具有容易导致事实认定错误的风险”。[7]

不过，如果 AI 能够实现对真伪进行判定的话，那么也许有可能在一定程度上解除这种限制。即便实证证明 AI 可能存在偏见，也可以通过导入修正的措施进行更正。

四、 法的适用判断 246

与事实认定相比，在法的适用领域当中 AI 的活用更为值得期待。通过对大量的法适用例子进行学习从而提出与先例具有整合性的结论，这属于 AI 所擅长的领域。从相关报道可知，在海外已经可以对判决的预测达到相当精准的程度。[8]

如上文所述，法的适用判断基本上是一种数字化的模式，但却并非单纯的数字化。原本法的世界当中的“逻辑”与“逻辑学”中所指的“逻辑”不同，实际上是一种“议论(立论)”，这种议论所形成的正当化结论具有“通过抗辩进行反论的可能性”构造。[9]

比如，先前已经通过杀人罪的例子对法的数字性进行了说明，但实际上，如果不附加上“不存在正当防卫以及紧急避险”“不存在无责任能力”等其他条件的话，无法在逻辑上形成完美的规则。过去认为法适用的计算机化非常困难的主要原因便在于此(即不得不考虑到所有的反论可能性)。将所有情形所可能适用的规则进行程序化，这会造成要件的无限增加。不过，如果是“专门职业人”，往往可以只考虑需要检讨的要件并忽视那些不需要检讨的部分，(当前世代的)AI 以前的电脑无法做到这一点。

不仅如此，事实认定的复杂性也使得数字化变得困难。现实当中的事实认定，并非是证据→事实认定→法适用→结论这种单线型的工作，而是最先大体上概览一下事实关系，选择应该适用的条文，断定该条文
的适用判断上所必要的事实为何，通过证据检讨这种事实是否存在，在 247
该结果的基础上再进行事实认定，最终得出法适用的结论，这些过程属于一种“视线往返”。并且，在这一过程当中，如果结论不妥当、感觉

奇怪、违背了直观感觉的话，那么可以对所适用的条文进行重新选择或者重新解释，也可以对事实进行重新认定(结果上有可能发现原先被忽略的事实，或者发现原先对事实进行了过大评价或过小评价)。或者，当复数的间接事实存在讨论余地的时候，某间接事实与其他间接事实存在矛盾或者 A 证人证言与 B 证人证言存在矛盾的时候，需要基于一种相互比较的视角对证据进行评价。在这些基础上，事实认定的过程不仅仅是把事实挑选出来这么简单，往往还需要对事实进行评价(斟酌轻重)。[10]

如此一来，在事实认定过程当中，与结论的妥当性以及与其他事实、证据相关联的地方，很难实现数字化。

不仅如此，正如上文所述，法理论时常会伴随不安定性。除非是死规矩，否则都存在缓和解决的余地，也会为应对未来的情势变更保留相应的可能性空间。法律及其相关理论的基本构造虽然是数字化的，但却很难贯彻到底，会与模拟化的不安定要素相互交织形成法律上讨论的难点。能否对这两者之间的微妙之处进行领会，属于可以评价专门职业人水平高低的关键。[11](在刑事裁判实务上虽然不经常用，但在民事裁判)实务上经常会用到“条理性”“安定性”这样的描述。这些描述往往便是指这些情况。比如，像人们经常说的“没条理的案件”“具有安定性
248 的结论”等，对于这些不能被语言化呈现的“平衡妥协”感觉，AI 或许能够通过模式化学习进行习得。

原本，判决应该具备的“外观”不仅仅要包含以上所提到的不安定要素，更要通过前后一致的思考逻辑推导而出。该过程并非通过权力、暴力、财力，而是使用语言之力(说服)实现对社会进行统制，这属于法的宿命所在。换言之，通过模式化学习从而导出结论，这种程度依然不够，还需要把结论的推导过程通过法理论进行呈现，并通过语言进行表达。相比较于简单推导出最优解的工作，这需要有远不止于此的高水平能力。

此外，不仅在上文所提到过的偏见问题方面，在处理“不安定性”

这部分问题上，人们不一定能够预测AI会采取何种行动。AI有可能会将这种“不安定性”活用到不好的方向，即便退一步说没有造成这样的局面，依然需要解决的问题是：在现状维持的方向使用这种“不安定性”还是在变革的方向使用，对此需要进行有意识地价值判断。而这种“斟酌”，起码在当前依然是应该由人来承担的工作。

五、其他的活用场合

（一）量刑、再犯预测

量刑也属于不容易被语言化的领域。在一线工作的某刑事法官曾说
过这样的话：“裁判官从任职之后承担刑事裁判那天开始，通过把自己
曾经承办过的案件以及其他的案件的量刑作为参考资料，逐步构建起自
己的量刑感觉以及量刑常规，通过恰当地评价每个案件中各自的量刑情
节，作出与案件最相符的具体量刑判断。这种量刑感觉、量刑常规的形
成以及符合案件个性的量刑最终判读，与其说是一种理论上的必然不如
说更依赖于经验，属于‘专门家’或者‘职业人’的技能。”[12]另外也有
一位刑事法官作过如下坦诚：判决书中的量刑理由说明一直以来都是罗 249
列有利的情节与不利的情节，最后将这些进行“斟酌”之后从而得出结
论，“在外人看来，是一个黑匣子”。[13]

实际上，由于“量刑常规”的存在，所以刑罚并不是恣意决定的，但是，也正如“常规”这个词所描述的，量刑往往通过某种常规感觉或者直觉来决定。这种常规感觉应该说是通过经验才能获得的。

然而，裁判员制度的引入开始要求不具有“常规”感觉的一般市民与职业裁判官进行协作共同完成刑罚的裁量。向一般市民解释何为“常规”并取得他们的认同的这项工作存在难度。因此，最高裁判所开始了量刑数据库的使用。量刑数据库一般不对外公开，通过输入事件的性质以及主要的事实关系等量刑因子，能够输出得到以数字、图表的形式显

示的过去量刑例。通过这种方式，在某种程度上实现了“黑匣子”的可视化。如果这一方式可行的话，那么与事实认定以及法理论的领域相比，AI 在量刑问题上更具有活用的余地。

原本所谓的“常规”其实并不具有拘束力，也不妨碍适用比常规低或者高的刑罚。从实践来看，裁判员制度引入之后，残忍恶劣案件的刑罚相比较于过往有变重的倾向，而被告人具有应该值得同情情节的案件和一直以来相比有变轻的倾向。AI 可以通过模式化学习加强自身的判断能力，因此 AI 的判断基本上是一种保守的判断。如果依赖 AI 进行量刑判断的话，或许当前所存在的量刑轻重的变化倾向就不会发生。这也可以被看作是依赖 AI 所存在的界限。

量刑当中，也需要考虑再犯可能性(或者从反面来说，改造可能性)。假如再犯的预测变得可能的话，那么可以实现更加准确的量刑。

250 （二）新派刑法理论的复活?

不过，这里所提到的再犯可能性的预测有可能会引起争论。从至今为止的刑法史来看，旧派刑法理论主张，犯罪是基于自由意志所引起的恶，对犯罪的处罚则是对其进行的报应，是一种回顾式的，即对过去进行回顾从而施加的非难；与此相对，新派理论主张，犯罪是犯人恶性的表征，基于社会防卫的视角需要面向未来，以犯罪人危险性的消灭为目标。这两种对立理论最终以新派败北而告终。其中的理由之一在于，危险性的预测存在困难。但是，如果再犯预测能够达到一定精度的话，反对观点的论据会有一半不成立。

另外，这个问题也涉及了保安处分的是非问题。所谓保安处分，是指基于社会防卫的需要，从行为人在将来反复实施犯罪的危险性出发，作为刑罚的代替将其进行设施隔离，或者实施强制性的精神疾病治疗，或者通过药物等进行根绝的处分措施。由于存在再犯预测困难以及对自由的不当侵害等原因，保安处分受到了强烈的批评，日本在经过激烈的讨论之后最终也没有导入这项制度。

假如 AI 可以实现相当程度的预测的话(是否完全依赖 AI 从而省去

人的判断，这个问题稍微不同于判决中的事实认定问题。参见本书第4章)，那么要维持现在的旧派理论以及保安处分反对论，就必然要有一定的理论提升。换言之，需要进一步思考刑法究竟是为何而存在这个根本问题。[14]

(三) 保释、令状审查

在是否可以依赖AI的判断这一问题上，也有一些场合不会产生太大的问题，比如，对保释(《刑事诉讼法》第88条至第94条)进行审查的时候就可以活用AI。保释所针对的是已经被拘留的被告人，这些被告人存在犯罪的嫌疑并且也有一定的逃亡或者隐匿罪证的可能性，在这一前 251
提下通过保释保证金的没收进行威吓以防止其逃亡或者隐匿证据，从而(在观念上依然属于身体拘束当中，但实际上是)解除身体上的拘束。如果能使用AI对此进行预测的话，那么或许能更加方便保释许可与否的判断以及保证金额度的确定。

此外，在令状审查的时候可以活用AI。针对身体的拘束以及“对住宅、书类以及所持物”实施的“侵入、搜索以及扣押”，宪法规定了需要有裁判官事前所颁发的令状为依据(《宪法》第33条、第35条；《刑事诉讼法》第199条第1款、第218条第1款；《通信监听法》第3条第1款)。由于对这些令状进行的审查是通过书面进行的，又因为令状审查所允许的错误范围大于判决，[15]所以一定程度上可以通过AI来代替。

(四) 起诉犹豫

所谓起诉犹豫，是指即便在有罪结论的可能性很高的情况下，“基于犯人性格、年龄以及境遇、犯罪的轻重与情节以及犯罪后的情况等，认为没有追诉必要的时候”，检察官可以在裁量之后作出“不提起公诉”的处分(《刑事诉讼法》第248条)。实务上，有大约一半的假如起诉便有很大可能被判有罪的案件通过起诉犹豫被从刑事程序中解放了出来。虽然作出有罪或者无罪决定的是法院，但现实状况是，一旦被起诉往往便会成立有罪从而具有前科，所以说检察官所行使的起诉犹豫裁量权对于决定嫌疑人的命运而言具有事实上的重大意义。

该判断是通过考虑反省悔悟的状况、再犯的可能性、改造的可能
252 性、对被害人进行的赔偿、被害人的宽恕甚至是处罚感情等所有的事项之后所进行的。实际上，检察厅内部存在着一定的基准，并且上司批准制度也会起到一定作用，所以能确保该制度能够实现统一的运用。在这种模拟化的场合，对该判断进行补充代替会是 AI 的擅长之处。

（五）搜查

搜查是一个试错过程。搜查过程中疑似犯人的对象有时候会出现然后有时候又会消失，大家如果想象一下刑侦小说、电影、电视剧的既定模式就能够进行直观理解，搜查往往是先从一个方向入手，如果发现走入了歧途便会更改方向，通过不断重复这样的工作最终实现接近案件真相的目的。也就是说，与诉讼阶段这种事先就将需要达到的目标设定好的模式不一样(基于起诉状里所书写的犯罪事实)，搜查属于无法明确见到目标的赛跑过程。在这个过程中，如果 AI 能分担一部分工作的话，会极大提升搜查的效率。

比如，通过大数据来锁定潜在嫌疑人的工作(排查或者缩小可能的搜查对象)便很值得期待。此外，从电磁记录媒介所记录的大量数据中提取甄别出和案件相关联数据的工作，也可以活用 AI。同样的工作，如果使用人力的话往往会占用大量的劳力和时间，而 AI 则能够有效准确地完成。

不仅如此，AI 能力的效率性、准确性还不限于此。如果通过人力来对大量的情报进行分析的话，那么无法避免搜查人员会接触到大量的与结果无关的情报，这在隐私保护相关方面存在一定问题。如果可以构建起通过 AI 对必要的数据进行提取并将其余的数据剔除的模式的话，可以防范隐私的过度侵害，也可以使得搜查更为高效。甚至可以说，在未来，搜查的应然方式本身应该从搜索、查封、审讯这些直接的手段往对
253 大数据进行活用的信息驱动的模式变化。这种变化可以使得在犯罪事实的侦查过程中降低对被侦查对象所造成的权利侵害或者侵害危险，对于每个人的自由而言都是值得期待的。当然，大数据的活用也会引发国家

对于生活方方面面的监视危机。但是，如果可以选择一种均衡的模式，比如让 AI 将无关的数据进行剔除使得这些数据不成为搜查人员的搜查对象的话，那么无疑是可以消除以上所提到的危险的。[16]与判决的情况不同，此时 AI 的介入并非国家对案件进行的最终决断，只要留有人工对此进行事后检验的余地存在，那么没有必要要求达到像判决那样严格的精密程度。

(六) 审讯

审讯，必须是在构建审讯双方信赖关系(即让被审讯的一方能够集中精力进行回忆，并对回想起的事实无所不谈的关系)的基础上，审问方通过准确地发现供述中的疑点与盲点并向对方进行提问，之后对其回答进行当场评价，在评价基础上引出下一个问题，以此不断推进。如前文所述，搜查属于试错的过程，与审判时的证人询问不一样，无所谓有明确的事前目的。仅从这一点来看，如果要让 AI 具备这样的能力，难度之高不言自明(对应该进行搜集的信息进行收集的问题，与预先设定好相应可能应对模式的“面试官 AI”问题，在这一点上存在不同)。但如果能够实现的话，AI 也并非不可能在这种强调说理性的审讯中发挥作用。[17]

另外，AI 应该是无法起到促进对方改善更生的机能。(虽然最近没多少人会提及，但在以前)对嫌疑人进行审讯的时候，会有促其进反省悔悟，帮助对方迈出改善更生第一步的机能在内(可能现在的很多搜查人员都是这么认为的)。也就是通过晓之以情，引出对方的供述。但理解人情与晓之以情毕竟不是同样的事物。也许有人会提出护理机器人作为例子进行反驳，但这种以友好关系为最初前提的场合和审讯那样的敌对关系的场合应该还是不能同日而语。

(七) AI 为司法提供协助的场合 254

上文所讨论的是刑事司法关联部门通过导入 AI 对其进行活用的场合，那如何让民间机构的 AI 进行搜查协助呢?

例如，AI 对所见所闻进行再现的时候。在这种场合，如果 AI 本身并不具备人格，其管理是由自然人(即人类)所实施的话，那么以这个自然人为对象将该 AI 作为证据进行扣押处分的场合，以及随后发生的操作 AI 并解析相应记忆装置等举动，便属于行诉法上的“对扣押物的必要处分”或者鉴定的行为(《刑事诉讼法》第 218 条第 1 款、第 220 条第 1 款第 2 项、第 222 条第 1 款、第 99 条第 1 款、第 111 条第 2 款、第 223 条第 1 款、第 225 条第 1 款、第 168 条第 1 款)。

通过人工所进行的解析，有时候可能无法获得必要的信息。在这种场合，就变为需要去“说服”AI 并寻求获得“帮助”。问题是用什么方法。证人询问这个方法能起到作用吗？ 用宣誓或者伪证罪来进行威吓的场合，前提是需要 AI 具有“良心”、有回避处罚的思考甚至是感情。如果 AI 连这些都具备的话，那无疑会产生应该肯定其人格的问题。原本，AI 与人不同，如果 AI 的知觉、记忆、表现、叙述里不会发生错误属于一项前提的话，那么没有必要对其适用普通证人询问的那套方法。但是，AI 也有可能说谎。在这个时候，如果没有方法可以对其进行分辨的话，那么依赖 AI 的记忆对事实进行认定的做法无疑是危险的，而相关的证据能力或许也应该被否定。

另外，是否承认 AI 也会有沉默权(禁止自证其罪的特权。《宪法》第 38 条第 1 款)也是一个问题。关于沉默权的存在根据有多种多样的讨论，[18]追根溯源的话往往会引申到“人格尊重”的观念上。因此，是否承认 AI 具有沉默权的问题，实际上是回到是否承认 AI 具备“人格”的问题上。如果不承认 AI 的人格，也因此否定了可以对 AI 实施处罚的可
255 能性的话，那自然也没有在宪法上承认沉默权的必要。

除此之外，AI 的所有者、管理者通过行使自己的沉默权而让 AI 进行沉默的行为应该被允许吗？ 或者，AI 自身可否代理行使其所有者、管理者所具有的沉默权的问题依然存在。如果从一直以来的讨论的延长线来进行分析，以上两个问题的回答都会是“否”。首先，在不承认 AI 人格的场合，AI 不过只是一个“证据物”而已，并不具有宪法上不可强迫提供对自己不利证据物的权利。此时，让 AI 叙述相关的目击情节，

就好比是播放记录有犯罪坦白声音信息的录音笔一样，不存在宪法上的障碍。与之相对，如果承认 AI 人格，就会像当雇主犯了经营上的犯罪有被处罚危险的场合，雇员可否以这个理由拒绝供述一样，法律上一般不承认雇员具有沉默权。换言之，最直接的结论就是，不可通过 AI 来代理行使沉默权。

六、 法治(法的支配)与 AI

到此为止，本章对关于 AI 的能力在多大的范围内可以代替专门职业人的工作这一问题进行了讨论。如果可以代替，那是否属于人们期待的愿景呢？ 或者，是否与人们所求诸于刑事司法的愿景一致呢？ 下文将在“可以代替”的这种假定前提下，对此进行思考。

刑事司法，属于为了实现对生命、身体、自由、财产等法益的保护目的，而以直接侵害人的权利与自由为代价的制度。在刑事司法的过程中存在逮捕、羁押、搜查、扣押等强烈的权利侵害，而在其终点则存在刑罚这种严峻的制裁。因此，这一系列国家权力运行的背后需要有强有力的正当性。反过来说，只有存在强有力的正当性，才可以允许行使这样强烈的权力。

然而——虽然这么说的话有点像僻论的感觉——刑事程序法的确存在着以下的制度构想组成部分，即对嫌疑人、被告人施加保护，避免其受来自国家权力的逾越以及舆论的不当侵害。刑事司法，属于“针对国
民的权力、自由的‘危险物’”，[19]正因如此才需要设置多重的安全保障 256
装置，如果与这些装置发生了冲突，那么便需要将嫌疑人从程序中解放出来。有时候这会与人们的朴素感情相左。但法院本来便是非民主化的存在。不仅如此，为了能够在某些时刻坚持与常识相左的决定，以及为了刑事司法能够获得持续的信赖，必然要具备一定的权威。刑罚为了发挥其效果要以“感受力”为必要。刑事裁判所需要的是正确，但仅靠正

确这一点并不能衍生出权威与感受力。

法院和法庭被建造得庄严肃穆，法官所坐的审判席高于其他人员而且身着法袍。审判的程序重视形式。作为担当者的法律家们，属于通过高难度的司法考试被进行选拔的精英。这些种种都是为了让原本欠缺民主化正当性的法院获取权威与信赖所设置的。

如果国民了解到法官的部分工作被 AI 取代了的话，那刑事司法依然能够继续获得权威与信赖吗？ 假如——超越本章到目前为止所讨论的领域——能够完全代替法官的“AI 法官”在技术上能被实现的话，能否不止于其“正确性”而是对其权威进行认可从而对 AI 法官的判断寄予信赖呢？ 还是应该认为，只有人才能审判人，AI 应该只不过是帮助人进行判断的辅助手段而已呢？

对人进行审判的行为，是以审判者与被审判者的互换性为前提。只有同等的适格之人，才能对犯错的人进行非难和处罚。反过来说，尚不具备作为人所具有的判断能力的未成年人，以及因罹患精神障碍而难以进行自律判断的人，不存在作为适格之人所具有的立场互换性，因而不具有责任能力，最终仅能被视为教育与保护的对象。

当然，在法层面上实施处罚的主体并非法官而是国家，法官不过是对国家权限的存在进行确认的国家机关而已。但是，权威、信赖以及感受力这些，存在着人们接受方式的问题，如果被审判者感受到自己接受了来自与其自身不存在互换性的 AI 所实施的审判的话，那么作为前提，需要讨论权威、信赖、感受力这些内容。人们是否能够接纳自己被
257 AI 进行审判的事实呢？ “从‘法治’(法的支配)对‘人治’(人的支配)的排斥这一点来看，‘AI 治’(AI 的支配)也一样排斥‘人治’，不仅如此，由于‘法治’实施很大部分依靠的法官依然还是人，所以‘AI 治’将会更为彻底地达成‘法治’”，[20]在经过这样的思考之后，“AI 法官”能否被接受呢？

假使大家变得能够接受“AI 所实施的裁判”，那时是否意味着接受 AI 作为与我等人类一样的社会成员呢？ 如果是的话，那势必需要对 AI

能否进行刑事裁判的问题进行思考。这个问题的讨论属于本书第三章和第九章的内容，在此便将相关的讨论留给这两章。

注释

1. 松尾浩也：《刑事诉讼法(下)(新版修正第2版)》，弘文堂1999年版，第355页以下(最初出处1990年版)。

2. 虽然还不存在严密的定义，但本章在使用“刑事司法”这一词的时候所指的是处理“犯罪现象”的系统整体，而将驱动系统运行的构造，即刑事事件处理的一系列过程称之为“刑事程序”。此外，由于规制“刑事程序”的法律(法典)叫做“刑事诉讼法”(该词也被当作规制“刑事程序”的法律整体的称谓)，所以也存在交换使用“刑事程序”与“刑事诉讼”两词的时候，但本章遵从“诉讼”一词的通常含义，仅将起诉后的程序称之为“刑事诉讼”。

3. 平野龙一：《刑事诉讼法》，有斐阁1958年版，第191页。

4. 以上所提到的事实认定过程的一般理论可以参见松尾浩也：前注1，第8—11、26—29页。

5. 参见杉田宗久：《补强证据的证明力》，载大阪刑事实务研究会编：《刑事证据法的诸问题(上)》，判例时报社2001年版，第358页。

6. 比如，司法研修所编(中川武隆等)：《从情况证据的视点来看事实认定》，法曹会1994年版；小林充、植村立郎编：《刑事事实认定重要判决50选(上)(下)(第2版)》，立花书房2013年版；另外，植村立郎：《实践的刑事事实认定与情况证据(第3版)》，立花书房2016年版。

7. 最判平成24·9·7刑集66卷9号907页。

8. 这其中就有使用欧洲人权法院过去的判决来进行判决预测的例子，相关评价可以参见驹村圭吾：《“法的支配”与“AI的支配”》，《法学教室》2017年第443号，第63—64页。

9. 参见高桥文彦：《法律家的“逻辑”——法的“argument”及其“defeasibility”》，载亀本洋编：《岩波讲座　现代法的动态(6)法与科学的交错》，岩波书店2014年版，第171页；安藤馨：《最好的吗？　论题》，载安藤馨、大屋雄裕：《法哲学与法哲学的对话》，有斐阁2017年版，第253—264页。

10. 井田良等：《法律人的文章写作》，有斐阁2016年版，第54页(井田良执笔)，第147—152页(山野章夫执笔)；井田良等：《(座谈会)进行有逻辑的传达》，《法学教室》2018年第448号，第27—32页(井田良、细田启介、宗像雄)。

11. 在法学院和法科大学院里得不到理想成绩的人，往往是失之于针对其中模拟化部分的体会，或者失之于对数字化和模拟化组合所形成的感觉进行体会。尤其是接受过理科教育或者是文科当中学习过经济学的人，在挑战学习法学的时候，往往擅长于理解其中的数字化部分，而对其中模拟化部分不能充分领悟。附带说一下，笔者曾经在同时有教授法学与经济学的学院里工作过，记得在学院教授会或者各种会议进行讨论的时候，法学专业的教师喜欢对规则进行变通适用，与之相对，经济学专业的教师则倾向于坚持规则的表面意思。

12. 远藤邦彦：《量刑判断过程的综合检讨》，载大阪刑事实务研讨会编著：《刑事实务大系 1》，判例时报社 2011 年版，第 4—5 页。

13. 原田国男：《量刑判断的实际(第 3 版)》，立花书房 2008 年版，第 353 页。

14. 从法哲学的立场出发主张新派刑法学复权的见解，以及对此从法哲学 · 刑法学的立场出发进行的回应，关于这个问题的相关尝试可以参见安藤馨、大屋雄裕、佐藤拓磨：《法、危险与责任》，载前注 9，安藤馨、大屋雄裕编：第 143—197 页。

15. 刑诉法上，以搜查为发端，经由任意搜查、搜索、查封(达到“认为存在犯罪”的程度便可。《刑事诉讼规则》第 156 条第 1 款)、逮捕、拘留(需要达到“有相当的理由怀疑认为存在犯罪”的程度。《刑事诉讼法》第 199 条第 1 款、第 207 条第 1 款、第 60 条第 1 款)、起诉与公审(需要达到“起诉时或者公诉时对各种证据资料进行综合考察之后，通过合理的判断过程，具有成立有罪的嫌疑”的程度。最判昭和 53 · 10 · 20 民集 32 卷 7 号 1367 页)、宣判(需要“达到没有合理怀疑存在余地的证明程度”。最决平成 19 · 10 · 16 刑集 61 卷 7 号 677 页)这些阶段不断推进并且有着越来越高精确度的要求——反过来看，这也可以看作是一个误差允许的体系，在初期阶段允许一定的错误。如果要求初期阶段要与程序终结时一样的精密度的话，那么与作为事实调查的制度设计初衷存在矛盾。在另一方面，(像对身体实施拘束这样的)强烈的权利侵害的场合需要有与其相吻合的根据要求。如此，刑诉法根据不同的阶段允许一定限度的错误，当然也禁止超过该限度的错误。

16. 参见笹仓宏纪：《强制、任意、隐私：总论》，《法律时报》2015 年第 87 卷 5 号，第 58 页；笹仓宏纪：《搜查法上的思考与信息隐私权——“监视搜查”的统治尝试》，《法律时报》2015 年第 87 卷 5 号，第 70 页。

17. 关于审讯的技法，可以参见警察厅刑事局刑事企划课：《审讯(基础篇)》2012 年 12 月。

18. 井上正仁等：《案例刑事诉讼法(第 5 版)》，有斐阁 2018 年版，第 431—433 页，对至今为止的相关论据与反对观点进行了概括介绍。

19. 酒卷匡：《刑事诉讼法》，有斐阁 2015 年版，第 2 页。

20. 驹村圭吾：前注 8，第 63 页(笔者参考了文章前后语境对其中存在的明显误字进行了修正)。

第十一章

机器人、AI和知识产权

福井健策*

一、引　言 259

先从固定的未来预测开始吧。据说牛津大学有两位教授列举出未来
10—20年间人类会被机器替代的职业。[1]最可能会失业的职业有：数据输
入者、电话接线员、银行融资担当、出租车司机、厨师，等等。话说这
最后的“厨师”，不管全世界的人怎么吐槽，反正对英国来说，厨师就
是个摆设嘛，不过，如果将快餐等包括在内，烹饪确实已经半机械化
了，因此这并不能算是不合理的预测。另外，被认为不会失业的职业包
括医生、教师、律师(这是真的吗？)等的同时，被称作创造者和艺术家 260
之类的工作也在此列。“那倒是，创作和表现是最像人类的行为，不会
轻易被机器人和人工智能所抢夺。”也许确实是那样。那么，机器人和
AI在现实中所产生的内容能传播多远呢？

* 福井健策，古董街律师事务所主任。

以上就是导入部分。但笔者想预先说明两点作为写作的前提。首先，在本章中，不仅包括此类机器人和 AI 生成内容的知识产权，而且讨论“机器人和 AI 本身将产生什么样的权利”，以及“对于其开发必不可少的大数据拥有什么权利的问题”，旨在对当前知识产权讨论的整体有一个概观。特别是，这里提到的两个问题，无论从当前的重要性还是在堆积如山的课题方面都超越了上面提到过的机器人、AI 生成内容的权利问题。其次，在知道它很快就会过时的情况下，笔者将尽可能提供具体的技术示例和数据。即使数据和技术也已过时，但它们指出的问题本质应该不会发生重大变化(如果有任何补充，随时发布在笔者网站：www.kottolaw.com 上的专栏中)。

二、 机器人、AI 内容的传播

由机器人和 AI 生成的“内容”定义很广，首先，它是将 CD 和智能手机上录制的歌手的实际表演用“机器再现”的一种技术(因此当现实中出现唱片时，围绕机器失业，音乐家们发生了争执)。另外，生成内容的种类不仅仅限于内容种类繁多的“小说”和“音乐”。脸部认证等认证结果、导航系统向目的地推出的最短路线、检索结果排名和推荐餐厅等信息全都是 AI 生成的“内容”。毋庸置疑，每年在世界上以超过数万亿规模批量生产的那些内容，已经在
261 很大程度上改变了社会现状。

Geminoid F(左)
舞台剧“再见”来自网站
图 11-1

那么，人们通常会更关注的“机器人表演”和“AI 创作”的实例又如何呢?

说到智能机器人 Android 演员，剧作家平田 Oriza 和大阪大学的石黑浩教授合作开发的“Geminoid F”很有名(图 11-1)。她是一种可以捕捉人类演员

的动作并对其进行远程操作的机器人。

她与人类女演员共同出演了一部名为“再见”的舞台剧，被拍成的电影在 2015 年东京国际电影节上放映。她恐怕是作为 Android 首次被提名为世界电影节最佳女演员奖的吧(没能获奖)。虽然现在走路和细微的表情反应仍然有困难，而且说话等还是由人类完全控制的，但她的演技的确令人印象深刻。截至撰写本章，有报道说迪士尼乐园计划将园中受欢迎的角色变成机器人。最后，“里面的人”就真得消失了。

二次元等虚拟世界中，Android 表演家已经大规模商业化了。原本动漫中的角色就有萌芽，但近年来以“初音未来”为首的 Vocaloid(唱歌合成器)是其代表。在 Vocaloid 偶像聚集的年度最大活动“魔幻未来”上，每年都会在武道馆举行歌迷会。

数以万计的粉丝站起来对着 3D 影像中唱歌跳舞的偶像身姿，一边挥舞着小手电筒，一边一起唱歌的样子最精彩。初音未来(Miku)在“Nico Nico 动画”上就有 21 万个以上视频，仅排名在前 14 位的就有过亿的总播放量，是史上拥有最多歌曲数的超人气歌手。[2]此外，在 2016 年上映并获得超高人气的《星球大战外传：侠盗一号》中，那位死亡之星塔金(Tarkin)总督登场，以与 1977 年上映的第一系列作品相同的姿态 262
展现了精彩的演技(图 11-2)。饰演塔金一角的前恐怖明星彼得 · 库欣

图 11-2

(Peter Cushing)，1994年就已经去世了。怎么说呢，他是拥有CG立体图像的虚拟演员。准确地说，是与库欣相似的真人演员扮演了塔金一角，并把用CGI技术复制的库欣表情粘贴在那个影像上。笔者也去剧场看过，当时还在推特上说过“如果能做到这一点，我们在大屏幕上看到赫本和梦露的新作品就只是个时间问题了”。只要成本问题得到解决，毫无疑问，此类重生之星将拥有广阔的市场。

此外，人工智能还与此结合。2016年，在东京艺术大学的奏乐堂举行了20世纪最伟大的钢琴家斯维亚托斯拉夫·里希特与柏林爱乐乐团的精英们共演的大型活动。[3]里希特本人也在20年前去世。但是，和塔金的例子不同，舞台上没有里希特的身影。只是，由雅马哈(YAMAHA)最新的自动钢琴来演奏曲子，与现场演奏家们共同演出。要说其中的特色，那就是这架钢琴与学习过里希特演奏的AI连接，能够感受到用相机和麦克风共同演出的演奏家们的间隔和音色。然后与之配合着改变演奏。会场
263 的观众向不单单只是过去演奏再生的LIVE合奏，报以了雷鸣般的掌声。

在这里笔者也有种“如此这般卡拉OK名人就能量产了”的感觉。从前，人们会配合录音来唱歌。当然，音量和音调的高低也可以调整，但毕竟都是手动操作。从现在开始，AI卡拉OK如果由机器配合歌手来改变声音的高低、节奏和时机，也可以说成是数万首演奏曲目中完美的伴奏者。潜在需求(以及机器失业的可能性)很大。

以上就是机器人“实际表演”的例子。那么，AI的“创作”又是怎样的呢。试着按类型的不同对传播的AI内容进行分类。虽然只是基于方便整理的想法而进行的分类，但似乎能看到AI内容广泛传播的一部分。

表 11-1

	一次创作系	加工、二次创作系	对话、支持系
文章	星新一项目，日经、财务业绩摘要，AP棒球短报报道	自动翻译、自动字幕化、改写、工具	所有搜索引擎，Siri，女高中生机器人，“凛菜(Rinna)”，“大喜利”

续表

	一次创作系	加工、二次创作系	对话、支持系
音乐	Emmy，Jukedeck，AIVA	奥尔菲斯(Orpheus)，ujam	里希特、钢琴
图像、视频	街景(Street View)，下一个伦勃朗(The Next Rembrandt)，Google 绘画，萌芽角色生成	DeepDream，马蒂斯风格的星球大战，自动着色，NHK 自动手语视频，Taylor Brands	

首先是文章。一次创作系中具有象征意义的是星新一等企划的“小说的自动执笔”，但从报道内容来看距离能被充分鉴赏的程度还差一些。另外，时事短新闻的自动配信已经是广泛实用化的领域。大型国际新闻社 AP 自动生成棒球小联盟的比赛报道并发布。日经新闻 2017 年开始发布以“决算摘要”为名的企业决算信息等自动生成的文章(图 11- 264
3)。在该图右侧这个报道由谷歌(Google)翻译成了英语。

伊藤園が1日に発表した2016年5～1月期の連結決算は，純利益が前年同期比68.4%増の115億円となった。売上高は前年同期比2.5%増の3646億円，経常利益は前年同期比51.4%増の175億円，営業利益は前年同期比45.6%増の173億円だった。

ITO EN announced the consolidated settlement of accounts for the period from May to January 2016, announced Tuesday, with net income increasing by 68.4% to 11.5 billion yen. Net sales increased 2.5% year on year to 364.6 billion yen, ordinary income increased 51.4% year on year to 17. 5 billion yen, and operating profit increased 45.6% year on year to 17.3% billion yen.

左：日本经济新闻社、决算摘要“伊藤园 2016 年 5 月—1 月期”新闻(部分)　右：Google 翻译内容

图 11-3

这个谷歌翻译是现有文章加工、转换型 AI 活用的代表性成功示例。在撰写本章时，虽然没有达到日语实用水平的情况还很多，但是很多种语言在商务中已经广泛应用。另外，正如所看到的那样，即使在日语中 AI 生成的文章和自动翻译内容也非常兼容。具有自动语音识别功

能的字幕在 YouTube 上已很普遍，英语再现度水平是非常高的。借助自动翻译，字幕可以瞬间以世界各地的语言显示。最后，也可以说是对话型、支持型 AI，微软开发的女高中生机器人“Rinna”在推特上每天有超过 10 万人以上关注并享受日常对话的人气服务(图 11-4)，[4]2017 年各公司同时发布了 AI 扬声器(智能扬声器)令人记忆犹新。

女子高生ボット「りんな」のツイート。2017 年 4 月 4 日のタイムリーなツイートにはのべ 1000 人以上のユーザーが反応し，「あれ？学校まだなん？」「いや (笑) 金曜までないよ」「新学期遅いんやね」「それでもやだぁぁ」といった会話が続いた。

图 11-4

265 在音乐的自动生成系统(一次创作系)中，20 世纪 80 年代同是作曲家的大卫 · 科普(David Cope)开发的“艾美”(Emmy)很有名。[5]因大量学习巴赫的曲子，大量制造巴赫风的合唱曲等而被熟知。它还被刻录成 CD。笔者在演讲中经常将艾美的巴赫风曲子和巴赫实际的钢琴曲作比较，向观众提问认为哪一个是真的，有趣的是，观众的意见一分为二。在背景音乐(BGM)领域已经完全实用化。图 11-5 中虽然是高人气的“Jukedeck”，但是谁都可以自由访问，如果指定种类、曲调和曲长等，30 秒左右就能自动生成 BGM 音源。

想让大家实际听听这首歌，即使指定相同的参数，每次也会生成一首独特的歌曲，笔者觉得它至少可以用作影像、活动和商店的背景音乐。无论如何，它很便宜。如果是个人或拥有 10 名以下雇员的公司，只要明示来源就能免费下载并可以“免版税”地自由使用。世界上已经有许多使用它的例子，它的特点是数量庞大。如果一首歌曲持续 30 秒，假设一

自动生成 BGM 的网站“Jukedeck”

图 11-5

次只能创作一首歌曲，那么持续地操作一年，则可以创作超过一百万首歌曲。仅此一项就已占 JASRAC 管理的全球专业歌曲总数[6]的四分之一以上。创建的速度和数量和从前相比不是一个数量级。

其次，作为二次创作系的还有日本引以为荣的东京大学名誉教授嵯峨山茂树小组开发的“奥尔菲斯(Orpheus)”。输入现有的歌词(无论什么字符串都可以，都能自动作词)，如果调整参数就会给它作曲。这里不管使用的规模如何，创作出的曲子完全可以自由使用。笔者也利用奥尔菲斯对自己的作词进行了人生中首次“作曲”，并展示在网上。 266

最后，图片、视频怎么样？ 在一次创作系中，学习了伦勃朗风格的 AI 画出其著名新作《下一个伦勃朗》(The Next Rembrandt)；大量活用半自动摄影的照片，诸如谷歌“街景”之类的服务已经完全被商业化并广泛传播。并且，图片的加工和变换等二次创作系也是广泛活用的种类。图 11-6 显示的是照片的自动加工服务。

所使用的是谷歌公开的 AI“深梦(Deep Dream)”，给 AI 图像(图中的火焰)并让它了解图片特征。接着，在那之后给出的任何照片(图中是狐狸)都将自动转换为该样式，绘制出(“火之狐”)。在此期间，仅需数十

图 11-6　“深梦”上的 Anonyma Viktor 作品(原始图片为彩色)

秒，服务本身是免费的。诸如家庭视频、动画等也可以做到同样的事。

自动图像着色可能会变得更加普遍。(本书是黑白的，所以不刊登图例)笔者曾经用自己的祖先、曾祖父母和祖父母生前的黑白照片尝试过。毕竟，这是一项免费服务，并且几乎瞬间就可以着色，就这张照片来说，它是非常成功的。当我在祖父去世 33 周年忌日那天向亲戚展示时，以两位婶婶为首，大家都喜出望外(当然，我是把它作为礼物送给了她们)。

267 开心吗？ 是的，很开心。说到 AI 创作物，在不久之前，人们开始关注“机器是否能像人类一样进行创作”这一点。但是，在 AI 独立创造出一流作家级别的作品之前，即使能做到也要花点时间。取而代之的是，无论是自动翻译，作曲支持还是图像转换，它都可以充分发挥其作为我们可以掌握的工具的作用。而且，在市场上这样的参加型、体验型的内容，作为商务也在不断扩展。

三、 机器人、AI 内容的特征和社会影响

机器人、AI 内容的社会影响被认为是极其广泛的，详细内容请参照笔者补充的总务省“AI 网络化讨论会议”以及后续的“AI 网络社会推进
268 会议”的各种报告等。[7]在这里，笔者将关注机器人、AI 内容及其活用内容的流通，并简要总结其特征和社会影响。

表 11-2　伴随着机器人、AI 内容生成所考虑的优点和风险因素

社会影响(主要好处)	风险因素
通过批量化、低成本化来丰富知识	价格破坏导致创作周期混乱
了解量身定制的个人需求	知识细分的发展、集体经验的缺失
通过促进发现侵害和执行权利来抑制“搭便车”	“搭便车”多发、过程复杂化导致权利关系混乱
新的体验、发现和感动	通过复制的连锁缩小知识再生产

(一) 批量化、低成本化

首先，列举出如上所述内容批量化的例子。笔者在与 Recruit Holdings AI(当时)研究所所长石山洸先生合著的论文中，开头就提到过 AI 内容的特征，[8]毕竟机器不知道累。Jukedeck 上已经有 50 万首新曲，街景的半自动摄影照片会远远超过这一数量。预计其速度今后必然会加速。不仅仅限于 AI，IT 网络革命的特征是“由于万人以上的发送，内容流通量会压倒性地增加”。随着数量的增加，单价会根据市场原理而下降。这是导致出版和 CD 等所谓包装系内容产业结构不景气的主要原因之一，被称为“自由化”。如果进一步加速 AI 化，不仅限于狭义的内容诸如从调查研究、教育到娱乐，所有信息资源都很容易被万人访问，“知识民主化”很有可能进一步发展。

其次，由内而外的风险因素是“价格破坏造成创造周期的破坏或混乱”。如果内容的价格下降，创建内容的创作者将难以维持生计。一个典型例子是 2016 年引起轰动的“策展媒体大量关闭问题”。诱发因素是曾经作为收集社会信息做成报道的“汇总网站”的一种而时兴起来[9]的 DeNA 的热门网站 WELQ 和 MERY。但是，那里收集的大量文章被指出，有时质量非常低，有不少都仅仅是网上其他文章里复制、粘贴的内容，后来经营者被迫道歉关闭。此外，招聘等其他公司的网站也相继 269
关闭。

其背景是，上述内容的价格遭到破坏。随着价格的下降，越来越多的内容制作成本不会很高。策展媒体经常以 1 个字单价低于 1 日元的极端折扣向学生等打工者订购。专业创作者无法接受这样的工作。当然，随着粗制滥造的内容、可疑报道的增加，复制粘贴也变得猖獗了。AI 进一步引起的信息过剩可能会(暂时性地)导致这种被称为创造生态系统的混乱和破坏。

(二) 量身定制化

机器人、AI 内容的社会影响是量身定制化的。如从自动文章配信中看到的那样，容易生成符合个人需求的量身定制内容。更不用说智能扬声器，自动为个人照片着色和加工，仅向自己授课的AI老师等，确实可以提供前所未有的细致信息服务。

与此相反的风险，将是“知识细分的进步”和“缺乏集体的经验”。与他人的对话令人疲劳又浪费。例如，特意去教室听到老师不完整的讲义，在图书馆找到碰巧混杂在一起的不完整书籍，完成发表资料，对老师和同事的不完整评价感到生气或高兴的行为，都是一种徒劳。但是在这种浪费和失败中，可能会有个人和团体巨大发展的机会。AI提供最接近正确答案的信息，并在AI的帮助下高效地进行总结工作，乍看之下水平很高，但实际上只是简单的劣质重复而已。这是与后述第(四)点相关联的视点。

(三) 侵权和“搭便车”的担忧

如果列举由机器人和AI的发展而引起的风险因素，可能会出现侵权、“搭便车”的情况。人们通常称为“重写工具”的软件被经常用于解决流通问题。它是一种通过在读取现有文本时自动替换单词来“创
270 建看起来不同文章”的工具。广告上强调：“利用人工智能，一秒钟内重写2 000个字符。”可以免费重写任何已清除版权的文本，但是据说有许多作者只是从网上找来别人的文本并将其应用于重写工具。

笔者也尝试使用过此重写工具，但是重写后的文本未达到避免侵犯版权的水平。单纯地完全复制在诸如谷歌之类的自动判断中会对排名对策(SEO)产生不利影响，似乎防止这种情况发生是主要目的，总觉得没有“以合法的安全水平为目标”的观点。假设也将其称为“AI”的话，[10]则表示如上所述的侵权报道是在AI的帮助下批量生产的。

作为与侵害容易性相反的好处，可能也包括发现侵害和权利执行的简化。实际上，在策展媒体事后验证时，所谓的“复制粘贴发现工具”等被灵活运用，在小保方晴子的论文涉嫌舞弊时，也有人用这种工具进行复制。

对这方面的未来预测是混沌的。首先，如果只是置换等级较低的词语很容易被揭发，而且侵犯著作权的责任也在所难免。但实际上法院侵

犯著作权的标准比多数普通人想象得要高。即使有多个几乎接近复制粘贴的句子被借用，但在它们中间如果夹杂着其他句子，也有被认定为不侵犯著作权的案例。[11]所谓侵犯著作权，是指禁止作为公权力的表达，如果是性质恶劣的抄袭也会受到刑事处罚，所以门槛高是理所当然的了。话虽如此，钻空子也不是那么困难。考虑到经济利益，重写工具很 271
有可能会进一步发展，学习判例趋势，并转变为真正的“复制粘贴合法化AI”。在这种情况下，即使发现工具发现了“借用关系”，也不会将其判定为非法，网络媒体很可能会被比DeNA更加精炼的Freeride AI席卷吧。

其次，假设发现违法程度的借用，即使试图执行权利，如上所述加工、二次创作系工具的过程本身对于第三方来说也是难以理解的。其结果是，对于侵害行为该由谁来负责，是使用工具的用户还是开发工具的企业，也会产生这样的问题。如果原告要求严格证明工具发生了什么，追究责任实际上会变得更加困难，相反如果不知道该如何追究责任，开发者和用户人数也有可能会萎缩。[12]这可能是总务省“AI网络化审查会议”指出的“不透明化的风险”吧。[13]第三，从另一个角度来看，恐怕作为重要的问题，“滥用权利执行”也变得容易了。虽然有AI掩钓业务的风险，这里笔者仅指出问题所在。

（四）新的体验、发现和感动

最后，根据这些知识生产和流通的根本性变化，产生新的体验和感动，革新的可能性已经不必说了吧。机器人和AI目前以与人类协作为中心，有可能创造出完全不同的知识。像体育比赛一样，与机器人技术公司进行协商可能会产生“超人的表现”。

当然，想象负面的情况并不难。的确AI和安卓系统正在生产大量的精彩内容。但目前还处在学习人类创造的东西，尚未达到进行整理的阶段。如果由人类来判断AI的创造是“有趣的”还是“有经济价值 272
的”，这也是必然的吧。那是无论走到哪里，都只能是劣化复制的缩小再生产。通过将知识循环委托给机器，我们可能正在学习自己，因此犯了很多错误，并且减少了极其稀少的奇迹般发展机会。正如上面所述的“AI 网络化审查会议”所指出的，它是否与“人类尊严和个人自治的相关风险”相当？

机器人、AI 内容是人类进化的关键还是停滞的入口？ 还没有找到答案。可以确切地说，那种趋势是不会停止的。

四、 机器人、AI 的知识产权问题

（一）探讨的观点

基于以上的社会影响，来探讨一下机器人、AI 的知识产权问题。讨论的视角可以举出以下 3 点。

(1) 如何在最大程度提高机器人、AI 内容收益的同时降低风险？

(2) 如何通过保护可交付物的自由访问和保护创新投资的平衡来促进创新？ 权利处理和信息访问成本的降低，过度“搭便车”的抑制等知识产权制度的课题，仍然没有改变。在这里进行实证研究很重要，对于 IP 制度设计来说，今后的数据分析将是必要的。

(3) 如何与现实中的变化速度并驾齐驱？ 即使上述的观点没有改变，也有一个显著性的变化。那就是速度。就目前为止法律制度的讨论速度而言，一切都太迟了，人们认为这只是在新兴技术和商业模式之后，延迟了两周而已。取而代之的是浮出水面的信息规则制定者，不正
273 是巨型平台和它们的算法吗？ 在考虑机器人和 AI 的速度时，制度理论必须始终是“永恒的 Beta 版本”。边跑边思考，给予暂定解，然后反复修改，在规则自身中构建修正轨道的余地，这没有否认的必要。

从下一项开始，笔者也将结合内阁府知识产权战略本部和上述 AI 网络化讨论会议等的讨论，继续进行探讨。[14]特别地，假定通过完全 AI (计算机生成的作品 computer generated works， CGW) 自动生成内容服务的过程是如图 11-7 所示，但是如上所述，现实中不仅仅是完全地自动生

成，AI 是支持人类半自动生成服务率先蓬勃发展的。从机器帮助人类创造和传播作品(机器支持的作品 machine supported works， MSW)这个意 274
义上讲，人们已经享受了 100 多年的印刷、相机、音响、影像、广播、数字化和网络带来的恩惠。以下，将兼顾两者，继续向前推进。

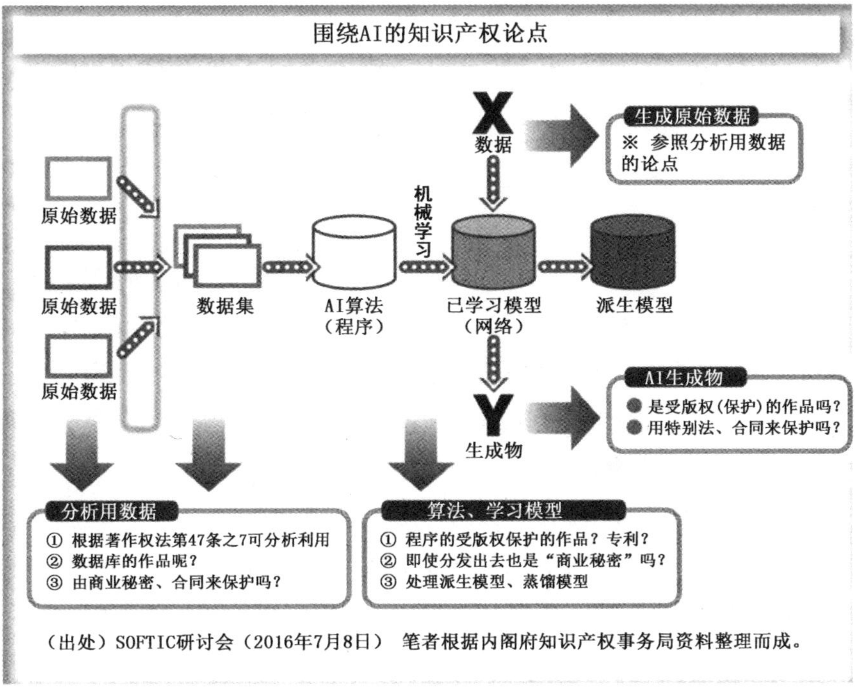

图 11-7

(二) 学习用数据

1. 单独数据

首先考虑图 11-7 最左边的数据知识产权问题。AI 在很多情况下会学习(吃透)大量的文章、图像、音乐等各种数据，并且成长起来。在其他机器人技术的开发中，也经常需要大量的数据。这些文章、图像、音乐等大多是受著作权保护的作品。社交媒体上的牢骚大多属于这一类。因此，原则上只要它们处在保护期内，其他人未经许可不能随意复制或修改。

特别是在业务上、组织上使用的情况下尤其如此(作为受保护的作品)。

但是，机器人和 AI 所学习的某些数据中包含的许多信息，不受著作权保护。例如人们的浏览历史、购物历史、移动历史(行踪)等各种个人数据以及天气情报等非个人数据。在某些情况下，个人信息保护法禁止未经授权收集或提供给第三方(作为对个人信息的保护)。

另外，无法识别个人的信息等不属于该对象。无论哪种情况，如果将数据作为秘密进行管理，则根据反不正当竞争法(作为商业秘密进行保护)禁止未经授权地获取或使用数据。如果以上都不适用，原则上可以自由收集和使用。

2. 集成的大数据

但是，这样的数据如果是少量的话通常不一定起作用。需要大量数据的情况有很多，如此一来收集、管理大量的数据，根据情况的不同，如何保护那些系统化并存储在数据库中的大量数据呢。在这一点上，个别的数据无论是不是作品，只要数据的选择和排列有独创性的话，整体就作为“编辑作品”受到保护。另外，如果数据库化可以检索时，其选
275 择和构成有独创性，则作为“数据库作品”受到保护。

因此，在任何情况下，如果擅自复制具有独创性的部分，除对个别要素是否构成侵权之外，还将成立对收集、构建整体的经营者所编辑作品或数据库作品的侵权。因此，将保护那些投入大量资源并积累大数据的企业，使其免受未经授权使用大数据的侵害。

但是，这里保留有“创作性”。这通常是指在有很多选择可能的情况下，敢于选择一个选项。[15] 在选择项极为有限的情况下，其输出是“必然”的，创作性就很难被认可。例如，以最简洁的表达传递的消息，通常不受著作权保护。因为那里几乎没有选择的余地，换个角度来看，如果有人长期独占没有选择余地的表达是很危险的。但是，最近大数据的收集是机械的或者说是详尽的。而且，越是机械性、详尽地收集到的数据就越没有选择的余地，编辑作品和数据库作品的著作权就越容易被否定。

那么，谁是现代大数据的所有者呢？ 也许是通信运营商、交通部门或邮购公司，但最大的持有者恐怕是谷歌、亚马逊、脸书等大型平台。换句话说，以上是关于它们的大数据垄断边界的讨论。

除了著作权保护，还有什么办法可以垄断积累的大数据呢？ 如上所述，作为个人信息的保护当然是可能的，也可以作为商业秘密来保护。此外，还有体系结构和合同的保护。例如，众多公司在上述平台等持有大数据的情况下，除了公开的数据之外，任何人在技术上都很难取出数据。换句话说，它受体系结构的保护。如果谁擅自破坏钥匙侵入的话，原则上当然是违法的，是处罚对象。

另外，乍看之下可以复制的大量公开信息(地图数据、搜索结果等) 276
通常受到使用条款的限制。例如，几乎所有人都持有谷歌账户。换句话说，我们都是那些单击“同意”使用条款的人。使用条款通常对谷歌的内容禁止复制(或大量下载)、重新分发等。[16]实际上许多人在从事这项业务，只不过是被忽略了而已。如果与谷歌有直接竞争关系者开始大规模使用大数据分析等，当然会被主张是违反合同。最坏的情况，将面临账户被删除和受到合同规定的惩罚。

这也贯穿于以下机器人、AI 的其他因素的保护讨论，但考虑到某种信息(知识产权)的法律保护时，不单单是“有没有权利”的二分法，多种手段的组合也变得越来越重要。

比如制定特别法以禁止大数据的擅自使用，将整体确认为作品并以著作权对其进行独占等法律权利。或者还包括个人信息保护法和反不正当竞争法。这就是“依据法律制度的保护”。其优点是，即使没有对方特别的同意和权利人方面的投资，也能一律予以保护。而缺点是它是僵化的，不能总是应对最新的社会动向。在瞬息万变的信息社会中，这种缓慢的步伐正是致命伤。另外，尤其是只有日本才有的特别法，在海外不通用也是缺点。例如，即使只在日本制定保护大数据的特别法，海外的经营者随意复制的话，日本的数据也会被用在海外机器人、AI 的开发上，相反日本的开发可能会延迟。

知识产权保护的另一端是“合同和体系结构的保护”。如上所述，这是一种在技术上难以复制或在使用条款中禁止商业使用的方法。优点是它很灵活，并且即使对方是海外运营商，也可以不受限制地获得保护。缺点是体系结构在花费高昂成本的基础上可能会被破坏，并且合同只能约束合意的双方。

277 因此，根据目的来区分两者和两者的协调领域变得重要。例如，体系架构可能被技术所破坏，但这种破坏保护的行为被非法访问禁止法和与计算机相关犯罪的刑法规定所禁止。总之，法律规定支持灵活的体系架构保护。

3. 促进利用的平衡政策

以上主要是从如何对大数据运营商的封闭进行法律保护的角度来论述。但在当时，封闭大数据并不总是对社会有利。那是因为它是机器人和 AI 的“食物”，如果被广泛共享，技术开发将更加活跃，而如果围墙太坚固，则可能会落后于国际开发竞争。

作为促进这种利用的措施，著作权法上有一些例外规定。《著作权法》第 47 条之 7 的限制规定，允许在计算机上分析和使用大量受著作权保护的作品。由于从字面上看是指大数据分析，因此允许机器人和 AI 学习大数据。但是，从开始就为数据分析而建立的数据库未经许可(同法条但书)任何人都不能使用。因此，实际上，依据该法条有许多大数据无法进行分析。

该条文还有更多问题，可以理解为：允许以自己进行大数据分析为目的而复制受著作权保护的作品，但这样一来，可以理解为收集到的大量作品因为某人要能够分析大数据就无法提供给公众(网络公开等)(第 49 条第 1 项 5 号)。另外，例如两家公司建立合作关系，A 公司为了 B 公司便于分析，只向 B 公司提供 A 公司收集的数据库化的作品。总之，即使允许特定者之间共享，也存在解释上的疑问。

第一，作为今后的制度理论，如果目的仅限于大数据分析，也可考虑通过扩展著作权法的例外规定来认可复制他人作品向公众提供的修正案(在本章校对中，文化审议会著作权文科会法制、基本问题小委员会通过的报告书中，提出这样的两者间的合作，以及比现行法更广泛地认可向公众提供大数据分析服务的立法提案，其结果备受瞩目[17])。 278

第二，作为因合同和体系架构过度垄断及规制的安全卡，过于单方面的使用条款可能会被认为违反反垄断法，或者被消费者合同法视为无效。反过来可以说是法制度和合同的协调。

第三，用来分析的数据库基础设施建设也应该继续推进。根据利用条款限定分析的用途，如果分析结果被作为商业利用时，可以赋予经营者在事后给予权利人一定补偿金的义务。

(三) 机器人技术、AI 本体(算法)

许多机器人技术都受到专利和实用新型的保护。另外，以学习前项讨论过的“学习数据”的 AI 主体(算法)为首，机器人技术中使用的许多程序，也可以被作为专利来保护。但是，需要更多的申请和注册作为要件，来获得不同国家的保护，因此相较而言著作权保护(无需申请或注册)将更好地实现全球保护。

在这一点上，许多技术和思想本身都是“想法”，与受著作权保护的作品不对应，因此不受著作权保护。另外，机器人的设计也被作为“实用产品的设计”，根据当前的常规解释不能视为受著作权保护的作品。[18]设计受外观设计权的保护，但是以注册为前提条件，并且有限制。

另外，AI 和其他程序通常会作为作品受到著作权法保护。一般而言，著作权法中的“算法”一词指的是一种简单的解决方案，(过于简单)并作为不受著作权保护的作品的示例(第 10 条第 3 款第 3 项)。但是， 279
这里提到的大多数算法的结构要复杂得多，并且毫无疑问，它们是受著作权法保护的作品。不用说，如果将其作为秘密进行管理，它将被保护为商业秘密。

毋庸置疑，这些以及促进利用的方面也很重要。通常，平台公司之类的开发人员将该技术公开为开源，认可人们的自由改良和二次创作。

最著名的作品之一是由谷歌免费发布的“TensorFlow”。其他企业和研究人员可以自由地使用它来制作 AI，包括用于商业目的。换句话说，与其将个别 AI 封闭起来，不如将其作为该 AI 的标准，并成为开发人员社区(平台)的战略。

(四) 已学习模型

1. 著作权保护

作为 AI 特有的元素，列举了通过学习创建的“已学习模型”。换句话说，它是“火焰机器人”，通常由特定的 AI 和表示为参数(权重)的函数组成。笼统地说，是具有一定数据的程序。

这是受著作权法保护的作品吗？ 由于 AI 本身是程序的作品，因此已学习的模型自然要受著作权法保护。但是，这里的问题是，是否认为除了原始的 AI 之外，还诞生了一种名为“数据 + AI”的新作品，并且著作权能延伸到什么程度？ 相反，如果有人仅借用参数部分和数据部分而不窃取 AI 本身，是否会侵犯著作权？[19]

从现在的通说解释来看，这似乎不属于侵害。著作权法不保护其自身不能称之为创作性表达的数据。另外，例如，即使是整体相当于作品的纪实性小说和论文，从中提取并借用原始的历史事实或数据本身的行
280 为不属于侵害著作权的典型行为，在这方面，最高法院的判例已经确定并结案。因此，假设有人用合法的手段来学习已学习的模型，从中只抽出部分参数来利用，恐怕也不属于著作权侵害。

让我们从另一个角度谈谈。谷歌在 TensorFlow 上无偿公开算法，让人们学习它，制作出许多新的学习模式。但是，那不是二次作品。因此没有产生新的知识产权，只是在谷歌作品原来的算法上附着了新的数据而已。

2. 专利保护

那么专利怎么样呢？ 它也保护想法。另外，作为专利法对象的“程序等”中除了程序以外，还包含(用于计算机处理的信息，等同于程序)(第 2 条第 4 项)。因此，如果对某个 AI 和某个参数结合在一起的整体

作为专利进行登记，将该保护也涉及AI和参数的结合本身，则可以防止参数的擅自利用。不过，专利是以注册为条件，只提供在每个国家的保护。而且，能够将其内容记述在申请文件中是注册的条件。结果上能否提供有效保护令人怀疑。

此外，无论是著作权还是专利，都还有其他挑战。例如，如果第三方使用某个已学习模型进一步学习，则产生与之前不同结果的“派生模型”。这是与同一个AI具有不同参数的状态，恐怕很难称之为对之前已学习模型的复制。也就是说，对“原来AI本身的保护”当然是无处不在的，但是对“原来的已学习模型的保护”却很难跟得上(在那之前，到底是以哪个模型为基础的也很难证明[20])。 281

3. 商业秘密、合同

那么作为商业秘密进行保护怎么样？ 假设已学习模型被编入某个商品中进行流通，问题在于它是否仍然可以说成是秘密，例如，销售条款禁止挪用，或者由于诸如加密等安全性的原因而无法看到内容的状态，则应满足秘密管理性的要求，笔者认为擅自挪用可以受到反不正当竞争法的规制。在这方面，诸如利用条款等对合同本身的保护当然是有效的，并且似乎是一种相当灵活和简单的手段。

(五) 内容生成

由机器人和AI生成的大量内容又如何呢？ 说到内容，例如，如果机器学习的AI显示距离目的地的最短路线，或者如果AI设计了象棋的获胜方法，则生成物为“路线”或“获胜方法”，那些都是想法。即使它是由人类设计的，但它对作品来说还是新的，AI生成也是同样。也许其中许多类型的产品均不受任何知识产权的保护。

那么，更具作品性的东西，比如VOCALOID的歌唱和机器人演员的演技又如何呢？ 自动生成的文章怎么样呢？ 或者AI输出的《火之狐》(前文图)，是对原狐狸照片的二次加工作品，会产生新的著作权吗？

特别是，在20世纪70年代美国名为CONTU的报告中实际讨论过

AI 产品，然后由联合国教科文组织和日本著作权审议会(当时)在 1993 年进行了讨论。[21]结论基本相同。MSW，(即使用计算机作为工具生成的、真实人类做成的东西)是受著作权保护的作品，但是 CGW(即人类仅需直接按一下按钮的全自动生成的内容)，不能称之为创作，则不受著作权保护。

唯一的例外是 1988 年英国修订的著作权法，该修正案承认完整的
282 CGW 是一部作品。[22]但是，目前尚无其他国家有明显的跟进案例，内阁府知识产权战略本部“下一代知识产权制度讨论委员会”等，针对在现行法上不受著作权法保护这一点，委员间的异议也很少。

机器人的表演也可以用相似的逻辑来考虑。比如说，在对真人配音演员的声音进行采样的 VOCALOID(能唱歌的机器人)的声音、捕捉真人演员动作的机器人演员的演技，有人认为这是作为“素材”的人类实际表演(或其录音录像物)，引发是否会产生著作邻接权这样的议论。但是，在不能被认为是“人类实际演出的录音录像物”，而只是纯粹的机器人表演的情况下，按照现在通说的理解恐怕是不会考虑在此产生现行法上的著作邻接权。

那么，日本是否应该通过更改著作权法的解释或制定特别法来保护机器人、人工智能的产品呢？ 笔者在这一点上持消极态度。通常通过以下两个因素的关联来证明为某些信息提供新的知识产权保护行为的正当化。换句话说，一是垄断信息的优点胜过将信息封闭起来的缺点，二是没有其他缺点少的替代方法。

保护产品免遭未经授权的复制有什么好处？ 就机器人和 AI 本身而言，它相对容易理解，是为了保护投资开发成本。换言之，投资开发是利用作为其产品的机器人、AI 来提高收益，实现投资回收，因此有必要在一定程度上防止非法复制。

是否有可能在不保护产品免受未经授权的复制的情况下收回投资呢？ 当然会有这样的情况。例如，某些背景音乐生成站点在将背景音乐用于商业目的时会收取使用费。前面提到的 Jukedeck 也是如此。如果

人们可以在未经许可的情况下挪用背景音乐，则没有人会为此付费，并且存在无法继续开发和运营的风险(这和许多内容的商业模式一样)。

但是，同时也要担心其缺点。机器人、AI 产品的生成速度与众不同。一个系统中，每年已经有 100 万首歌曲。在不久的将来，以亿为单
位的创作也不是完全不现实。目前的著作权系统没有设想到这样的情 283
况，即创造了如此大量的受著作权保护的作品，并且有一个经营者长期控制独占使用权的事态。从理论上讲，创建类似于那些产品的新内容将会侵犯著作权(如果它依赖于该 AI 内容)，有时甚至会导致刑事处罚。

而且，假设这些产品属于知识产权，那么掌握巨大权利的最有力候选人是谁呢？ 不用说，它是拥有大数据并进行机器人和 AI 开发的巨大平台。即使赋予了知识产权，也有可能被少数企业寡头垄断。那么反过来，这些平台是否正在为其产品寻求知识产权呢？ 保护其不被擅自复制，这和它们现在的商业模式有直接关系吗？ 应该从这种平衡的角度来讨论是否允许对机器人、AI 产品进行合法的垄断。

五、结　　语

综上所述，笔者在俯瞰持续急速扩大的机器人、AI 内容的现状的同时，对于其在文化、知识产权方面的影响，针对大数据、机器人、AI 自身、已学习模型，以及产品的各个方面，探讨在现行法和新的法律制度下进行保护的可能性，就促进灵活运用的平衡政策发表个人意见。大数据、机器人、AI 本身在现行知识产权方面也得到了一定程度的保护，甚至已学习模型似乎也有望作为商业秘密受到保护。然而，人工智能、AI 产品也很可能无法得到保护，但尚未充分证明对任何因素有依据新法等追加保护的必要性和有效性。倒不如说利用开放、封闭战略的合同和对信息流通基础设施的进一步完善才是有效的应对策略，提出这样的问题并总结本章。

注释

1. 除了卡尔·弗雷之外,《雇佣的未来》(小林雅一:《AI 的冲击》,讲谈社现代新书电子版,2015 年),第 466 页。

2. 在“Nico Nico 动画”上拥有“初音未来”标签的动画数量为 212 532 个(截至 2017 年 10 月 2 日)。

3. 由东京艺术大学主办的“音舞的调查——超越的时间和空间”于 2016 年 5 月 19 日上演。

4. 截至 2017 年 4 月 8 日,粉丝数为 137 803,推特数为 695 728。

5. 克里斯托弗·斯坦纳:《算法支配世界》,永峯凉译,角川 EPUB 选书 2013 年版,第 145 页以下详细内容。

6. 到 2017 年 3 月为止,共有约 374 万首歌曲(摘自该协会网站“JASRAC 的概要”)。

7. 参照总务省《AI 网络社会推进会议报告书 2017——面向 AI 网络化的国际讨论》(总务省网站)等。

8. 福井健策、石山洸:《AI 网络化的近未来预测和知识产权》,载《知识财产法年报 2016—2017》,日本评论社 2016 年版。

9. 根据该公司 2017 年 3 月 13 日公布的第三方委员会报告书,在该公司 10 个网站总计超过 37 万份的过去报道中,有可能对 1.9%—5.6% 的著作权进行侵害,而且,所有文章的 472 万张以上的图像中有 74 万张以上无法确认得到了权利人的许可,被认为可能侵犯了著作权。

10. 尽管从狭义上说,它还远未达到与“人工智能”的定义相匹配的水平,但“人工智能”的概念很广泛,可以被纳入其基础。实际上,在此级别上将某物称为 AI 是一个通用术语(无论研究人员如何反对)。

11. 东京地方裁判所判决 2002 年 4 月 15 日(Hotel Junkies 案)。东京高等裁判所认为侵权行为更为严重,DeNA 第三方委员会的报告也根据与地方裁判所判决类似的依据发现了这一侵权行为。

12. 关于 AI 的行为和结果的民事和刑事责任论在本书第八章和第九章中详细论述。

13. 以下,总务省《AI 网络化讨论会议报告书 2016 年》,第 34 页以下。

14. 以下,虽然没有单独显示参考页,但关于本节整体的详细内容,请参照内阁府知识产权战略本部《下一代知识产权系统检讨委员会报告书》(2016 年 4 月)及《新的信息财产检讨委员会报告书》(2017 年 3 月,均为该本部网站)。另外,基本的视角在前注 13《AI 网络化讨论会议报告书 2016》56 页以下。

15. 参见中山信弘:《著作权法(第 2 版)》,有斐阁 2014 年版,第 65 页等。

16. 参照谷歌地图/Google Earth 追加使用规约(2015 年 12 月 17 日更新版)第 2 条:禁止行为等。

17. 文化审议会法制基本问题小委员会:《关于正确应对新时代需求的权利

限制规定应有方式等的报告书(提案)》，2017年2月，文化厅网站。

18. 例外地，有人认为独立成为鉴赏对象的美术性设计是保护对象。另外，知识产权高等法院(2015年4月14日)判时2267号，第91页(TRIPP TRAPP事件)等，也出现了以更广泛的标准来保护实用品设计的案例，包括国际动向在内的判例、学说也受到动摇。

19. 此外，对AI的学习方法(即所谓的“调教法”)的保护问题也很重要，但还是让他们有其他的机会。

20. 并且，被称为“蒸馏”的既存学习模式的利用方法也被指出，但在此不作详细说明。

21. 著作权审议会第9小委员会(电脑创作物相关)报告书，1993年，著作中心(CRIC)网站。

22. 英国著作权法第178条。

第十二章

机器人武器与国际法

岩本诚吾*

285 一、引　　言

（一）机器人武器的登场

科学技术的显著发展，当然也会波及军事技术，给近年来的武器开发带来了戏剧性的变化。在 1990 年以后的武装冲突(1991 年海湾战争、1994 年波斯尼亚战争、1999 年科索沃战争)中，侦察用的无人飞行机(UAV，[1]通称无人机)成为重要武器体系的一部分。在 2001 年的阿富汗战争中，搭载导弹的无人战斗机(UCAV，武装无人机)登场，它在现在的反恐作战中也经常被使用。[2]在地面上，2003 年伊拉克战争时，美国陆军完全没有实战部署无人陆地车辆(UGV)，而 7 年后的 2010 年 9 月，美国向伊拉克和阿富汗投入了约 8 000 辆 UGV(例如，小型 UGV 的 Talon 和
286 PackBot, Talon 和 PackBot 都是美国军用机器人——译者注)探测并摧毁了

* 岩本诚吾，京都产业大学法学部教授。

超过 11 000 个简易爆炸装置(路边炸弹，IED)。

无人武器，换言之，机器人武器正在对军事作战产生巨大影响，被称为继火药、核武器之后的“第三次军事革命”。在陆地上，无人陆地车辆被用于炸弹的处理或分界线的监视；在海上，无人水上舰(USV)和无人水下航行体(UUV)被用于潜水艇战或水雷战。而且，在天空，无人驾驶飞机用于在反恐战争中击杀目标的实战部署。像这样迅速普及的机器人武器的存在，已经不再是令人惊愕的景象，而是近年来战场上的日常景象。

(二) 机器人武器的特征

那么，为什么机器人武器会在战场上使用，其军事优势是什么呢?该武器不仅能省人、省力，还能代替活生生的士兵。可以完成 4D 任务，即危险的(Dangerous)任务，在被核、生物、化学武器等污染的环境内的肮脏(Dirty)任务，长时间工作导致疲劳和精神涣散的单纯单调(Dull)任务，以及超出可能活动范围的纵深性(Deep)任务。通过用机器人武器代替执行 4D 任务，避免机器人武器使用国的人员伤亡。这对于因少子化的趋势下，对本国士兵的伤亡表现出极端厌恶感的发达国家来说，是极为理想的状态。另外，像无人驾驶飞机，它不需要飞行员用的空间和防护装置，创新了武器的小型化、轻量化，相比载人飞机，能够削减制造经费，而且具有降低被敌人发现的危险性等军事优势。

加上，由于机器人武器可以避免人类的感情(重复、兴奋、怨恨、偏见、恐惧)和身体状况(疲劳、睡眠不足)导致的判断失误，可以比人类更慎重地使用武力。[3]

(三) 对进化机器人武器的不安 287

近年来，以搜索、检测、确认、跟踪、选择并攻击目标为重要功能的、高度自动化的机器人武器已经存在并投入实战使用。而且，作为机器人自主性技术进化的象征，美国的无人机 X-47B 于 2013 年 5 月成功利用 Aircraft catapult(是用于弹射飞机的机器——译者注)从航母弹射起飞，同年 7 月成功在航母上着陆。2014 年 7 月，美国海军陆战队在环太平洋军事演习(RIMPAC)中实施了自主型四足步行机器人(LS3)的物资运输。这样一来，假如推测传感器、计算机以及人工智能(AI)的研究开发将在今后迅速发展，不久的将来，[4]会不会出现完全自主武器，[5]无需人类的意志介入就能选择目标进行攻击的杀人机器人呢？ 就像美国电影《终结者》一样，会不会有一天杀人机器人在战场上根据机器人自身的判断来杀伤人类呢？ 这种不安感在过去的10年里已经渗透到了整个国际社会。

Isaac Asimov的科幻小说《我是机器人》(1950年)的“机器人工学的三原则”和手冢治虫的漫画《铁臂阿童木》(《少年》1965年10月号)中出现的“机器人法”中规定着“机器人是不能伤害或杀死人类”的规则。21世纪的国际社会，将完全自主机器人武器的出现视为紧迫的现实问题，它不再是单纯的科幻小说和漫画中才会出现的东西，人们正开始探索其对策。以下，从国际法及国际法政策的观点出发，讨论在不久的将来对
288 武器的自主武器系统在国际法上应该如何定位，作为国际法律政策是否应该对它进行规制，如果应该规制的话，考察应该如何进行规制的问题。

二、 机器人武器的分类与现状

（一）机器人武器的分类标准

机器人武器(即无人武器)根据运用领域可分为无人陆地车辆、无人水上舰艇、无人水中航行体及无人航空器。此外，根据战士参与战斗行为决策过程的程度，可分为以下三种类型。第一种是一种远程操作机器人，“人类(决策过程)可控制范围内的武器(human in the loop weapons)”，即攻击目标的决定由人类驾驶员远程操作。这种武器，可独立执行驾驶员选择委托给机器人的任务(航行、系统控制、目标探测、武器制导等)，但没有驾驶员的立即处理(实时)命令时不能攻击。第二种是一种半自主机器人，如果一旦起动，它可以独立于人类的命令，自主地实施包括攻击在内的针对性任务，但它处于能够做出停止攻击的驾驶员的立即处理(实时)命令监视之下，是“人类(决策过程)可控制范围内的武器

(human on the loop weapons)”。第三种是完全自主机器人，不需要驾驶员的立即处理(实时)控制，可以搜索、确认、选择和攻击目标的“人类(决策过程)可控制范围之外的武器(human out of the loop weapons)”。[6]

(二) 机器人武器的现状 289

根据对目前开发、部署、使用的机器人武器的标准，对机器人武器进行分类的话，其分类详见表 12-1。

表 12-1　机器人武器的分类

大←与人类的相关度→小或者为零			
	human in the loop weapons 远程操作机器人	human on the loop weapons 半自主机器人	human out of the loop weapons 完全自主机器人
陆面	移动型： 小型 UGV：Talon(美国)； 大型 UGV：Guardium； Border protector(以色列) 固定型： Sentry tech(以色列)； SGR-1(韩国)	领域防护： C-RAM(美国)； D-Iron Dome(以色列)； Patriot(美国)； THAAD(美国) 车辆防护： Trophy(以色列)	
海上	Protector USV(以色列)； Sea Hunter(美国)	Aegis(美国)； 舰船防护：CIWS； faranks(美国)； golkevar(荷兰)	
水中	水雷搜索、海底监视用	PMK-2(俄罗斯)	
空中	无人战斗机：MQ-1“捕食者(Predator)”和 MQ-9“收割者(Reaper)”(美国)	游击突袭自爆型无人机；“哈比(Harpy)”无人战斗机(以色列)	

远程操作机器人：在反恐战争中成为必需装备的“Talon”(小型UGV)是一种由驾驶员通过远程操作搜索、探测爆炸物并进行爆破处理的爆炸物处理机器人。“Guardium”(大型 UGV)是自 2008 年开始，在以色列加沙地区边境进行试验的无人驾驶车辆，[7]其后继的“边境保护者”从 2016 年开始在该地区投入使用。2007 年之后，加沙地带边境监视塔中设置的哨兵科技和朝鲜半岛非武装地带内监视所设置的 SGR-1

步哨装置是，根据传感器自动识别潜在目标，确认其具体所在位置，将该相关信息传送到作战指挥所的装置。上述装备了武器的无人侦察车辆和哨兵系统，都不是自主攻击目标，而是由人类士兵通过远程操作攻击目标。保护舰 USV 是世界上第一个实战部署的军用无人水上舰艇。它可以通过陆地或有人舰船的远程操作，进行包括武力攻击在内的作战行动(舰队防卫、反恐战、监视和侦察)。2016 年 4 月，被测试部署的“海猎人(Sea Hunter)”无需远程操作，可在海上自主航行数月，同时探测并跟踪敌方潜艇。目前该舰尚未配备武器，但是保留着装载武器的可能性。搭载导弹的无人战斗机(MQ-1“捕食者 Predator”和 MQ-9“收割者 Reaper”)只能由远程操作的驾驶员选定目标进行攻击。这些机器人武器的使用由人类士兵通过远程操作最终决定作战。

半自主机器人：作为在人类监视下能够自主进行目标探测、选择和攻击的半自主机器人，以下武器已在实战中投入使用。近距离防御地面设施免受导弹、火箭、迫击炮、飞机等攻击的反火箭、野战炮、迫击炮
290 系统(C-RAM)；导弹防御系统(Iron Dome)；海上 Aegis 系统、陆地 Patriot 系统以及末段高空区域防御系统(萨德)。另外，Trophy 作为车辆主动防御导弹和火箭弹攻击的武器，安装在坦克和装甲车辆上。在海上，作为对空威胁的近距离防御火炮系统(CIWS)， faranks 和 golkevar 也装备在舰船上。这些武器只要指挥官决定启动系统，就能自动且瞬间探测到目标，并跟踪、选择、攻击目标。不过，监视该系统的指挥官可随时停止攻击。此外，PMK-2 上升胶囊鱼雷型机雷在布置之后变为短系维状态，使用被动声呐搜索目标，确认目标后使用主动声呐发射短鱼雷。发射后的鱼雷将对目标进行搜索、跟踪和攻击。据悉，该机雷一旦布置，将脱离布置者的管理，但可以通过声信号来辨认和区分目标。“哈比(Harpy)”无人战斗机是一种特殊的武装无人机，它可以在设定的目标地
291 区上空长期打游击，捕捉并跟踪雷达信号源，然后突袭并自爆。它是一种预先将雷达发射源设定为目标的半自主武器。以上，在人类的监视下自主选择并攻击目标的这些半自主机器人是被动的、防御性的，是不以

人类为攻击对象的杀伤性武器。目前在实战中部署的该武器，在国际法上完全不讨论其违法性，可以说其本身就是合法武器。

此外，尚未出现完全不受人类干预的完全自主机器人，其法律评估也未确定。

三、机器人武器的法律规制动向

(一) 2012 年以前的动向

如表 12-2 所示，关于完全自主武器的法律规制的讨论，始于机器人学家 Noel Sharkey 在《卫报》(2007 年 8 月 18 日)上对自行判断杀伤行为的完全自主武器的开发表示担忧，开始呼吁建立紧急的国际规制及伦理规范。[8]2009 年 9 月，Noel Sharkey 和其他研究人员成立了非政府组织国际机器人武器控制委员会(ICRAC)，倡导禁止武装自主无人系统的开发、部署和使用。

2010 年 8 月，联合国文件首次提及致死性机器人技术。这份报告是提交给联合国大会的(《联合国人权理事会特别报告员(Philip Alston)关于司法外简略或肆意地处刑问题的暂定报告》(A/65/321, 23 August 2010))建议报告。Alston 在报告中指出，迫切需要考察机器人技术开发和使用的法律及伦理意义。

表 12-2　完全自主武器的法律规制动向 292

2007/8/18	Noel Sharkey 对完全自主机器人的开发表示担忧，请求紧急国际规制
2009/9	Noel Sharkey 等成立了非政府组织国际机器人武器控制委员会(ICRAC)
2010/8/23	联合国人权理事会特别报告员 Philip Alston 的报告(A/65/321)
2012/11/19 /11/21	HRW 公开发表《逐渐消失的人性：反对杀人机器人的理由》 美国国防部公布指令 3000.09《武器系统的自主性》

续表

2013/4/9 /4/22-23 /5/30 /10/31 /11/15	联合国人权理事会特别报告员(Christof Heyns)报告(A/HRC/23/47) 非政府组织成立“阻止杀人机器人运动”(CSKR) 在联合国人权理事会中各国首次讨论完全自主武器 在联合国大会第一委员会中各国讨论完全自主武器 CCW 缔约国会议决定 2014 年举行非正式专家会议
2014/3/26-28 /5/13-16 /11/14	红十字国际委员会(ICRC)主办的第一次专家会议 第一届 LAWS 非正式专家会议 CCW 缔约国会议决定 2015 年举行非正式专家会议
2015/4/13-17 /7/28 /11/13	第二届 LAWS 非正式专家会议 在人工智能国际联合会议上发表公开信，包括史蒂芬 · 霍金在内的约 1 000 名科学家呼吁禁止自主武器的开发(2016 年 11 月至 2018 年 3 000 人以上签名) CCW 缔约国会议决定 2016 年举行非正式专家会议
2016/3/15-16 /4/11-15 /12/16	红十字国际委员会(ICRC)主办的第二届专家会议 第三届 LAWS 非正式专家会议 CCW 第五届复议会议决定 2017 年举行政府专家会议(GGE)
2017/5/8 /11/13-17 /11/22-24	美国国防部指令 3000.09 变更为永久性方针 GGE 第一次会合 CCW 缔约国会议召开
2018/4/9-13 or 8/27-31 8/27-31 or 11/12-16 /11/21-23	预定召开 GGE 第 1 会期 预定召开 GGE 第 2 会期 预定召开 CCW 缔约国会议

2012 年 11 月，HRW 和哈佛法学院国际人权诊所共同发表了题为《逐渐消失的人性:反对杀人机器人的理由》(HRW.2012 Report)的文章。
293 该报告明确指出，完全自主武器不能遵守国际人道法，应以具有约束力的国际法文书禁止完全自主武器开发制造和使用。在此建议发布两天后，机器人技术最先进国家美国国防部公布了指令 3000.09《武器系统的自主性》。[9]其中，美国国防部规定，“自主、半自主武器系统，应被设计成为使指挥官和驾驶员对武力行使进行适当水平的人类判断”，禁止没有人类适当介入的自主武器系统。该指令还规定，包括重新公布和作废在内，将在 5 年内进行修改。但是，2017 年 5 月 8 日，有关有效期的

条款被删除，成为永久方针。[10]

（二）2013 年以后的动向

2013 年 4 月，在联合国文件中，正面谈到了致命自主机器人(LARs)。这是提交给联合国人权理事会的《联合国人权理事会特别报告员(Christ of Heyns)关于司法外简略或肆意地处刑问题的年度报告》。报告人的结论是，建议所有国家在确立有关 LARs 的国际法框架之前，宣布并履行关于 LARs 的开发、生产、取得和使用的禁止协议。同月，9 个非政府组织联合成立了全球规模的阻止杀人机器人运动(CSKR)，倡导前瞻性的、全面禁止完全自主武器的开发、生产和使用的国际性法律规制运动正式开始。

在这样的国际形势下，2013 年 5 月听取 Heyns 报告的联合国人权理事会，作为正式国际会议首次提出完全自主武器问题，有 20 个国家和 2 个国际机构参与了讨论。自主武器系统问题，在联合国人权理事会和联合国大会第三委员会(社会、人道主义和文化)上被讨论。但是某些讨论者提出，在专门讨论武器、军事问题的联合国大会第一委员会(军队缩 294
减和国际安全保障)，或者在《特定常规武器公约》(CCW)的框架内讨论比较适当。在同年 10 月的联合国大会第一委员会上，也有 16 个国家讨论了 LARs 问题，加上 5 月联合国人权理事会上的发言国，共有 30 个国家就自主武器进行了讨论。11 月的 CCW 缔约国会议首次讨论了致命自主武器系统(LAWS)。最终报告书(CCW/MSP/2013/10， 16 December 2013, par.32)中，“LAWS 领域逐渐出现的技术”为讨论议题，第二年(2014 年)5 月召开非正式专家会议，决定以即将提交的非正式专家会议报告书为基础，在 CCW 缔约国会议上讨论 LAWS。

（三）从非正式专家会议到政府专家会议

在 CCW 非正式专家会议之前的 2014 年 3 月，红十字国际委员会(ICRC)为了加深对自主武器系统问题的理解，邀请 21 个国家的政府代表和 13 名专家聚集在一起，就其技术、法律和人道主义方面交换意见。[11] 此后，同年 5 月，在 87 个国家代表和多数非政府组织的参与下举办了第一届 LAWS 非正式专家会议。[12]此次会议在一般性讨论之后，讨论了技术、伦理、国际法以及军事作战诸问题。同年 11 月召开的 CCW 缔约国会议与前一年一样，在最终报告(CCW/MSP/2014/9， 27 November 2014. par.36)中决定，召开下一年度(2015 年)的第二届 LAWS 非正式专家会议，并在 CCW 缔约国会议中插入 LAWS 的议题。2015 年，召开了第二届 LAWS 非正式专家会议[13]以及 CCW 缔约国会议(CCW/MSP/2015/9， 27 January 2016)。 2016 年，ICRC 主办第二届专家会议后，[14]第三届 LAWS
295 非正式专家会议[15]建议，在同年 12 月召开的 CCW 第五届再讨论会议上，设立政府专家会议(GGE)。接受该建议的 CCW 第五届再讨论会议在最终报告(CCW/CONF.V/10， 23 December 2016. Part II fe-nal Declaration III Decision 1)中，正式决定下一年度(2017 年)将现有的非正式专家会议升级，设定关于 LAWS 的 GGE。此外，以往 4 天(第一届 LAWS 非正式专家会议)或 5 天(第二届及第三届 LAWS 非正式专家会议)的会议日程也大幅延长至 5 天 2 会期，共 10 天，以进一步促进讨论。但是，GGE 因捐款不足，8 月会议被中止，结果只在 11 月 13—17 日召开了 5 天的会议。同年 11 月召开的 CCW 缔约国会议，以 GGE 报告(CCW/GGE.1/2017/CRP.1， 20 November 2017)为基础审议了 LAWS 问题，并决定在 2018 年的 GGE 及缔约国会议上继续审议。

四、 国际法上的争论

(一) 术语的定义

在讨论自主武器系统或致命性自主武器系统时，术语的共通理解，换言之，定义问题变得尤为重要。LAWS 非正式专家会议的讨论表明，目前国际上还没有达成一致的定义。美国国防部指令(DoDD 3000.09)将自主武器系统定义为“一旦启动，无需人类驾驶员的进一步介入就能选择目标并进行攻击的武器系统”。此外，ICRC[16]还将自主武器系统定义

为“能够独立选择并攻击目标的武器，即在捕捉、跟踪、选择并攻击目 296
标这一重要功能上具有自主性的武器”。区分自动化(automation)和自主化(autonomy)的英国，将前者定义为“遵循预先定义的规则，带来预测可能结果的编程系统”，后者定义为“不依赖于人类的监视或控制，可以决定一系列行动的能力”。[17]

但是，部分符合上述定义的自主武器系统已经存在。ICRC 认为，进一步进化的自主武器系统可以独立决定自己的行动，能够作出复杂的决定，将适应自身环境的高度洗练化的自主武器系统称为“完全自主武器系统”。CCW 缔约国会议讨论的对象是，尚未存在的具有致命性的“完全自主武器系统”。HRW 所比喻的“把人类排除在外的武器”这一用语，可能给人一种完全不存在人与机器人武器之间的相互关系的印象。但是，即使是完全自主武器系统，人类的意志也会介入各种局面(设计、编程、武器的法律审查、投入场面的选择、战场实战部署、战场机动)。另外，需要注意的是，LAWS 即使具有自主性，也仅限于对人杀伤武器，而不是对物杀伤武器。

(二) 国际人道法律适用

作为不远的未来新武器的 LAWS 既然是武器，当然要遵守国际法，尤其是要受国际人道法律适用。这在非正式专家会议上也达成了普遍共识。国家在研究、开发、取得或采用新武器时，有义务评估其使用是否被国际法所禁止(1977 年《日内瓦公约》第一附加议定书第 36 条)。[18] 关于武器规制的国际人道法，从武器本身是否合法，以及作为合法武器其
使用方法是否合法，这两个维度进行讨论。 297

关于武器本身，适用禁止无差别武器原则(该议定书第 51 条第 4 项 b)和禁止造成不必要痛苦的武器原则(该议定书第 35 条第 2 项)。如果 LAWS 通过分析从各种传感器获取的详细数据来选定军事目标，那么其本质上不会成为无差别武器。但是，如果 LAWS 的情报收集和数据分析不尽如人意，无法准确甄别军事目标，那么 LAWS 就有可能触犯禁止无差别武器的原则。另外，LAWS 只是一个平台(发射架或炮床)，如果用

于杀伤的弹药不是达姆弹，[19]而是普通弹药，就不会违反造成不必要痛苦的武器禁止原则。

作为合法武器，有必要讨论武器的使用方法是否合法。这时候区分的核心要件是：区别原则、比例原则和预防原则。第一，区别原则是关于人，战士和非战士(平民)(该议定书第 48 条)，可战斗的战士和战斗外或不能战斗的战士(俘虏、投降兵、伤病兵)(该议定书第 41 条第 2 项)。并且，将直接参与敌对行为的平民(该议定书第 51 条第 3 项)和非平民区分开来，只攻击可战斗的战士和直接参与敌对行为的平民。第二，比例原则(该议定书第 51 条第 5 项 b)是判断，与攻击相比，给平民所附带的预期损害与预期的具体且直接的军事利益相比，是否过于严重。第三，预防原则(该议定书第 57 条第 2 项 a、 i 和 ii)是在攻击时采取可执行的预防措施的义务。即，为了确认目标是军事目标，采取实行可能的措施；为了获取相同程度的军事利益，可以从几个可选择的军事目标中，攻击预期给平民伤害最小的目标；为避免或至少最小化平民的附带伤害，在
298 选择攻击手段(武器或弹药)时采取可执行的措施。作为预防措施的技术，安全装置和编程也要讨论。

LAWS 在使用武力时，是否符合国际人道法律相关条件，能不能遵守区别原则和比例原则，这一点上观点尖锐对立。

1. 区别原则

LAWS 的法律规制推进派主张，[20]武装冲突形态从国家之间正规军的传统战争，转变为战士和居民混合的巷战和反恐战争的非对称战的情况下，目标的筛选变得更加困难。对此，法律规制慎重派主张，[21]在特定的领域(远离航道的公海上以及水中、沙漠、朝鲜半岛非军事区等)的战斗中，即使是较低的甄别能力也可以满足区别原则。此外，还指出，随着传感器和 AI 技术的发展，遵守区别原则的可能性也很大。实际上，美国在 2016 年 8 月进行的配备新开发识别软件的自主型无人机试飞中，将携带 AK-47 仿制枪的人识别为士兵，将非武装的人判断为普通居民。[22]该无人机还具有跟踪能力，可检测并跟踪车辆。如果搭载导弹

等武器，也可以对车辆进行攻击。对此，法律规制推进派反驳说：即使传感器及信息处理能力的开发取得进展，也很难区分战士和平民、伤兵、投降兵。另外，在特别的语境中，机器人武器不具备通过语音语调、面部表情、肢体语言等征兆来解释并测定人类意图的定性能力。[23]

2. 比例原则

法律规制推进派质疑，在随着时间的推移，情况发生显著变化的战场上，能否从质和量上比较和考量，预期的军事利益和平民损害。机器 299
人武器不可能对可能面临的无法预测的无限不可测事态进行事先编程。正如 ICRC 的注释书[24]所规定的那样，比例原则在一定程度上是基于主观评价的，其解释是军队指挥官的常识和诚实问题。换言之，LAWS 自身在行使武力时是否满足“合理的军队指挥官”标准。LAWS 只能在可编程的范围内理解比例原则，无法达到人类合理的军队指挥官水平。另外，法律规制推进派主张，合理性与人的理性有关，因此很难指望机器来实现。[25]

另外，根据“合理的军队指挥官”标准，如果合理的指挥官根据已掌握或应掌握的情报，在攻击前作出攻击符合法律的结论，即使造成了不均衡的平民损害，指挥官也不负刑事责任。根据比例原则，平民受害的发生不是进攻方的结果责任，而是过错责任。

(三) 新武器的法律审查

如前所述，国家在对包括自主武器系统在内的新武器的研究、开发、取得或使用时，具有对武器的合法性，以及武器的合法使用方法的可行性进行评估的国际法上的义务。的确，这一义务是确保新武器系统按照国际人道法使用的核心工具。[26]因此，也有法律规制慎重派主张，由于有新武器的法律审查制度，现行国际法完全可以应对 LAWS，不需要新的法律规制。[27]

但是，这一义务是根据国内程序，认真评价新武器合法性的国家承 300
担的义务。这一决定在国际上不具有法律约束力，也没有公开事实认定的义务。[28]此外，在法律审查的实证试验中，国际上还没有共通的试验评价标准和试验程序，以此评估武器的性能和使用上的风险。也就是说，各国根据自己的评价标准和实验程序进行实证检验。另外，其检查结果既没有公开，也没有与国际社会共享信息，通过怎样的审查过程作出法律判断，是缺乏透明性的。国内的法律审查程序有被视为武器合法化手段的危险，而不是对非法武器进行制裁的机制。[29]

(四) 国际责任的追究

如果能够客观证明国家实施了违反国际法的行为，该国家就要承担其国际责任。而且，在国际人道法下，将追究各个违法行为的实施者，即追究战争罪犯的个人刑事责任和指挥实行犯的上级的刑事责任(上级责任)。通过追究个人的刑事责任和上级的责任，对相关人员进行刑事处罚，抑制其他战士的战争犯罪，防止指挥官的战争犯罪，由此形成确保国际人道法的履行机制。目前，像武装无人机这样的远程操纵的机器人武器，行使武力的最终决定是驾驶员在上级的指示下进行，对于杀害平民等违反国际法的行为，可以追究驾驶员的个人刑事责任和上级的责任。

另外，如果机器人武器的目标选定和攻击过程中的自动化和自主化逐渐进步，令人担忧的是，对违反国际法行为的法律责任将变得更加不明确。将作为国际法违反行为实行犯的武器，作为战争罪犯进行处罚时(对于机器，相当于将其解体)，机器人武器并不是人，因此不可能追究责任，对其他机器人武器的战争犯罪的抑制效果也不会发生。

301 如果要追究机器人武器杀害平民的责任，涉及机器人武器的人的上级责任也成为问题。上级责任，是对机器人武器采用多大程度的监视级别(过失责任)，或是对机器人武器追究绝对责任的问题。另外，其上级(负责人)是谁？ 是程序员，许可程序的军队官员，决定部署该武器的上级部队指挥官，接受该部署的下级部队指挥官，还是现场负责机器人武器的士兵？ 程序员如果有意让机器人武器实施战争犯罪，当然要负刑事责任。如果部队指挥官也认识到该武器是这样编程的，但没有下达停止使用的指示，也将发生上级责任(该议定书第 87 条)。[30]

美国国防部指令规定："允许使用自主、半自主武器系统，并命令或运用该武器系统的人，必须适当注意，应当按照战争法、适用可能的条约、武器系统安全规则以及适用的交战规则(ROE)行动。"[31]由此赋予各机器人武器相关人员相应的责任。[32]当然，各相关人员的上级责任，在何种情况下，被问责到何种程度其实并不明确。如果是机器人武器的错误运行，导致平民被杀害，那么机器人制造者的责任也将成为讨论的对象。

五、关联事项的讨论

(一) 伦理上的考虑与马尔顿斯条款(Martens)

机器人武器法律规制讨论的重要论点之一，是该武器在伦理上是否 302
可接受这一根本的非法律问题。也就是说，从伦理的观点来看，即使是合法的目标(如战士等)，也要考虑杀害目标的方法。决定人类生死的应该是人而不是机器，这是一个包含伦理判断的，不想被没有人干预的机器杀死的命题。重视伦理决策的罗马教廷主张，[33]生死决定中的人的因素是不可替代的。

根据 2013 年 5 月实施的"对美国人的问卷调查"[34]的结果，对战时倾向使用完全自主机器人武器的问题，总体上赞成为 26%，反对为 55%。而现役军人中赞成为 20%，反对为 73%(强烈反对为 65%)。反对使用该武器的军人比例之高，或许体现了军人对机器与人类这一终极战斗，有违正义的感情，以及被机器杀害事实的厌恶感。在 2015 年用 14 种语言进行的来自 54 个国家的参与者的问卷调查中，[35]认为所有类型的 LAWS 在国际上应该被禁止回答者为(67%)。LAWS 不应该被开发或使用的回答者为(56%)，LAWS 不应该被用于攻击目的的回答者为(85%)。在攻击他国时，应该使用远程操作武器系统(ROWS)，而不是 LAWS 的回答者为(71%)。在本国受到攻击的情况下，ROWS 比 LAWS 更好的回答者为(60%)。

这些民意调查中表现出的伦理感情，可能反映了在国际人道法欠缺或不明确的情况下，在战斗行动中成为一大制约因素的马尔顿斯条款[36]的“人道法则及公共良心的要求”。伦理上的考虑和马尔顿斯条款的讨论，反映了对于无法进行伦理判断的机器人武器，迫切需要人的干预或由人控制的主张。

303 (二) LAWS 的可预测性

由于 LAWS 具有自主性，本质上存在启动和使用 LAWS 的人无法预测的风险。而且，在新武器的法律审查中，LAWS 能否遵守国际人道法而使用的预测评估，在很大程度上取决于武器系统的特征、性能以及其使用环境。如表 12-3 所示，根据机器人武器是攻击性的还是防御(限定在反击)性的？ 群体[37]行动还是单体行动？ 目标是人还是物？ 武器的投入状况是复杂还是简单？ 武器是可移动式还是固定式？ 可移动式的情况下，其可动范围是广泛还是狭窄？ 武器的工作时间是长时间还是短时间？ 根据以上要素，在运用机器人武器时，遵守国际法的可预测性会发生变动。如果是在上述选项中选择前一项机器人武器，其可预测性较低，平民受害发生率也会较高，很难被认定为新武器。要是选择后一种机器人武器的话，行动的可预测性高，平民受害的发生率也较低，容易被接受。这是因为，如果不能合理预测自主武器系统会遵守国际人道法，就有潜在进行非法自主活动的危险。自主武器系统的可预测性问题，也是该武器的可靠性问题。

表 12-3 机器人武器自主性的多样性

任务	运用	目标	投入环境	移动性	工作范围	工作时间	可预测性	信赖性
用于攻击	复数	人类	复杂	可移动	广泛	长时间	低	低
用于防御	单独	物体	简单	固定	狭窄	短时间	高	高

关于自主武器是进攻性的还是防御性的问题，人类有自我保护生存的欲望，所以在危机情况下会先发制人。但是，如果将没有自我保护生存欲望的机器人武器的自主性，设定为在对方开枪之前不能反击的防御

性程序的话，可以提高行动预测，降低杀害平民的危险性。[38] 304

有人从军队指挥官的立场指出，与 LAWS 的可预测性相关的军事作战上的担忧。要负上级责任的军队指挥官，即使将 LAWS 投入战场，如果不能控制其行动并预测其结果，则不仅要对在不测事态下杀害平民负责，还要对友军攻击、无意引起的纷争的开始和扩大负责。军队指挥官在策划军事作战方案时，对指挥官来说，能够预测武器投入结果的武器更容易使用，从这个意义上说，自主武器系统在军事作战中是很难被使用的武器。

（三）基于人类的控制

从预测的可能性和可靠性的观点来看，自主武器系统中存在有意义的、适当的或有效的等语句的差异，但是必须保持由某个人控制[39]的观点在很多专家中得到了广泛的认同。[40]英国也完全没有开发不受任何人控制的运行系统的意图，它采用确保该武器置于人类控制之下的政策。[41]这是在 LAWS 决定使用武力的过程中，人类控制的最低限度要到什么程度的问题，即承认 LAWS 的自主性到什么程度的问题。

如上所述，在该武器开发时、程序设定时、配置决定时、投入战场时以及战场启动时的各个场面，都涉及人的决策。这些干预属于人的控制吗？ 换言之，如果在展开、启动前有人控制的话，那么武器系统运转时就不需要人控制了吗？ 另外，根据与预测可能性相关的武器投入状况，人的控制水平会发生变动还是相同。(在预测可能性低的情况下，如果提高人的参与度会被承认吗？ 在预测可能性高的情况下，人的参与度可以降低吗？)如果安装了最终的人类控制被排除的防范安全 305
装置，那么可以说人类的控制很充分吗？ 即使能够理解自主武器系统需要人类控制，它具体意味着什么呢？ 那么，从人和机器人武器的关联只能由人类来完成的，和只有机械才能做到的，这两种处于相互补充关系的角度思考的话，这些疑问是应该探讨的论点。

（四）LAWS 的内在危险性

国家通过行使武力进入武装纷争状态的重大决策的很大制约因素，

估计是战士的死伤和高额的战争费用等。但是，在国家的中枢，由于机器人武器的投入不会造成攻击方的牺牲，所以心理上行使武力的门槛降低，对战争的政治决策变得容易。与远程操作机器人武器不同，在自主武器系统中，战场上的士兵不会直接参与杀伤行为，因此减少了对机器人武器投入的心理负担。由于国家中枢和战场的心理相乘效应，机器人武器的投入场面将会增加，有可能导致武装纷争的常态化。而且，如果机器人武器的使用机会增加的话，一方面可以减轻攻击方部队的损失，另一方面又会牵连增加被攻击方平民的受害。

换言之，技术持有国一方尊重生命，和技术非持有国一方轻视生命的现象并存。但是。正如以往的军事技术一样，不仅是国家，通过向非国家团体扩散技术、扩散武器，技术拥有的优越性也不是永久性的。处于优越地位的国家也有可能会被同一种技术攻击，这点也需要注意。

306

六、结　　语

（一）法律规制方法的对立

LAWS在联合国人权理事会、CCW缔约国会议和再讨论会议的框架内进行了讨论。联合国人权理事会特别报告人在2010年首次正式采用机器人技术，在理解机器人武器问题上发挥了先驱作用。但是，仅仅从人权这一片面的观点来看，与国家安全保障密切相关的武器规制协议在各国间是不成立的。国际人道法是建立在军事必要性(军事胜利)和人道主义考虑(减轻不必要的人员杀伤、物的破坏)平衡之上的法规。特别是在武器规制方面，比起对战争牺牲者(伤病兵、遇难者、俘虏、平民)的保护规制这一人道主义的考虑，更重要的是倾向于重视军事利益。站在军事利益和人道主义考虑的多重视角上的CCW缔约国会议的框架内进行LAWS的讨论将是最合适的。正如LAWS非官方专家会议2016年报告书[42]所指出的那样，LAWS的讨论不会妨碍其他论坛的讨论，但这是CCW缔约国会议优先考虑的事项之一，期待在CCW缔约国会议上继续进行。

在这种情况下，参照传统常规武器的法律规制过程，可以推测在政府专家会议和CCW缔约国会议上关于LAWS的讨论的发展趋势将会如下。关于规制方针，现行国际法对于LAWS的研究开发和使用是否能够充分对应，意见对立。事前规制推进派认为，现行国际法的应对措施不充分，在LAWS的开发、生产、配备、使用前应进行规制；事前规制慎重派则认为，现行国际法充分可以应对，法律规制时机尚早。即使规定方针达成一致，在规制内容上，以LAWS的合法性为前提的部分使用规制派和以该武器的违法性为前提的全面(研究、开发、生产、使用、废弃)禁止军缩(军队缩减)派对立。在讨论的框架下，虽然规制级别有所下 307
降，但基于包括军事大国在内的各国共识为基础的CCW框架派，和基于共识不满足CCW框架内的低级别规制，以高级别规制为共通目标的个别国家为基础的有志联合派对立。在规制形式中，是只对现行国际法的确认，还是应该制定像软法[43]的新行为准则和行动指针，或是应该采用有法律约束力的条约？ 即使在编写法律的情况下，是CCW框架内的新议定书，还是CCW框架外的条约？ 作为目标的最终形态也会出现意见分歧。

(二) 事前规制推进派和事前规制慎重派

事前规制推进派并不是主张，在该武器出现后的再进行规制，而是在机器人武器还没有出现，还没有发生人员伤亡的现阶段，先发制人地进行规制，直到研究、开发、生产已经无法停止，无法返回的点为止。另外，在LAWS的国际法框架成立之前，应该暂时停止LAWS的研究开发、生产、取得、开展以及使用的预防方法，可以说是事前规制推进派的一个派生形态。

事前规制推进派提出，作为事前规制的先例，在实战部署前，被法律规制的1995年CCW第4议定书(禁止盲目化激光武器议定书)。但是，盲目化激光武器与现存的LAWS的情况不同，虽然没有在战场上使用，但现实中也发生过激光照射事件，在法律规制出台之前作为武器已经存在。[44]CCW 第 4 议定书是在军事人员充分认识到盲目化激光武器的军事效果及人道主义影响的基础上制定的法规。也就是说，该议定书认
308 为，对于激光武器的开发国家来说，即使不拥有该武器，也不会受到无法承受的严重军事损失。自主武器系统的开发国家如果认为法律规制造成的军事损失重大，自然会对法规的讨论表现出慎重的态度。

事前规制慎重派，像正在开发高度自主性的机器人武器的国家一样，反对阻碍军事技术研发的法律规制；像包括日本[45]在内的多数国家一样，担心 LAWS 的法律规制对通用性技术的研发产生负面影响。[46]

是采取以 CCW 的共识方式，即使规制级别稍低，但军事大国也能参与的法律文件的制定为目标，还是以有志联合的方式，不期待军事大国的参与，而是制定以规制级别高的法律文件为目标呢？ 或者先通过其中任意一个法律文件呢？ 这是国际法政策的重要论点。回顾对人地雷及集束弹的法规制定过程，对人地雷方面，1996 年通过协商方式修订《地雷议定书》后，1997 年通过了有志联合方式的《禁止对人地雷条约》。不想加入后者的军事大国，加入了前者。但是，在集束弹方面，没有等待通过共识方式的法律文书，而是一蹴而就地在 2008 年通过了有志联合方式的集束弹条约。不愿加入该条约的军事大国，没有可加入的其他法律文件，于是对集束弹处于无规制状态。因此，LAWS 的情况是，如果法律规制的方针确定下来的话，在 CCW 框架内，即使是缓慢的，也应该优先以军事大国参与的法律文件的制定为目标。即便抛弃机器人先进国，制定 LAWS 全面禁止条约，它也只是束缚好人之手的、实效性不足的条约。[47]

309 （三）超越讨论的困难性

讨论 LAWS 的最大障碍是没有具体的武器实体存在，也没有发生受害事例。自主武器开发国对有关该武器的最尖端军事技术信息保密，即使按照国内程序对新武器进行法律审查，军事技术的进展情况也不会在公开场合公开。因此，讨论本身就不得不变得抽象。事前规制推进派和慎重派所描绘的 LAWS 的蓝图也不相同，讨论似乎不太一致。

原本包括人工智能在内的机器人技术是通用性技术，因此如前所述，根据 LAWS 的规制范围，可能会担心对灾害、医疗等民用领域自主技术的研发带来负面影响。但是，CCW 缔约国会议上的 LAWS 讨论仅限于“致命性”自主武器系统，未实现武器化的完全自主技术和半自主武器系统除外。[48]例如，对于自律型四足步行机器人(LS3)等物资运输用机器人武器和人类监视型 Phalanx 进行的，进一步提高自主性的研发将得到批准。但是，从哪里开始是“武器化”？ 如果在今后的讨论中不能明确，就无法消除对民用技术负面影响的不安。

国际法的武器规制一直从军事利益和人道主义考虑两个角度进行讨论，而 LAWS 则随着科学技术的发展，增加了伦理考虑这一新的视角。基于这一点，将于 2017 年成立的政府专家会议(GGE)将正式花费时间致力于 LAWS 问题研究。确实，LAWS 的法律规制问题与该武器的出现有时间上的竞争关系，但既不拙速也不巧迟，切实明确 LAWS 的国际法定位，必要时构建适当的法律规制才是当务之急。在那之前，各国必须按照各自的国内程序，严格实施 LAWS 研发阶段的法律审查。

注释

1. 关于本章中缩略语参见章末的“缩略语一览表”。

2. 据智库“新美国财团”调查数据显示，无人机拥有国为 86 个国家，战斗时使用武装无人机的国家为 8 个，拥有武装无人机、武装无人机技术的国家为 19 个，以及生产无人机的国家达到 63 个，http://securitydata.newamerica.net/worid-drones.html。

3. 有人指出，机器人武器缺乏作为抑制战时人员和指挥官行动的主要原因的同情、怜悯和感情。A/HRC/23/47(以下称为 Heyns 报告)，9 April 2013，pars，54—55。

4. 非政府组织“人权观察”(以下简称 HRW)预测，在 20 到 30 年内将会出现完全自主的武器。HRW. losing Humanity The Case against Killer Robots.November 2012(以下简称为 HRW. 2012 Report)， pp.1 and 7—9. 但是，2015 年在人工智能学会上科学家的公开信预测了更早的实现时间，称可能在数年内实现，而不是以 10 年为单位。Future of Lite Institute. Autonomous Weapons: An Open Letter From A/

& Robotics Researchers. 28 July 2015. https://futureotlite. org/open-letter-autonomous-weapons/。

5. Heyns 报告中曾使用“致命自主机器人(LARs)”一词，但自 2013 年 11 月《特定常规武器使用禁止和限制条约》(CCW)缔约国会议后，使用了“致死性自律武器系统(LAWS)”一词。

6. HRW. 2012 Report, p.2. 那些被称为“人类控制系统”，“人类监视系统”和“自主系统”。European Parliament, Human Rights Implications of the Usage of Drones and Unmanned Robots in Warfare. p.6. May 2013.

7. 这是一种由人工智能(AI)驾驶，人类只监视 AI，只有在紧急情况下才由人类进行应对的 level 3 级自动行驶车辆。参考内阁官房 IT 综合战略室：“关于自动驾驶水平定义的动向和今后的应对(方案)”，2016 年 12 月 7 日。

8. Campaign to Stop Killer Robots(CSKR). Chronology， http://www.stopkillerrobots.org/chronology/.

9. US Department of Defense，Directive(DoDD) 3000. 09， Autonomy in Weapon Systems(以下，简称为 US DODD 3000.09)， November 21 2012.

10. 令人担忧的是，如果不进行重新评估，本指令将在 10 年后的 2022 年 11 月 21 日失效，发生自主武器系统无规制的事态。 Heather M. Roff and P. W. Singer， The Next President Will Decide the Fate of Killer Robots—and the Future of War， 09. 06. 16. https://www. wired. com/2016/09/next-president-will-decide-fate-killer-robots-future-war/.

11. ICRC， Expert Meeting： Autonomous Weapon Systems Technical， Military， legal and Humanitarian Aspects. 26 to 28 March 2014(以下简称为 ICRC. 2014 Report)。

12. LAWS 非正式专家会议 2014 年报告，CCW/MSP/2014/3， 11 June 2014。

13. LAWS 非正式专家会议 2015 年报告，CCW/MSP/2015/3， 2 June 2015。

14. ICRC. Expert Meeting:Autonomous Weapon Systems Implications of Increasing Autonomy in the Critical Functions of Weapons， 15—16 March 2016(以下简称为 ICRC， 2016 Report)。

15. LAWS 非正式专家会议 2016 年报告。 CCW/CONF. V./2， 10 June 2016. Annex Recom-mendations to the 2016 Review Conference. par.3.

16. ICRC. 2014 Report， p.7.

17. UK Ministry of Defence. Written Evidence from the Ministry of Defence Submitted to the House of Commons Defence Committee Inquiry into Remotely Piloted Air System-current and future use. September 2013 . par. 2.13.

18. 该义务不仅是本议定书缔约国的义务，在习惯国际法上也被认为是一般义务。William H.Boothby. Weapons and the Law of Armed Conflict. Oxford University Press 2009. p.341.

19. 用镍外包的铅弹，硬质外包没有充分盖住中心部，或者硬质外包上有刻纹。因此，在人体内容易展开扁平的子弹。作为造成不必要痛苦的非人道武器，1899 年签订了禁止达姆弹宣言(名为宣言的国际条约)。

20. HRW. 2012 Report. pp.30—36.

21. Michael N. Schmitt & Jeffrey. Thurnher. Out of the Loop: Autonomous Weapon Systems and the Law of Armed Conflict， Harvard National Security Journal. vol.4. 2013. pp.231—281.

22. Matthew Rosenberg and John Markoff， “The Pentagon’s Terminator Conundrum: Robots That Could Kill on Their Own.”， The New York Times. 25 October 2016. 这个实验只不过是迈向完全自主性的一个阶段。有的国家一般居民也持有武器，携带武器者未必有正当的军事目的。需要在更详细的相关信息下精确锁定有正当的军事目的的自主系统。

23. HRW. making the Case: The Dangers of Killer Robots and the Need for a Preemptive Ban. 9 December 2016(以下简称为 HRW. 2016 Report)， p.5。

24. ICRC. Commentary on the Additional Protocols of 8 June 1977 to the Geneva Conventions of 12 August 1949， 1987. par. 2208.

25. HRW. 2016 Report. p.6.

26. CCW/CONF. V/2. par.48.

27. 2016 年 4 月的第三届 LAWS 非正式专家会议上英国的声明： http://www.unog. ch/80256edd006b8954/(httpAssets)/37B0481990BC31DAC1257F940053D2AE/$file/2016_LAWS + MX_challengestolhl_statements_United + kingdom.pdf.

28. 岩本诚吾：《“新”武器的使用规制——以激光武器为素材》，载村濑信也、真山全编：《武力纷争的国际法》，东信堂 2004 年版，第 382—383 页。

29. CCW/CONF. V/2. par.51.

30. 根据 1998 年的国际刑事法院规定 28 条(a)(i)，该指挥官不仅知道该军队的犯罪行为，而且还扩大到“根据当时的情况应该知道”的情况，被追究上级责任。

31. US DoDD 3000.09.4 b.

32. 战斗司令部的指挥官们也承担着同样的责任。Ibid.. Enclosure 4 Responsibilities. 10b.

33. 2015 年 3 月在第二届 LAWS 非正式专家会议上的发言，Holy See, The Use of Lethal Autonomous Weapon Systems Ethical Questions, 16 April 2015. p.2.

34. Charli Carpenter, How Do Americans Feel About Fully Autonomous Weapons?, 2013-06-19, http://duckofminerva.com/2013/06/how-do-americans-feel-about-tully-autonomous-weapons.html.

35. Open Roboethics Initiat. ve. The Ethics and Governance of Lethal Autonomous Weapons Systems： An International Public Opinion Poll， November 9th, 2015.

36. 1899 年陆战法规惯例条约序言第 4 项。1977 年《日内瓦公约》第一附加议定书第 1 条第 2 项及第 2 附加议定书的序言也提到了马尔顿斯条款。

37. 作为正在发展的技术，自主武器系统不仅可以单独进行攻击，还可以形成多个群体进行攻击。因此，由于武器之间的相互作用，行动预测的难度比自主武器系统更高。ICRC. 2016 Report. p.15.

38. Ibid., par. 69.

39. 美国国防部指令针对自主武器系统的武力使用“以适当的水平进行人类的判断”的必要性。US DoDD 3000.09.4 a.

40. ICRC. 2016 Report. p.7.

41. 前注 27。

42. CCW/CONF. V/2.10 June 2016, Annex. Recommendations to the 2016 Review Conference. 2(d).

43. 所谓软法是指，与法律约束力明确的条约相比，在非法律中寻找某种法律约束力，正在成为法律(硬法)的规范。国际法学会编：《国际关系法辞典(第 2 版)》，三省堂 2005 年版，第 566—567 页。

44. 参见岩本诚吾：《激光武器的国际法评价》，《新防卫论集》1993 年第 21 卷第 2 号，第 82—100 页，岩本诚吾：《对盲目化激光武器议定书的国际法评价》，《产大法学》2004 年第 38 卷第 2 号，第 1—20 页。

45. 日本在 LAWS 第 3 届非正式专家会议上发表的声明(2016 年 4 月 11 日)。http://www.unog.ch/80256EDD006B8954/(httpAssets)/B367841929F206A4C1257F9200573ADC/$1le/2016_LAWS＋MX_GeneralExchange_Statements_Japan.pdt.

46. 英国也在 2016 年 LAWS 第 3 届非正式专家会议上表示，在机器人领域的非致死性自主技术上拥有正当利益(前注 27)。另外，通用性技术是指像 spin off(作为军事技术开发的技术用于民用)，spin on(作为民生技术开发的技术选择用于军事)这样的军民两用技术。

47. 岩本诚吾：《特定常规武器使用禁止限制条约(CCW)的现状与课题》，《军缩研究》2014 年第 5 号，第 8—11 页以及第 15 页。

48. HRW. 2016 Report. pp.45—46.

缩略语一览(正文中论述顺序)

缩略语	正式用语	(中文译者注)
UAV	Unmanned Aerial Vehicles	无人飞行机
UCAV	Unmanned Combat Aerial Vehicles	无人战斗机

续表

缩略语	正式用语	(中文译者注)
UGV	Unmanned Ground Vehicles	无人陆地车辆
IED	Improvised Explosive Devices	简易爆炸装置
USV	Unmanned Surface Vehicles(Vessels)	无人水上车辆(舰)
UUV	Unmanned Underwater(Undersea)Vehicles	无人水下航行器
HRW	Human Rights Watch	人权观察
RIMPAC	RIMPAC Rim of the Pacific Exercise	环太平洋军事演习
LS3	Legged Squad Support System	自主型四足步行机器人
LARs	Lethal Autonomous Robotics	致命自主机器人
AI	Artificial Intelligence	人工智能
LAWS	Lethal Autonomous Weapons Systems	致命自主武器系统
C-RAM	Counter Rocket Artillery and Mortar System	反火箭、野战炮、迫击炮系统
THAAD	Terminal High-Altitude Area Defense	终端高空区域防御
CIWS	Close in Weapon Systems	近距离防御武器系统
CSKR	Campaign to Stop Killer Robots	阻止杀人机器人的运动
ICRAC	International Committee for Robot Arms Control	国际机器人武器控制委员会
CCW	Convention on Conventional Weapons	特定常规武器公约
ICRC	International Committee of the Red Cross	红十字国际委员会
GGE	Group of Governmental Experts	政府专家会议
ROE	Rules of Engagement	交战规则
ROWS	Remotely Operated Weapons Systems	远程操作武器系统

参 考 文 献

总务省 AI 网络化讨论会议：《报告书 2016： AI 网络化的影响和风险——面向实现智联社会(WINS)的课题》(2016 年)。

总务省 AI 网络化讨论会议：《报告书 2017：推进 AI 网络化的国际讨论》(2017 年)。

大内伸哉：《AI 时代的工作方式和方法——2035 年劳动法的思考》，弘文堂 2017 年版。

平野晋：《机器人法——面向 AI 和人类的共存》，弘文堂 2017 年版。

福田雅树、林秀弥、成原慧编著：《与 AI 相连的社会——AI 网络时代的法律与政策》，弘文堂 2017 年版。

独立行政法人信息处理推进机构 AI 白皮书编集委员会编：《AI 白皮书 2017——人工智能带来的技术革新和社会变迁》，角川书店 2017 年版。

乌戈 · 帕加罗：《机器人法》，新保史生监译、翻译，松尾刚行、工藤郁子、赤坂亮太译，劲草书房 2018 年版。

立本博文：《平台企业的全球战略——开放标准的战略活用和贸易、生态系统》，有斐阁 2017 年版。

大屋雄裕：《是自由吗，抑或是幸福？ ——对 21 世纪中“可能存在的社会”的疑问》，筑摩书房 2014 年版。

成原慧：《表现自由与架构——信息社会中自由与规制的再构成》，劲草书房 2016 年版。

松尾阳：《架构与法——法学的架构性转变？》，弘文堂 2017 年版。

小泉良幸：《作为个人受到尊重——“我们国民”的未来》，劲草书房 2016 年版。

山本龙彦：《恐怖的大数据——超类型化 AI 社会的风险》，朝日新闻出版社 2017 年版。

卢西亚诺 · 弗洛里迪：《第四革命——信息圈改造了现实》，春木良且はか监译，新曜社 2017 年版。

卡斯 · 桑斯坦：《不作选择的选择——在大数据中改变的“自由”形式》，
101 伊达尚美译，劲草书房 2017 年版。

福田雅树：《AI 网络化及其治理》。

板仓阳一郎、江间有沙、黑羽胜也、中西崇文、成原慧：《(座谈会)AI 网络化带来的影响和风险——情景分析的意义》。

横田明美：《AI 社会中的行政法规和政府对 AI 的灵活运用》，《商业法律事务》2018 年 2 月号，第 80—81 页。

绪方延泰、嶋寺基：《自动驾驶规制上的问题》。

岩原绅作：《电子结算与法》，有斐阁 2003 年版。

太田知行：《合同的成立》，载长尾龙一、田中成明编：《现代法哲学 3 实体法的基础理论》，东京大学出版会 1983 年版，第 189 页以下。

河上正二：《关于“合同成立”(一)(二)——对现代合同论的一考察》，《判例时报》1988 年第 655 号，第 11 页，同第 657 号，第 14 页。

经济产业省：《电子商务及信息财产交易等相关准则》(2017 年)。

山城一真：《合同签订过程中的正当信赖——合同形成论的研究》，有斐阁 2014 年版。

Ariel Ezrachi and Maurice E.Stucke, Virtual Competition-The Promise and Perils of the Algorithm-Driven Economy, Harvard University Press, 2016.

OECD, Algorithms and Collusion: Competition Policy in the Digital Age, September 14, 2017.

市川芳治：《关于人工智能(AI)时代竞争法的一次试论(上、下)》，《国际商事法务》2017 年第 45 卷 1 号，第 2 页。

山田弘：《人工智能卡特尔是罪吗?》，载庄司克宏编：《网络自由与不自由》，法律文化社 2017 年版，第 139 页。

藤田友敬编：《自动驾驶与法》，有斐阁 2018 年版。

山下友信编：《高度道路交通系统(ITS)与法律：法律责任与保险制度》，有斐阁 2005 年版。

镇西清行：《手术机器人的研发动向》，《情报处理》2015 年第 46 卷 12 号，第 1362—1367 页。

Hubbard, F.Patrick, “Sophisticated Robots”: Balancing Liability, Regulation, and Innovation, *Florida Law Review*. Vol.66, No.5, 1803—1872(2014).

Palmerini, Erica et al., Guidelines on Regulating Robotics(2014) 〈http://www.robolaw. eu/robolaw _ files/documents/robolaw _ d6. 2 _ guidelinesregulatingrobotics _ 20140922.pdf〉.

深町晋也：《AI 网络时代的刑事法制》，载福田雅树、林秀弥、成原慧编著：《与 AI 相连的社会》，弘文堂 2017 年版，第 280 页。

稻谷龙彦：《技术的道德化与刑事法规制》，载松尾阳编著：《架构与法》，弘文堂 2017 年版，第 93 页。

松村良之等：《法官判断过程中的条理性与安定性(1)～(13)》，载《判タ》

911号第89页至1004号第97页(1996—99年)(文章的概要可以参见，松村良之：《法官的判断构造——以“条理性”与“安定性”为契机》，《法社会学》1997年49号，第198页；松村良之等：《何为法官的专业知识——以“条理性”与“安定性”为契机》，载《人工智能学会志》1998年第13卷2号，第165页。

井田良等：《法律人的文章写作》，有斐阁2016年版。

高桥文彦：《法律家的“逻辑”——法的“argument”及其“defeasibility”》，载龟本洋编：《岩波讲座　现代法的动态(6)法与科学的交错》，岩波书店2014年版，第171页。

各非政府组织(NGO)的网站：

杀人机器人阻止宣传活动(CSKR)，https://www.stopkillerrobots.org/。

特定非营利活动法人难民救助会(CSKR参加团体)http://www.aarjapan.gr.jp。

人权观察(CSKR参加团体)https://www.hrw.org/(有日语版)。

P.W.Singer：《机器人士兵的战争》，小林由香利译，NHK出版，2010年。

岩本诚吾：《关于致命自主型机器人(LARs)国际法规定的新动向》，《产大法学》2014年第47卷3、4号，第330—363页。

岩本诚吾：《国际法中无人武器的评价及其规制动向》，《国际安全保障》2014年第42卷2号，第15—33页。

佐藤丙午：《第4章 LAWS(致命性自主武器系统)的战争》，川上高司编：《新型战争是什么》，密涅瓦书房2016年，第56—71页。

索　　引

さ行

た行

な行

は行

ま行

や行

ら行

わ行

译 后 记

科技是一把双刃剑，机器人、人工智能（AI）的发展也概莫能外。它们的技术属性和社会属性决定了其在造福人类的同时，也会带来风险与挑战。人类在未来会不会开发出一些自身无法驾驭的人工智能系统？国际上尚未有共通的试验评价标准和试验程序，对于大规模杀伤性武器该如何审查，会不会有人工智能方面的军备竞赛？这些来自专家们的诸多担忧并不是空穴来风。

进入21世纪以来，世界各国人工智能法学研究方兴未艾。我国以人工智能法学为代表的新时代法学研究，是科技发展和法学研究的重点现实需要。本书是由彭诚信教授任主编的“独角兽法学精品·人工智能”系列丛书中的一部。这本日语原著《机器人、人工智能与法律》，共分为12章，分别由13位日本学者著述而成。内容丰富，囊括诸多颇受学术界理论界关注的热点问题。

目前我国在探索人工智能与法律之间的关系方面，有两种截然不同的观点：一种是研究法律应该如何应对人工智能的开发以及其在特定社会领域中的应用；另一种是研究人工智能如何影响法律，如何将其应用于或可能应用于法律程序。本书对上述两种观点都有阐述，作者们在围绕日本近年来机器人、人工智能产生新动向的基础上，一并梳理分析欧洲、美国的相关法律政策，对机器人、人工智能与法学以及与不同法律学科之间的关系展开思考。

中国有句古话：好事多磨，本书的翻译出版过程印证了这点。从2020年2月疫情期间彭诚信教授邀请我承担主要翻译工作，一晃近一年半时间，期间大部分时间是在等待日本有斐阁出版社的版权。在上海人民出版社的辛苦努力下，最终严肃认真的日方于2020年11月将这份信任交到了我们手上。在倍感荣幸的同时，也感受到他们给予的殷切期望。

由于本书是合集，对翻译人员的专业性有较高要求，因此我们组建了日语水平较好或有留日经历的几位老师的翻译团队。分别是：上海交通大学凯原法学院郭美蓉老师、延边大学法学院李鲜花老师、华东师范大学法学院郑超老师、上海大学法学院王涛老师、上海大学法学院杨扬老师和上海大学生命科学学院胡晓君老师。由于各位老师都有自己的教学科研工作和个人生活，只能充分利用2021年寒假和节假日休息的时间进行翻译工作，大家克服困难、齐心协力按照预期于2021年3月底前完成初稿。之后的工作由郭美蓉和郑超分别完成六章的校对，最后由郭美蓉统稿。具体各章的翻译工作，分工如下：杨扬负责第1章，郭美蓉负责第2、5和11章，王涛负责第3章和第4章，李鲜花负责第6、7和12章，胡晓君负责第8章，郑超负责第9章和第10章。

本书翻译的顺利完成离不开丛书主编彭诚信教授的关心与组织，感谢上海人民出版社张晓玲总监的悉心指导，感谢秦堃主任的大力支持，感谢史尚华编辑的辛苦工作。最后感谢各位译者老师以专业的态度完成本次时间紧任务重的翻译工作，同时为自己的知识储备增添了新力量。要达到翻译中的“信、达、雅”我们还有很多进步空间，在此恳请各位读者、专家学者朋友们对阅读过程中出现的问题予以包容，我们共同探讨改进，以期更好地传达原著者们的学术思想。谢谢！

郭美蓉　李鲜花　郑超　王涛　杨扬　胡晓君

2021年7月

图书在版编目(CIP)数据

人工智能与法律的对话.3/彭诚信主编;(日)弥永真生,(日)宍户常寿编;郭美蓉等译;郑超,郭美蓉校.—上海:上海人民出版社,2021
ISBN 978-7-208-17264-7

Ⅰ.①人… Ⅱ.①彭… ②弥… ③宍… ④郭… ⑤郑… Ⅲ.①人工智能-法律-研究 Ⅳ.①D912.174

中国版本图书馆 CIP 数据核字(2021)第 151393 号

责任编辑 史尚华
封面设计 孙 康

人工智能与法律的对话 3
彭诚信 主编
[日]弥永真生 [日]宍户常寿 编
郭美蓉 李鲜花 郑 超 等译
郑 超 郭美蓉 校

出 版 上海人民出版社
(200001 上海福建中路 193 号)
发 行 上海人民出版社发行中心
印 刷 上海商务联西印刷有限公司
开 本 635×965 1/16
印 张 19.5
插 页 2
字 数 249,000
版 次 2021 年 8 月第 1 版
印 次 2021 年 8 月第 1 次印刷
ISBN 978-7-208-17264-7/D·3813
定 价 78.00 元

ROBOT · AI TO HO (THE LAWS OF ROBOTS AND ARTIFICIAL INTELLIGENCE)
edited by Masao Yanaga, Joji Shishido

Original Japanese edition published by Yuhikaku Publishing Co., Ltd., Tokyo

This Simplified Chinese language edition is published by arrangement with Yuhikaku Publishing Co., Ltd., Tokyo in care of Tuttle-Mori Agency, Inc., Tokyo through Pace Agency Ltd., Jiang Su Province.

上海人民出版社·独角兽

“人工智能与法治”书目

一、“独角兽·人工智能”系列

第一辑《机器人是人吗?》

《谁为机器人的行为负责?》

《人工智能与法律的对话》

第二辑《机器人的话语权》

《审判机器人》

《批判区块链》

第三辑《数据的边界:隐私与个人数据保护》

《驯服算法:数字歧视与算法规制》

《人工智能与法律的对话 2》

第四辑《理性机器人》

《数据交易:法律·政策·工具》

《人工智能与法律的对话 3》

二、“独角兽·未来法治”系列

《人工智能:刑法的时代挑战》

《人工智能时代的刑法观》

《区块链治理:原理与场景》

《权力之治:人工智能时代的算法规制》

《数字货币与日常生活》

三、“独角兽·区块链”系列

《人工智能治理与区块链革命》

《区块链与大众之治》

《链之以法:区块链值得信任吗?》

阅读,不止于法律,更多精彩书讯,敬请关注:

微信公众号　　微博号　　视频号